本书由广东财经大学法学院、广东财经大学法治与经济发展研究所联合资助出版

杜承铭 主 编

朱孔武　柯静嘉 副主编

# 粤港澳大湾区法律论坛

YUEGANGAO DAWANQU
FALÜLUNTAN

中国政法大学出版社

2019·北京

声　　明　　1. 版权所有，侵权必究。

　　　　　　2. 如有缺页、倒装问题，由出版社负责退换。

## 图书在版编目（CIP）数据

粤港澳大湾区法律论坛/杜承铭主编. —北京：中国政法大学出版社，2019.9
ISBN 978-7-5620-9215-5

Ⅰ.①粤…　Ⅱ.①杜…　Ⅲ.①区域经济合作－法律－广东、香港、澳门－文集　Ⅳ.①D922.290.4-53

中国版本图书馆 CIP 数据核字(2019)第 203044 号

----

| | |
|---|---|
| 出 版 者 | 中国政法大学出版社 |
| 地　　址 | 北京市海淀区西土城路 25 号 |
| 邮寄地址 | 北京 100088 信箱 8034 分箱　邮编 100088 |
| 网　　址 | http://www.cuplpress.com（网络实名：中国政法大学出版社） |
| 电　　话 | 010-58908586(编辑部) 58908334(邮购部) |
| 编辑邮箱 | zhengfadch@126.com |
| 承　　印 | 固安华明印业有限公司 |
| 开　　本 | 720mm×960mm　1/16 |
| 印　　张 | 18 |
| 字　　数 | 300 千字 |
| 版　　次 | 2019 年 9 月第 1 版 |
| 印　　次 | 2019 年 9 月第 1 次印刷 |
| 定　　价 | 69.00 元 |

# 前言

2017年7月1日,在国家主席习近平的见证下,《深化粤港澳合作推进大湾区建设框架协议》在香港特别行政区签署。"粤港澳大湾区"连续两年写入政府工作报告,已经上升到国家战略层面。这要求法学研究者和法律实务工作者在"一湾区三法域"的背景下,思考和规划如何充分利用现有政策及经贸协议的叠加优势,直面大湾区建设中的理论难题和挑战,回应实践中的重大需求和人民的关切,就完善与协调粤港澳法律冲突和构建合作机制探索新制度、形成新理论、提出新对策,最终推动"一国两制"在大湾区建设中的传承与创新。

2018年6月2日由广东财经大学法学院和中国法学会香港基本法和澳门基本法研究会共同主办,广东财经大学法治与经济发展研究所、广东省法学会港澳基本法研究会、广东省法学会港澳台法学研究会以及广东财经大学粤港澳大湾区法律研究中心承办的"粤港澳大湾区法律论坛"在广东财经大学成功召开,受到了政府、学界和实务界的密切关注。会议共收到论文46篇,从中选取19篇论文,并按照本次论坛的三个议题"粤港澳大湾区法治基础""粤港澳大湾区贸易便利化法律机制""粤港澳法律冲突与协调机制"进行编辑。

题为"粤港澳大湾区法治基础"的分论坛集中讨论了粤港澳法律合作

面临的法律性质不明确、缺乏法律基础和法理依据等问题和挑战，同时也对粤港澳大湾区法治建设中可能涉及的法律协同、税收协调、环境影响评价、法律合作模式进行了颇有深度的理论梳理和富有创新性的探讨，有很强的现实意义和学术价值。特别是其中的一些议题，如粤港澳法律合作面临的问题与挑战、跨境府际合作的法律基础、粤港澳大湾区城市群建设与发展的协作与法律适用机制、完善粤港澳政府合作的法律意见、大湾区城际合作的法律性质、粤港澳紧密合作的软法模式的适用、三地环境影响评价制度的协调等论述，皆有学术新论和新对策，传递了理论界大湾区研究的最新方向。

与区域贸易安排相关，题为"粤港澳大湾区贸易便利化法律机制"的论坛针对粤港澳经贸合作中的《内地与香港关于建立更紧密经贸关系的安排》（CEPA）及其系列协议、知识产权保护、证券跨境互通机制等问题各抒己见，其中不乏真知灼见。这表明，学界对区域贸易一体化中货物、法律服务、投资以及知识产权的自由流动和互联互通机制完善等议题持续关注。与会者对如何破除粤港澳深度合作面临的制度性障碍提出的建议、CEPA投资协议的完善以及与国际化标准接轨、欧盟商标制度对大湾区知识产权协调制度的借鉴，以及跨境间接持有证券纠纷法律适用的探讨，具有了较强的针对性和理论创新。

在以"粤港澳法律冲突与协调机制"为题的分论坛上，学界和实务界代表各抒己见，围绕着粤港澳区际判决承认与执行的自由流动、区际法律查明、大湾区司法协助以及跨境商事争端解决机制等议题研讨，现场气氛异常激烈。与会人员就区际司法协助的模式探讨了区际民商事判决承认与执行实践的法律问题，提出建设粤港澳大湾区司法协助示范区、建立多元化替代性争议解决机制、设立粤港澳大湾区法律资料交换制度等大胆的设想，论证和探讨了粤港澳大湾区中解决法律冲突的可行路径。

"周虽旧邦，其命维新。"粤港澳地缘相近、人缘相亲、同根同源，在法学理论、法治实践、法律制度方面积累了丰富经验，值得互相学习和借鉴。粤港澳大湾区涉及的法律问题盘根错节，因此，本次粤港澳大湾区法律论坛在议题内容的选择上力求涵盖宪法、行政法、民商法、国际经济法和国际私法等学科，试图对"一国两制"的创新和大湾区的协调发展进行探索，为学界同仁提供更多思路和方法。若能抛砖引玉，不胜欣慰。

本书系广东省扶持哲学社会科学优势重点学科建设项目"粤港澳大湾区投资促进法律机制建构"（GDXK201736）的研究成果。广东财经大学法治与经济发展研究所和广东财经大学粤港澳大湾区法律研究中心对该书的完成提供了支持与协助，还有参与粤港澳大湾区法律论坛的粤港澳三地的专家、学者和政府官员也都贡献了智慧，谨致诚挚的谢忱！

杜承铭

2018 年 7 月

# 目　录

## ■ 粤港澳大湾区法治基础 ■

改革开放四十年广东在粤港澳法律合作中的实践创新与
历史使命／邹平学　冯泽华 …………………………………………… 003
粤港澳政府合作的法律问题／蔡镇顺 …………………………………… 027
粤港澳大湾区城际合作的法律性质探析／朱颖俐 ……………………… 035
粤港澳大湾区的特异性与协调发展合作治理之法律问题／董　皞　张　强 … 042
粤港澳大湾区跨域治理的法治实践／朱孔武 …………………………… 065
粤港澳法律共同体的构建路径探索／吕群蓉 …………………………… 076
粤港澳紧密合作中的软法研究／王紫零 ………………………………… 085

## ■ 粤港澳大湾区贸易便利化法律机制 ■

论 CEPA 与粤港澳大湾区建设／钟立国 ………………………………… 099
论粤港澳大湾区投资合作的法律机制构建／柯静嘉 …………………… 124
粤港澳地区商标权利保护及互认机制的建立构想／唐　犀　吴　艺 ……… 147
路径、机理与创新：粤港澳大湾区知识产权法律治理
研究／陈洪超　唐建宁　张春杨 ………………………………………… 161
粤港澳协同发展背景下的知识产权冲突协调机制研究／林　颖　张　盼 …… 171

## 粤港澳法律冲突与协调机制

"示范区"模式与粤港澳大湾区司法协助/陈　晖 …………………………… 187

"一带一路"战略下内地与香港区际法院判决承认与执行
解决的思考/于志宏　于　泽 ………………………………………………… 198

多源溯流，共建共享/嘉海霞 ……………………………………………… 210

"以审判为中心"视角下内地与香港刑事审判程序
比较研究/杨新芳　肖　蕾　贺金慧 ……………………………………… 225

"深港通"机制下跨境间接持有证券的法律适用问题/孙静曲 …………… 235

大湾区劳动争议处理机制比较及协作研究/彭　龙 ……………………… 253

粤港澳大湾区法律资料交换制度探究/梁启燊 …………………………… 267

# 粤港澳大湾区法治基础

# 改革开放四十年广东在粤港澳法律合作中的实践创新与历史使命

邹平学　冯泽华[*]

**【摘　要】** 改革开放四十年，在国家法治建设的征程中，广东发挥地缘优势，推动粤港澳在行政法、刑事与民商事司法协助、法律服务业等法律合作领域取得了骄人成绩。然而，在粤港澳大湾区新时代下，广东在继续推动粤港澳法律合作中将面临府际合作缺乏牢固法律基础、刑事司法协助覆盖面欠佳、法律服务业领域合作程度低等挑战。故未来广东一方面要明确自身在粤港澳法律合作中的主体地位、夯实连接内地与港澳法律合作的桥梁以及法治建设先行者的政治站位，另一方面要力求观念与理念先行，率先探索一国两制三法域环境下跨境府际合作的制度创新与法律基础，拓宽法律合作和机制对接等进路。

**【关键词】** 改革开放　粤港澳　法律合作　大湾区　府际合作

2018年"两会"期间，习近平总书记在参加广东代表团审议时提出，广东是改革开放的排头兵、先行地、实验区，在我国改革开放和社会主义现代化建设大局中具有十分重要的地位和作用。总书记强调，要以更宽广的视野、更高的目标要求、更有力的举措推动全面开放，加快发展更高层次的开放型经济，加快培育贸易新业态新模式，积极参与"一带一路"建设，加强创新能力开放合作。要抓住建设粤港澳大湾区重大机遇，携手港澳加快推进相关工作，打造国际一流湾区和世界级城市群。[1]总书记充分肯定了广东在我国

---

[*] 邹平学，广东省法学会港澳基本法研究会会长，深圳大学港澳基本法研究中心主任、教授、博士生导师；冯泽华，中国社会科学院研究生院马克思主义学院博士研究生。

[1] "习近平李克强栗战书汪洋王沪宁赵乐际韩正分别参加全国人大会议一些代表团审议"，载《人民日报》2018年3月8日。

改革开放和社会主义现代化建设大局中的重要地位和作用,表达了对广东工作的高度重视、亲切关怀和殷切希望,也对广东提出了新的更高要求。广东是改革开放的排头兵、先行地、实验区,习总书记高度肯定了广东在改革开放中的作用与定位,这其中也包含着对广东继续在粤港澳大湾区建设中继续勇攀高峰、再创辉煌的殷切期望。粤港澳大湾区建设是国家战略,但它也是以往粤港澳区域合作概念的升级版。粤港澳合作由来已久,尤其是在法律合作方面更是经历了一段"由浅入深、日趋深化"的进程。法律是治国之重器,[1]亦是保障粤港澳大湾区(以下径称"大湾区")可持续发展的利器。在改革开放四十周年之际,我们有必要系统总结四十年来粤港澳法律合作的成就、挑战与对策,为助推新时代大湾区各项事业的兴旺提供法治保障,确保广东"四个走在全国前列"永不褪色,助推港澳与内地"同发展、共繁荣"。

## 一、改革开放四十年粤港澳法律合作的成就

广东作为改革开放的前沿阵地,最先接受来自港澳同胞的投资。而在港澳同胞进入广东投资的过程中,法律合作必不可少。广东发挥了改革开放的带头作用,秉承了岭南文化求真务实的精神,在粤港澳法律合作方面先行先试,取得了覆盖面广、类型丰富、层次不一的成就。仅就部门法兼顾其他因素的角度而言,法律合作的成绩可从行政法、刑事法、民商事法、法律服务业合作五个维度予以圈点。

(一)行政法合作方兴未艾

广东与港澳在行政法层面的合作主要体现在跨境府际合作的实践。广东与港澳的府际合作从双边到多边,再到单边,呈混合交叉、日益深化之势。1998年以来,粤港澳分别签订《粤港合作框架协议》《粤澳合作框架协议》《深化粤港澳合作 推进大湾区建设框架协议》(以下径称《大湾区协议》)等合作协议。粤港澳文化合作会议是广东省文化厅、香港特区政府民政事务局、澳门特区政府文化局自2002年起建立的合作机制,并由三方轮流承办。广东省文化厅、香港特区民政事务局及澳门特区文化局又于2003年签署《粤港澳艺文合作协议书》,进一步深化了粤港澳文化合作与交流。2013年,广东省人民政府法制办与澳门特区政府法务局成立了粤澳法律问题与合作专家小

---

[1] "中共中央关于全面推进依法治国若干重大问题的决定",载《人民日报》2014年10月29日。

组,建立了更加紧密的常态化的法律合作及协调机制。2015年以来,粤港双方围绕《海关总署与香港海关合作互助安排》,在扎实推进缉私、通关、知识产权保护各领域合作方面,取得了进一步成效。[1]

除了广东省人民政府及其部门与港澳特区政府及其部门签署的府际协议外,广东省管辖的地方行政区域亦与港澳签订双边协议或者建立官方合作机制(见表1),不同于已有的官方层面间的双边合作,《深圳经济特区前海深港现代服务业合作区条例》《珠海经济特区横琴新区条例》《广州市南沙新区条例》均以单边立法模式在审判、仲裁等领域与港澳加强合作,进一步拓宽了粤港澳合作和交流的深度与广度。

表1 大湾区内城市间的合作概况

| 时间(年) | 城市 | 合作内容 |
| --- | --- | --- |
| 2004 | 深圳、香港 | 《香港深圳法律服务合作协议书》 |
| 2006 | 深圳、澳门 | 深澳沟通协调机制 |
| 2008 | 珠海、澳门 | 珠澳合作专责小组 |
| 2011 | 广州、香港 | 穗港合作专责小组 |
| 2011 | 深圳、香港 | 深港法律合作联席会议制度 |
| 2013 | 珠海、澳门 | 珠澳合作专责小组正式更名为"珠澳合作会议" |
| 2013 | 珠海横琴 | 粤港法律问题专家小组 |
| 2014 | 珠海、香港 | 珠港合作专责小组 |
| 2014 | 深圳前海 | 前海法律专业咨询委员会(聘请港籍专业人员担任委员) |

(二)刑事司法协助重点突破

尽管内地与港澳的刑事司法协助尚未达成有关安排,但先行先试的广东与港澳在共同打击跨境犯罪的问题上已初步形成了有效的衔接机制。1987年起,广东省人民检察院即与香港廉政公署开始了第一宗跨境职务犯罪案件的个案协查合作,两地的合作交流至今已有三十余年。自2005年起,广东省人民检察院与港澳特区廉政公署共建一年一度的粤港澳个案协查座谈会,在共

---

[1] 林丽丽:"粤港海关携手助力粤港澳大湾区建设",载http://news.eastday.com/s/20171219/u1ai11082315.html,2018年4月27日最后访问。

同打击跨境贪污腐败犯罪工作上取得了一定成效。截至 2017 年，粤港双方协查跨境贪污腐败案件业已超过千宗。[1]此外，粤澳还积极开展"粤港澳青少年反腐倡廉广告片创作比赛""粤港澳三地中小企业廉洁营商研讨会"，合作编印《粤港澳中小企业防贪指引》等多项防贪合作项目书，不断加强"一带一路"倡议与大湾区建设以及预防腐败等方面工作的交流合作。

除了共同打击职务犯罪外，粤港澳三地的警务合作亦日益频繁，以港澳回归作为分水岭，粤港澳警务合作主要历经两大阶段：第一，港澳回归前，粤港澳警方通常在国际刑警组织框架下合作，通常以治安会晤的名义进行合作。20 世纪 80 年代初，粤港澳三地警方逐步建立起警务合作关系。1983 年，广东省公安厅与葡澳警方建立合作关系，开始移交逃犯和互通情报。1986 年 12 月，广东警方通过国际刑警渠道与港澳警方直接开展警务合作，并设立国际刑警广东联络处。第二，港澳回归后，粤港澳警方在"一国两制"框架下合作，广东省公安厅以"省公安厅港澳警务联络科"名义进行合作。21 世纪初，粤港澳警方在打击跨境毒品犯罪方面建立 24 小时情报信息互通机制。2000 年 8 月，粤港澳警方在广州举行首次联席工作会晤，旨在逐步建立灵活、快速、高效的警务合作机制。[2]此前，三地警方曾联手侦破"'新义安'等香港黑社会组织案""珠海'环球火星'号油轮被劫案"等大案要案。[3] 2002 年，粤港澳警方在扫黑活动中建立 24 小时情况通报机制；2009 年，粤港澳警方开通情报信息共享平台；2015 年，代号为"雷霆一五"的联合行动为期三个多月，打击涉黑罪行，共拘捕逾 1.5 万人。[4]概言之，粤港澳警方在打击跨境毒品犯罪、经济犯罪、网络犯罪及跨境非法赌博违法活动等领域一直紧密合作、互通情报，多次同步采取大型联合反罪恶行动，不断深化合作机制，共同维护粤港澳社会治安的持续稳定。

（三）民商事司法协助有序推进

广东是全国最早受理涉外商事案件的地区，1980 年，广东省高级人民法

---

[1] 索有为、韦磊："粤港两地开展个案协查 30 周年 协查案件过千宗"，载 http://www.chinanews.com/gn/2017/07-13/8277228.shtml，2018 年 4 月 27 日最后访问。

[2] 辛昊："浅析粤港澳警务合作的历史与现状"，载《新西部（理论版）》2016 年第 19 期。

[3] 林阳："粤港澳警方加强刑侦合作"，载《人民日报海外版》2000 年 8 月 24 日。

[4] 梁今："粤港澳警方联合打击黑帮及有组织罪行"，载 http://www.chinanews.com/ga/2015/09-23/7540737.shtml，2018 年 4 月 29 日最后访问。

院审理了第一宗涉外商事案件——"广东省江门市蓬江蓄电池厂诉香港喜利企业投资有限公司合同纠纷案"。广东与港澳的民商事司法协助在港澳回归前即已开展。1988年，广东省高级人民法院与原香港最高法院签订了《广东省高级人民法院和香港最高法院相互委托送达民事、经济纠纷案件诉讼文书问题的协议》，在民商事文书送达方面开展合作。自有公开数据以来，因广东毗邻港澳，受理的涉港澳民商事案件数量长期高居全国首位，与港澳开展民商事区际司法协助的数量亦在全国居首位，如2011年广东受理的涉港澳民商事案件约占全国的80%。[1]尔后，由于广东省高级人民法院与最高人民法院对涉外案件统计口径不一致，广东在涉港澳民商事案件的具体比例无从获悉。但2018年最高人民法院和2018年广东省高级人民法院的工作报告显示：2017年，广东审结涉港澳台、涉侨一审案件3.6万件，办理送达文书、调查取证、罪赃移交等司法协助案件9867件，[2]分别约占全国的44.44%和17.01%。[3]

在离婚判决的相互认可和执行上，粤港历程了一段艰难的历程。在2010年以前，粤港双方均不承认对方的离婚判决。2010年，香港终审法院在"马琳案"中认可了深圳法院的离婚判决，并建议香港立法会修改《婚姻法律程序与财产条例》，实现了在缺乏双边安排的情况下广东离婚判决在香港的认可。2011年，广东省高级人民法院作出《关于承认香港特别行政区区域法院2007年第7112号离婚判决法律效力的批复》，率先在全国个案中承认香港离婚判决，完全实现了内地与香港离婚判决的相互认可。[4]尔后，内地多家法院均有对香港离婚判决的认可。在各地法院承认香港离婚判决经验的基础上，2017年6月，最高人民法院与香港特区签署了《关于内地与香港特别行政区法院相互认可和执行婚姻家庭民事案件判决的安排》，推动跨境婚姻家庭案件判决在粤港得到相互认可和执行，增进粤港司法互信，深化粤港司法交流与合作。不同于《关于内地与香港特别行政区法院相互认可和执行当事人协议管辖的民商事案件判决的安排》规定的仅执行"具有执行力的终审判决"，

---

[1] 林晔晗："多方助力解纠纷'东方经验'新探索"，载《人民法院报》2012年9月27日。

[2] 龚稼立："2018年广东省高级人民法院工作报告"，载http://www.gdcourts.gov.cn/web/content/40274-?lmdm=10753，2018年4月28日最后访问。

[3] 全国法院共审结涉港澳台、涉侨案件8.1万件，办理涉港澳台司法协助互助案件5.8万件。参见"最高人民法院工作报告（摘要）"，载《人民日报》2018年3月10日。

[4] 张淑钿："双边安排缺失下香港承认内地婚姻判决的新动向及应对"，载《人民司法》2015年第15期。

《关于内地与澳门特别行政区法院相互认可和执行民商事判决的安排》规定，无论生效判决是否具有给付内容，均可互相申请承认和执行，亦未对"法律关系"的类型作出限定，故内地与澳门的离婚判决是可以互相申请承认和执行的。

2016年，为提高珠海横琴新区人民法院涉港澳台民商事案件审理的专业化水平，珠海横琴新区人民法院在与澳门科技大学签署合作协议，由澳门科技大学推荐5名熟悉内地、澳门两地法律的研究生到横琴新区法院实习3个月之后，从中择优选聘了综合条件优异的3名研究生担任法官助理。此举有助于深化两地法律合作，共同培养能够适应大湾区经贸发展的高素质法律人才。此外，为增强港澳同胞对内地司法的信任感和参与度，南沙片区人民法院、前海合作区人民法院、横琴新区人民法院已分别选任5名、13名、10名港澳籍人民陪审员，并邀请他们参审案件，取得了良好社会反响。[1]最高人民法院还借鉴广东省港澳籍人民陪审员的法治经验，并于2017年1月颁布了《关于为自由贸易试验区建设提供司法保障的意见》，正式规定"在自贸区内的民事案件一方或双方当事人为港澳台居民的，可以选任港澳台居民作为人民陪审员参加合议庭"。

(四) 法律服务业合作深化发展

法律服务业一般包括律师、仲裁、公证等行业。自改革开放以来，广东与港澳律师、仲裁、公证等法律服务业的合作亦是随着三地经贸往来的深入而获得飞速发展。

首先，律师业合作取得突破。2014年8月，广东省司法厅颁布《关于香港特别行政区和澳门特别行政区律师事务所与内地律师事务所在广东省实行合伙联营的试行办法》，正式启动港澳律师事务所在广东试行合伙联营的试点工作。当前，在法律服务业上，港澳的律师事务所可在广州南沙、深圳前海等地方与广东内地的律师事务所进行合伙联营。截至2017年10月，广州、深圳、珠海三地共有11家联营律师事务所，共有136名律师派驻到联营律师事务所，其中香港律师33名、澳门律师9名。[2]

---

[1] "广东自贸区司法保障白皮书"，载 http://www.gdcourts.gov.cn/web/content/37184-? lmdm=2001，2018年4月28日最后访问。

[2] 周颖："42名港澳律师获全国首批粤港（澳）合伙联营所港澳律师工作证"，载《人民日报海外版》2017年10月18日。

其次，仲裁业日益国际化。2011年6月，深圳出台《深圳经济特区前海深港现代服务业合作区条例》，鼓励前海合作区引入国际商事仲裁的先进制度，以及鼓励香港仲裁机构为前海合作区的企业提供商事仲裁服务，有效地保障了前海合作区内的香港、外资企业的合法权益，吸引了更多的香港、外资企业踊跃到前海投资。2015年4月，国务院颁布的《关于印发进一步深化中国（上海）自由贸易试验区改革开放方案的通知》正式采纳前海国际商事仲裁经验，同年11月，香港国际仲裁中心在上海自贸区设立代表处。2015年广东省政府颁布的《实施〈粤港合作框架协议〉2015年重点工作》规定，在广东自贸区前海片区的企业可选择香港法作为适用法律以及选用香港作为仲裁地。据此，可以更高效地为自贸区的交易主体提供更加优质的法律服务，截至2016年1月，深圳仲裁院聘请来自香港特区的仲裁员达146名，其中，香港籍共88名。[1]随着深圳仲裁院业务运作的成熟，该院作出的裁决愈来愈受到国际的承认与执行。

最后，调解业合作日趋深入。《深圳经济特区前海深港现代服务业合作区条例》鼓励深港民间调解组织合作，为前海合作区的企业提供商事调解服务。据此，2013年12月，粤港澳12家商事调解机构与深圳国际仲裁院调解中心共建粤港澳商事调解联盟。2015年4月，珠海仲裁委员会、香港联合调解专线办事处、香港仲裁司学会、澳门世界贸易中心仲裁中心、香港博信法律专业调解中心、香港g2g六方在珠海也成立了珠港澳商事争议联合调解中心，该中心主要功能是整合法律资源，协调成员各方为当事人提供跨法域的调解咨询和推介等服务。2018年3月，珠海横琴成立首家商事调解机构——横琴新区国仲民商事调解中心，该中心利用珠港澳商事联合调解中心工作机制，实现与港澳跨境调解合作。

（五）粤港澳法学专业社团及研究机构交流合作日益频繁

法学专业社团作为民间力量，在推动粤港澳法律合作进程中起着重要作用。在港澳回归前，粤港澳法学专业社团交流相对较少，而在港澳回归后，粤港澳多次联合举办各种类型的法学研讨会且交流日益频繁，民间法学力量的后发优势得到充分发挥。2008年，首届粤港澳法学论坛在珠海召开，而后

---

[1] 王若琳、马培贵："深圳国际仲裁院 为香港仲裁员颁聘书"，载《深圳特区报》2016年1月7日。

第二届、第三届、第四届、第五届、第六届等分别在深圳、澳门、东莞、广州、香港举行。2015年12月，首届粤港澳台法学研讨会在澳门举行，尔后第二届、第三届研讨会分别在深圳、香港举行。多个学术论坛分别在粤港澳举行，社会反响热烈，取得了良好的交流效果。2017年3月，广东省法学会港澳基本法研究会成立，进一步整合加强广东省基本法研究力量。2017年7月，由外交部条约法律司、广东省法学会、深圳大学联合主办的纪念香港回归二十周年法律研讨会在深圳举行。2017年11月17日，香港喜来登酒店举行了主题为"香港基本法的实施与未来"的纪念香港回归20周年基本法法律研讨会。12月9日，香港大学举办了香港基本法澳门基本法研究会2017年会暨"基本法的理论与实践：20年的回顾与前瞻"高端论坛。12月20日第三届粤港澳法学研讨会在香港城市大学举行。

澳门法学专业社团及研究机构是积极推动港澳法学研究的拥趸，自回归以来，多次要求广东法学专家学者或者与粤港法学专业社团和研究机构共同举办学术会议。如2005年，澳门基本法推广协会邀请内地、港澳台七十多位专家学者参加"依法治澳经验与前瞻"学术研讨会；2010年，澳门理工学院一国两制中心邀请内地及港澳台三十多位专家学者参加"'一国两制'与澳门特区法制建设"学术研讨会。2015年，澳门理工学院一国两制研究中心、深圳大学港澳基本法研究中心等多家研究机构和法学专业社团在澳门共同举办了"一国两制实践与基本法实施的澳门模式"学术研讨会；2018年4月，澳门濠江法律学社等境外团体与中山大学粤港澳发展研究院等内地团体，在珠海举办了"澳门基本法实施19周年经验总结及未来展望学术座谈会"等不胜枚举的各类主题研讨会。

此外，粤港澳律师团体间亦交流频繁，互利合作。自2002年举办首届粤港澳律师运动会以来，三地业已成功举办了六届运动会，并成为三地律师交流的传统品牌项目；2016年，在广东省律师协会与香港大律师公会、香港律师会、澳门律师公会的共同努力下，首届"推动'一带一路''自贸区'建设，加强粤港澳法律服务业合作论坛"在广州举行；2017年11月，香港大律师公会林定国主席等一行19人访问广东省律师协会，并受到广东省司法厅厅长曾祥陆会见等。

不忘初心，方得始终。四十年来，粤港澳法律合作取得的成就实属来之不易，广东在粤港澳法律合作中取得的举世瞩目的成绩，与其敢于尝试、勇于担当的优良品格有关,是广东奋勇前进,久久为功,破除一切阻碍法律合作的顽瘴痼疾的结果。广东与港澳从隔岸相望到密切交流,一点点地迈向伟大飞跃。进入新时代,广东肩负重任,面临交织叠加的矛盾与接踵而至的各种挑战,粤港澳大湾区建设定位国家发展战略,对标世界一流湾区,广东理应再接再厉,更上一层楼,无愧于时代赋予广东的使命。

### 二、广东须清醒认识粤港澳法律合作中的问题与挑战

安不忘危,兴不忘忧。在总结广东在推动粤港澳法律合作方面取得的巨大成就的同时,我们应清醒地认识到当前诸多领域的合作在广度、深度和效度方面仍多为"蜻蜓点水"。鉴于广东在改革开放法治化进程中不可或缺的重要地位,尤其是在大湾区时代下粤港澳法律合作中的合作主体作用,我们不得不正视当前粤港澳法律合作中潜在的一些挑战,主要有:

第一,跨境府际合作缺乏牢固法律基础。首先,粤港澳的系列府际协议不属于立法法规定的法律渊源,且系列府际协议并无政府间的权利义务及约束措施。宪法和地方组织法仅授权各级政府管理辖区内的事务,并无授权各级政府建立跨行政区域的合作机制。从现实角度而言,粤港澳的合作框架协议均是在时任国家副主席习近平同志的见证下,由粤港、粤澳两地政府代表签署的,《大湾区协议》更是在国家主席习近平同志的见证下签署的。可见,粤港澳系列府际协议是得到中央支持的,但形式上仍然没有法律的明文授权。相对于府际合作难以在宪法和基本法层面寻求依据而言,广东与港澳签署的刑事和民商司法协助协议却可从基本法中寻求依据。如《香港基本法》第95条规定:"香港特别行政区可与全国其他地区的司法机关通过协商依法进行司法方面的联系和相互提供协助。"其次,粤港澳的合作联席会议、粤港澳联络协调会议虽经国务院批准,但在宪法、立法法、地方组织法、基本法等文件上并无明确依据,任何一方不遵循协议理论上亦可不承担法律责任,加之国务院是否有此权限存在法理上的模糊。简言之,粤港澳府际合作的性质、定位、效力在法律规范上未明。有论者认为粤港澳区域合作行政协议法律地位不明确,僭越了宪法和法律的规定,亟须获得规范。[1]世界各国或地区普遍

---

[1] 赵伟:"论粤港澳区域合作中的法律问题及其反思",载《江汉大学学报(社会科学版)》2017年第3期。

默认行政法的地域效力,一般不承认域外行政法在本法域的效力,因而较少存在行政法冲突。[1]一方面,大湾区时代下府际合作愈发明显。大湾区市场经营行为的行政监管、税收行政、环境保护合作治理等行政事务具有跨法域性,这需要粤港澳共建有法律约束力的府际合作机制。笔者认为,就府际合作的性质而言,或是一种政策行为,各方是否最终履行协议内容取决于各方的自觉性,这种协议的无约束力正是粤港澳法律合作中多个领域迟迟难以深化和推进的根本原因。厘清府际合作的法律属性及其效力,是推进我国区际行政协助的重要保障,是实现大湾区建设高度融合的重要法宝。以环境治理为例,港澳地狭人稠,环境深受大陆影响,如港澳的空气污染受东莞、惠州、中山、珠海等工业排气影响,港澳附近海域的污染亦深受珠江上游来水的影响,单靠港澳难以解决环保问题。而港澳与内地在大气、水污染等方面标准不一,需要与粤港澳统一环境治理的规范与执行力度,方能实现美丽大湾区之建设。

第二,刑事司法协助的覆盖面欠佳。一是刑事司法协助案件范围窄。尽管广东与港澳在打击跨境犯罪方面取得了一定成效,但在刑事司法协助方面,由于法系不一,内地与港澳尚未达成有关安排,广东与港澳司法机关间的刑事司法协助范围有限,多局限于跨境涉黑、毒品、职务等案件,现实中业已出现大量跨境侵犯财产犯罪的案件而无法得到有效抑制。二是广东与港澳尚未达成相互承认刑事司法判决的协议,不利于相互间协助执行异地刑事判决。粤港澳在金融数据查询制度、证人是否强制出庭、证人保护制度等方面差异较大,相互取证与协助亦存在诸多瓶颈。三是罪犯移交尚未取得突破。当前,因港澳尚对内地刑事司法判决的水平存在误区,回归多年以来一直未有条件与内地就罪犯或者犯罪嫌疑人的移交达成有关安排。一些在广东涉嫌经济犯罪的港澳居民只要返回港澳地区,理论上广东方面无法实现与港澳地区的罪犯移交,这极不利于深化粤港澳刑事司法协助的力度。

第三,民商事司法协调亟须加强。一是民商事裁判的承认与执行的法院级别过高。在执行涉港澳裁决与调取民商事证据上,广东各市法院要经过高级人民法院方可与港澳较高级别的司法机关进行对接,程序复杂、诉讼成本高,不利于保障当事人的权益。二是民商事案件管辖权冲突协调。随着大湾

---

[1] 袁发强:《宪法与我国区际法律冲突的协调》,法律出版社2009年版,第134页。

区建设的深入，广东与港澳的经贸往来必将进一步加强，不可避免地会增加民商事纠纷，当事人趋利避害的诉讼策略选择亦会进一步增加粤港澳管辖权冲突。

第四，法律服务业全面合作进程有待深化。尽管粤港澳律师业合作取得了一定进展，但距离律师业全面合作尚有一定距离，主要表现在：一是粤港澳律师业只能以合伙联营的方式进行，加之现有新设伙制联营律师事务所的数量屈指可数，这些联营的律师事务所不能完全满足大湾区各市居民在跨境法律服务上的需求。二是单边律师业阻碍粤港澳法律服务业的全面合作。当前，粤港澳律师业的开放主要表现为广东律师业向港澳的单边开放，而港澳律师业尚未完全对广东开放，内地法律服务业难以直接为内地在港澳的投资者或者直接为港澳居民提供法律服务，不利于广东律师业"走出去"。三是根据香港法律，律师分为大律师与事务律师，大律师只从事诉讼业务，而《内地与香港关于建立更紧密经贸关系的安排》（CEPA）只允许港籍律师在内地从事非诉讼业务。

第五，大湾区法律冲突协调机制有待突破。大湾区内立法主体多、权限不一，一直缺乏解决法律冲突的协调机制。首先，从立法层面，随着《立法法》的修正，大湾区内相对独立的立法主体瞬间增至11个，有特别行政区的立法权、有经济特区的立法权、有设区的市的立法权，这些巨变使得大湾区的立法主体及其权限错综复杂，亟须统一的冲突法规范予以协调。再者，一些跨境法律合作，如高新科技、互联网等涉及国家安全、体制等问题，非大湾区内部能够自主处理。两个特区享有立法权，特区立法需报全国人大常委会备案，但备案不影响法律生效，全国人大常委会仅可将不符合基本法关于中央管理的实务以及中央与特区关系条款的法律发回；从行政管理层面，三地虽同属中央人民政府，但根据基本法的规定，中央人民政府负责管理与特区的外交和防务，特区政府享有行政管理权，自行处理特区的行政事务；从司法层面看，特区享有独立的司法权和终审权，三地缺乏共同的上级司法机构；从法律实施的层面，除了列入附件三的全国性法律之外，其他全国性法律不能在特区实施；从大湾区本身的协调沟通机制来看，一些高层会议机制的执行落实机制、纠纷解决机制都阙如，且仅限于行政系统，立法和司法方面的合作互助或空白，或程度很低。这意味着，粤港澳大湾区建设虽被纳入了中央顶层设计，但跨越法律和制度冲突，进行跨区域规划的协调，仍然需要付出巨大努力。

总之，在大湾区时代下，尽管粤港澳法律合作中将面临诸多错综复杂的挑战，但广东作为改革开放的前沿阵地，需要提高政治站位，坚持法治先行，强化使命担当，迎难而上，敢于"在刀锋上跳舞"，始终充满奋勇前进的法治动力，珍惜来之不易的改革成果，让粤港澳法律合作展现出中国法治魅力与大湾区风采，谱写时代选择的壮丽史诗。

### 三、广东在粤港澳法律合作中的重要定位

广东是改革开放的前沿阵地，亦是中国特色社会主义法治建设的先驱者。广东有不错的"家底"，可以利用现有的法治资源克服潜在的困局，尤其是在迎难而上的过程中，广东应始终在粤港澳法律合作中坚定以下几个定位：

第一，广东要在加大港澳融入国家发展大局方面发挥区位优势。中央强调港澳要大力发展经济、持续改善民生，这不仅是中央期待港澳特区能够实现的，也是大湾区作为平台能够实现的经济目标。港澳地狭人稠，资源匮乏，发展空间长期受阻。香港当前最大的问题是民生问题。近年来，香港高度依赖金融业、房地产业，经济发展速度有所放缓，年轻一代往上流动空间狭窄。事实上，近年来，香港诸多的政治纷争蕴含着不少的民生因素；澳门当前最大的问题是产业结构过于单一，故致力于经济适度多元发展是未来施政的重要方向。大湾区各市发展程度不一，居民的生活方式有所差异，但总体上仍是以岭南文化为主体的习俗方式，文化与饮食差异相对较小。港澳年轻一代到大湾区内的广东珠三角九市发展，除了能够寻找更广的发展空间，亦能享受性价比更高的生活。港澳年轻一代可以在大湾区置业、就业、创业。广东应当加强大湾区内人力资源服务机构的合作，鼓励港澳年轻一代到腾讯、华为、中兴等高科技企业实习、就业，亦可引导实力雄厚的广东九市的企业和港澳企业合作发展。

第二，广东要发挥改革开放的排头兵、先行地、实验区的作用，进一步解放思想、改革创新，推动粤港澳机制对接和法律合作。粤港澳大湾区具有独有的特征——"一国两制三法域"。"一国两制"是大湾区发展最大的优势，亦可能带来制度机制的制约。在何种程度上有效地发挥优势，以及如何避免制约所带来的负面影响是大湾区发展不可避免的重大命题。所谓优势，在于"两制"继续确保香港的国际地位以及澳门作为葡语国家和地区的桥梁地位；

所谓制约，在于制度、边境、互联网等方面的隔离。破解人员、资金、货物、管理技术、信息交流因"两制"而隔离是当前大湾区建设面临的重要问题。实际上，解决这些问题的法宝是推动粤港澳的机制对接与法律合作。"一国两制"下的大湾区内存在三法系，法律制度间的不同是长期阻碍粤港澳全面合作的重要源头。例如，高铁"一地两检"便是这种法律差异所造成的，其自提出之初便遭遇部分香港人的强烈反对。因此，除了推动经济、文化上的合作，更有必要进行法律合作，以破解大湾区经济合作的瓶颈，释放大湾区创新性、国际化的活力。可以预计，广东珠三角九个城市与港澳特区的通力合作、优势互补，将有助于内地行政主导模式的优势与港澳自由市场模式的优势有机结合、内地强政励治的特色与港澳的法治优势相结合、内地改革开放发展的独特经验与港澳国际化发展经验有机结合，从而不断丰富大湾区发展规划的实践内涵。

第三，广东要牢固粤港澳大湾区法律合作中的主体地位，在合作中担任引领者、设计者与调节者，增添共同发展新动力，画出最大同心圆。因地缘原因，广东最早接受来自港澳的投资。为有效地维护港澳投资者的合法权益，吸引更多的港澳资本涌入广东，广东必然需要与港澳方面共同达成诸多合作协议，以便港澳投资者安心北上发展。因此，自改革开放以来，广东在推动粤港澳法律合作中具有举足轻重的地位，肩负着光荣而艰巨的使命。在大湾区时代下，党和国家给予广东许多厚望，尤其是时下如何保障广东"四个走在全国前列"成了全省上下亟待解决的命题。实际上，"四个走在全国前列"既离不开广东奋勇前进、敢为人先的自身因素，亦离不开港澳的大力支持。不同于内地其他省份，广东是一个典型的外向型经济体，与港澳建立了紧密的经贸关系。在长期的粤港澳经贸往来中，广东与港澳的合作并非一帆风顺，因固有的政治体制与法域不一等因素的影响，粤港澳的合作偶尔遭遇一定的波折，诸如广东改革开放初期不稳定的税收与土地政策，政府换届后新任领导变更前任的优惠政策，进而导致港澳投资者利益受损。然而，广东勇于系统借鉴港澳先进的法治理念进而推动自身改革，亦在构筑粤港澳法律合作框架中起着引领、设计与调节的作用，两者相辅相成、有机统一。当粤港澳经贸合作中出现新的问题时，广东马上组织骨干力量进行研究，化险为夷，尽最大努力协调粤港澳各方利益，寻求最大公约数，力求营造宜商的法治环境，以助推愈来愈多的港澳投资者愿意到广东发展。

第四,广东作为连接内地与港澳法律合作的桥梁,应继续发挥中流砥柱的建设作用。毋庸置疑,粤港澳法律合作是内地与港澳法律合作的重要组成部分。1978年改革开放落地,国门初开,长期闭关建设的神州大地不禁让诸多境外投资者心存疑虑,谨慎无比的港澳投资者北上内地发展时往往先到广东"试水"。若港澳投资者在广东投资不理想,往往不会到更北的省份投资建厂,以避免更大的投资风险。因此,要使作为境外投资"缓冲器"的广东保证港澳投资者安心在内地扩大投资,除了给予他们极为优惠的政策外,建构稳定而舒适的营商法治环境尤为重要。可见,广东在连接内地与港澳法律合作中起着中流砥柱的桥梁作用。事实上,内地在与港澳的法律合作进程中往往亦先从粤港澳法律合作开始试点,以防止合作因水土不服而夭折。例如,跨境警务合作、跨境离婚判决认可等均先由广东落地,进而延伸全国。当下,内地与港澳的法律合作进程尚未取得突破性进展,诸多领域在 CEPA 的框架下缓慢落地,加之香港近年来政治生态蒙上多层迷雾,港澳同胞北上的热情有所下降。广东与港澳的法律合作能否取得突破性进展,尤其是广东在大湾区建设中能否继续发挥主体作用,事关内地与港澳同发展、共繁荣的伟业。因此,广东除了清晰牢固自己的桥梁定位外,还须深化体制改革,尽快在大湾区时代下粤港澳法律合作中取得重大突破,为内地与港澳的法律合作提供更多的广东智慧。

第五,广东作为改革开放的先行者和排头兵,亦是中国特色社会主义法治建设的先驱者,在粤港澳法律合作中发挥模范带头作用。习总书记在2018年"两会"中指出,广东是改革开放的排头兵、先行地、实验区,在我国改革开放和社会主义现代化建设大局中具有十分重要的地位和作用。[1]习总书记的论断为当下广东继续前进、勇创法治佳绩注入了强劲的动力。不可否认,改革开放以来,截至2018年,广东 GDP 连续29年居全国第一。如此骄人的成绩背后,离不开党和国家在政策上的大力支持,亦离不开广东在法治建设配套上的力度。市场经济是法治经济。广东市场经济运行如此畅顺,正表明其法治的优先性在市场活动中得到了高度彰显。试问一个法治不健全、政策随意变动的营商环境能够助推经济的高速发展吗?答案显而易见是否定的。

---

[1] "习近平李克强栗战书汪洋王沪宁赵乐际韩正分别参加全国人大会议一些代表团审议",载《人民日报》2018年3月8日。

四十年来,广东勇于突破计划经济时代遗留下来的不利于发展市场经济的条条框框,虚心学习港澳先进的法治营商经验,且结合自身实际情况,创造了一个又一个的法治奇迹,最终亦在多个领域成了中国特色社会主义法治建设的先驱者,例如2003年广州率先建立政府信息公开制度、2011年深圳率先建立国际商事仲裁先进制度等。在大湾区时代下,广东除了充当中国特色社会主义法治建设的先驱者,进而为全国法治现代化建设提供广东经验和样板外,还应在粤港澳法律合作中发挥模范带头作用,借鉴更多的国际先进法治经验,提升自身国际化水平,积极融入"一带一路"建设,增强发展环境的吸引力和竞争力。

综上所述,广东作为改革开放的先行者,在长达四十年的浪涛中涌现了许多值得讴歌的法治奇迹。广东业已塑造无比深厚的法治底蕴与无比强大的合作动力。在大湾区建设的新时代下,广东有必要加强创新法治驱动要素整合,以粤港澳法律合作为动力,继续推动广东在形成全面开放新格局上走在全国前列,为推进内地与港澳法律合作进程乃至中国法治文明做出充满广东智慧的贡献。

### 四、广东在粤港澳法律合作中大有作为

"行百里者半九十。"广东尽管在粤港澳法律合作中取得了丰硕的成果,在合作进程中起着不可或缺的独特主体作用,但在大湾区时代下将面临许多前所未有的挑战,广东需要把握新的历史发展机遇,戒骄戒傲,继续创造更多彪炳史册的法治奇迹。不可否认,广东在粤港澳法律合作中的积极作为并非"自古华山一条路",而须用系统化思维促进自身在粤港澳法律合作中发挥强劲作为,更须注重强化"一国",善用"两制",发挥"一国之利、两制之便"。以下分述之。

(一)观念与理念先行

广东在推动粤港澳法律合作进程中秉承了诸多的观念与理念,并在这些观念与理念的指导下创制了接连不断的法治奇迹。今天,在大湾区新时代粤港澳法律合作的驱使下,广东仍须发扬这些观念与理念。

1. 观念先行

第一,发扬光大广东的包容文化。文化对人具有潜移默化之作用。正是广东由来已久的包容文化成就了广东骄人成绩。自改革开放以来,全国各地

乃至世界各地的各类人才在广东释放活力，聪明才智不断得到充分涌流，这与广东勇于突破法治合作的藩篱，吸收港澳先进的法治经验，聚天下英才而用之的方针政策有关，实质上是广东包容性的强劲彰显。在大湾区时代下，粤港澳法律合作绝非仅限于区域合作，而是定位在国家发展战略，服务于"一国两制"的国家级战略的重要组成部分。粤港澳法律合作的目标在于促使大湾区建设实现全要素的自由流动，各市要摒弃斤斤计较之心态，以有容乃大、包容发展的胸襟对待合作伙伴。在大湾区府际合作方面，要鼓励互创价值，鼓励整体发展观，尤其是强化在法律制度合作中的包容发展、互相学习借鉴的理念。合作不仅仅是一个经济概念，法律和制度的交流借鉴也是合作内容之一。广东有超强的规划与执行能力，若在决策、执行和监督的法治化建设上多向港澳学习，方能降低各市间的内耗、把握诸多发展机遇，创造大湾区法治建设的新奇迹。

第二，秉持合作的心态。大湾区时代下的粤港澳法律合作是一项庞大的国家级工程，需要平衡的利益主体甚多，利益主体只有秉承合作的心态方可实现共赢。对于大湾区有条件的城市，只要有助于大湾区整体发展和一国两制基本方略，不能等、靠、要，若对方暂时没有对等改善，广东各市可先改一步、先行让利，先改革创新自己的制度程序。例如，深圳以往的巨大成功表明，大气、有远见的最终都不会吃亏。深圳的发展曾受惠于香港甚多，2017年的GDP总量及科技创新实力在整个大湾区首屈一指，在服务于一国两制战略发展中深圳亦应当有反哺港澳、发挥更大的独特作用的政治站位。与此同时，珠三角的其他城市若在法治城市建设、法治政府建设、服务政府建设方面下功夫学习港澳先进经验，加强合作交流的各项活动，则可以更好地发展自己，奠定法律合作和制度接轨的深厚基础。

第三，发扬岭南文化的求真务实精神。务实表现为重视实际，讲求实用，追求事半功倍，而轻浮华、贬空谈、鄙玄虚。[1]广东作为岭南主体，天然具有务实精神，在改革开放浪潮中，之所以长期逢凶化吉、化险为夷，除了谦虚谨慎的作风外，务实精神必不可少。广东的务实精神在广东人探索改革开放发展规律的过程中发挥得淋漓尽致。广东长期着力于长远的、集体的、实

---

[1] 殷丽萍："论岭南务实传统与广东文化大省建设"，载《广东省社会主义学院学报》2004年第4期。

质的利益，在空谈误国的理念下兢兢业业地苦干，始终保持经济"常胜将军"之地位。在大湾区时代下，这种务实精神的延续尤为必要。粤港澳法律合作涉及的利益主体众多，需要协调的事项数不胜数，若不发扬求真务实的作风，一味在合作中搞形式主义而无实质作为，则容易使合作的成果陷入形式困局。因此，广东应时刻注重学习港澳的先进法治经验，听取社会大众对大湾区建设的宝贵建议，破解粤港澳法律合作进程中的实际障碍，取得更多务实成果。

2. 理念先行

第一，合作理念。广东树立合作的理念意味着，广东应从国家层面树立整体融合发展的指导思想，协同港澳构筑高层次大湾区协调机制，为大湾区各城市之间创造要素跨境自由流动提供政策和法律权威。大湾区建设作为国家战略，相比于以往的粤港澳合作框架而言，合作程度更为紧密、合作水平更为高级。在融合发展中，不仅要素跨境流动的宽松与弹性调整势在必行，就是在大湾区的内地城市间，也要打破本位思想和藩篱思维，创造自由、宽松的要素流动机制。大湾区的建设为港澳同胞来粤提供了千载难逢的机遇，但重要的是促使大湾区生产要素流动顺畅、人员资金自由流动、税收尽可能保持一致、创业者能享受同等的生活便利。只有树立"大湾区是一个整体"的观念，才能激发各市积极参与建设大湾区的热情。

第二，共赢理念。共赢理念最为突出的形式是互创价值。在粤港澳法律合作中，只有秉承共呼吸、共命运、心连心的态度，在合作的基础上彰显共赢理念的正能量，方能助推合作工程的完美构筑。广东应联同港澳共同抛开粤港澳各自的概念，尤其是克服十一市间的龙头思维，寻求最大公约数，促使港澳同胞共享祖国繁荣富强的伟大荣光。以往，不少城市固守传统 GDP 思维，为了引进大企业、大项目进驻，临时性设置了多项优惠政策，从城市个体发展来看，这似乎是理性的，但从粤港澳合作的角度看，却属互相拆台、互相挖坑之径，无法体现共赢之理念。大湾区港深穗等核心城市，要摒弃争当龙头老大的心态，放弃单一中心主义思维，从共建大湾区核心城市圈的理念看待三城市的府际合作。讲法治思维就不要讲行政级别、考虑谁大谁小、谁高谁低，这样才能最终实现大湾区的共享。例如，港珠澳大桥的单 Y 建设，没有考虑深圳的需求，这给该桥建成后能否有充足的车流量带来诸多质疑，也影响了这一巨大投资的效益回报。后来，为了弥补珠江口东西岸交通的不便,降低虎门大桥的负担,深圳与中山共建深中通道,反而徒增了建设成本。共赢理念即是要抛开这种单一的、片面的、本位性思维,尽力在大湾区各市间树立一体化、共同共享发展的理念。

第三,创新理念。习总书记对2018年"两会"广东代表团强调,创新是第一动力……加强创新能力开放合作。[1]可见,习总书记勉励广东在新时代中继续发扬创新理念,勇闯佳绩。创新需要胆量,胆量源于智慧。广东敢于刮骨疗毒,敢为天下先,更敢于"吃螃蟹"的精神正体现了创新与智慧所带来的勇气。广东要想在新时代粤港澳法律合作中继续焕发活力,就必须坚持勇于创新、永不僵化,破除阻碍法律合作的各项体制机制弊端。粤港澳法律合作要突出制度创新精神,为经济融合、社会接轨提供保障,包括广州、深圳在内的珠三角城市都可通过试点相关领域的法律合作,为解决港澳经济社会深层次问题提供经验。在这方面,广州、深圳完全可以走在前列,大有作为,率先在全省范围内专门制定吸引港澳服务业企业和人才的优惠政策,在空间允许的地区打造粤港澳合作产业基地,为港澳同胞创业、就业提供发展空间,并提供适当的人才税收补贴、住房、社保、子女就学等优惠政策条件。创新永无止境,粤港澳法律合作需要更多地突破现有体制的束缚,进而获得源源不断的智慧力量。

(二) 奠定跨境府际合作的法律基础

当前,宪法、基本法、立法法、地方组织法均缺乏跨境府际合作的法律规定,这给粤港澳法律合作带来了诸多不稳定的因素。因此,广东有必要尽快呼吁中央奠定跨境府际合作的法律基础,助推大湾区建设的法治化。首先,就现有的法律框架而言,由全国人大常委会对基本法进行释法似乎是最为简捷的进路。然而,正如上文所言,基本法规定的是司法协助问题,难以有效地为府际合作提供法律依据。其次,最为彻底的做法是修改宪法和基本法,以获得法律上的依据。然而,根治亦潜伏两大问题:一是2018年刚修正宪法,短期内再修正宪法的可能性不大,"远水不能救近火";二是香港政治生态的迷雾尚未拨开,基本法修改的难度远超修正宪法本身。最后,由全国人大专门出台法律文件,授权粤港澳三地政府有权跨境府际合作,并明晰粤港

---

[1] "习近平李克强栗战书汪洋王沪宁赵乐际韩正分别参加全国人大会议一些代表团审议",载《人民日报》2018年3月8日。

澳履行合作协议的法律约束力问题，此乃我国立法实践作为常用之道，可运用于粤港澳法律合作之上。之所以由全国人大而非全国人大常委会出台法律文件，是因为跨境府际合作业已远超现有法律框架，甚至对特别行政区制度产生影响，故根据全国人大的职权仅能由其对粤港澳府际合作进行合法性定位。

此外，府际合作容易引发行政司法协助问题，行政司法协助是大湾区日益融合后或将出现的司法互助"新形态"。当大湾区某市居民对大湾区管理部门提起涉及大湾区行政事务的行政复议、仲裁或者行政诉讼时，一些诉讼材料或者行政裁判的认可和执行或将跨法域，这就需要广东九市或者港澳司法机关提供行政司法互助。因此，在立法协调联席会议的指导下，经最高人民法院授权，大湾区亟须加强行政司法互助，构筑合适路径，安排相关行政事务法律问题。

（三）继续深化法治改革

尽管广东在法治建设方面业已走在全国前列，但仍有许多领域须向港澳学习，尤其是学习香港的法治建设经验，着眼于既利当前更惠长远的发展目标。广东自身进行全面深化法治改革可为粤港澳法律合作提供现实基础，主要包括：

第一，建设服务型的法治政府。香港是举世公认的服务型法治政府，最引以为傲的是它的法治，这才吸引了国际企业纷纷到港设立总部或者分支机构。广东服务型法治政府之建设，应首先平衡好政府权力与公众利益的关系，发挥人大与新闻媒体的监督作用。

第二，提高司法公信力。①确保司法机关独立审判。香港的司法机关不受行政机关等外部力量的干涉，在营造香港法治社会生态方面起着中坚作用。广东可以探索在借鉴香港相关法律的基础上，制定符合国际惯例、接轨港澳，去行政化、去地方化的法规，在条件尚不成熟时可仅在大湾区范围内实施独立、公正、高效的司法运作体系。②提升司法运作的区际化水平，探索港澳籍法官、人民陪审员与内地法院合作办案模式。大力推广珠海横琴新区法院与澳门科技大学合作培养法官助理的经验，在自贸区的司法机关率先培养港澳籍法官、人民陪审员，在涉港澳案件中，可由当事人选择是否安排港澳籍法官或人民陪审员。

第三，充实创新涉港澳事务行政考评机制。粤港澳合作方面的政府绩效评估早已运作多年，现在需要根据大湾区建设规划的要求和总体目标，充实创新有关考评机制。建议将大湾区内涉港澳事务服务完成度和完成质量纳入相关行政公职人员考核指标，创新考核机制，提升涉港澳事务行政服务质量，包括：①引进港澳事务行政考核第三方评价。大湾区内涉港澳部门的行政考核由涉港澳研究的专家学者、港澳人士参与考评。②加大公开化、程序化的内容。考核指标内容中应加大涉港澳行政事务的透明指标以及程序指标。具体而言，包括各市推出的涉港澳的相关行政信息是否公开化、是否便于港澳同胞理解、行政服务是否便利化、行政事务是否符合法定程序等指标。在全广东试行涉港澳事务作为公职人员考核指标尚有一定的难度，尤其是该项考核属于国家事权，但在大湾区试点却有一定的可能性与可行性。大湾区作为国家战略布局，可获得其他省市所没有的授权，涉及港澳事务繁多，将相应的涉及港澳事务纳入行政人员考核指标范围存在较高可能性。

（四）拓宽法律合作覆盖面

第一，建立长效化的立法协调联席会议。粤港澳应探索成立统一的立法协调机构，这是为了便利大湾区在建设过程中搭建法制协调、制度对接、机制衔接的统一的协商平台。若是像以往那种侧重行政主导的合作规划，并无统一高位阶的机构进行协调，谁也不服谁，最终只能导致大湾区建设收效甚微。立法协调联席会议是一个多边的桥梁，作为一个利益均衡与博弈平台，有助于吸纳、综合多元利益主体的不同利益诉求。立法协调的作用亦在于规范大湾区内各市功能的错位发展，避免各自为政、恶性竞争、以邻为壑，增强各市立法的整体性、协同性、系统性。立法协调可以先从大湾区内广东九城市开始，再在中央指导下探索粤港澳三地立法机关的协调工作。综观我国立法实践，应由全国人大常委会授权立法协调联席会议解决区际法律冲突问题。可借鉴京津冀一体化进程中设立京津冀协同发展领导小组，并由中共中央政治局原常委、国务院副总理张高丽担任组长的经验，建议安排中央港澳工作协调小组组长兼任大湾区建设协同领导小组组长，并由其负责主持立法协调联席会议。立法协调联席会议可解决大湾区经贸往来、城市群建设、司法互助、法律服务、人才流动、环境合作治理等重要立法事项。

第二，公众参与立法工作是扩大公众参与法律合作的重要环节，因为参与建设归根到底是规范制定与遵守问题。习总书记对2018年"两会"代表团强调,加快形成社会治理"人人参与、人人尽责"的良好局面。[1]公众参与立法工作是民主与法治社会的常态。立法者制定的各种规范若征求公众意见,则容易使规范脱离社会现实,最终酿成"恶法"。大湾区建设是一项长期的、宏观的、覆盖面广的工程,需要协调的利益甚多。若想大湾区建设落实到位,立法者必然要考虑规范制定后公民的遵守程度,而非规范制定的数量。广东应协同港澳,将立法工作扎根于人民,进行无愧于时代的法治创造。粤港澳立法机关在制定各种涉及大湾区整体建设的规范时,应多向湾区内各市居民征求意见,避免规范的失真。港澳居民长期处于高度法治化社会形态中,法治意识自然较强,而广东九市居民经过多轮国家普法教育活动,法治意识也大大提高。在此种公众法治意识集体高涨的情况下,为推动大湾区建设深入人心,立法协调机构应当鼓励大湾区内公众参与立法工作,提高立法的科学化、民主化。同时,各市要加强粤港澳大湾区的法制宣传推介工作,让公众有机会、有途径、有能力参与立法工作,共同推动大湾区法治现代化。

第三,设立常设机构"粤港澳自由贸易委员会"。在现有粤港澳联络协调会议、粤港合作联席会议、粤澳合作联席会议的基础上,设立常设机构"粤港澳自由贸易委员会"。"粤港澳自由贸易委员会"负责落实大湾区内贸易活动的计划和方案,提供贸易咨询与协助纠纷解决,营造公平营商环境,逐步打破贸易堡垒,促进贸易和投资自由化、便利化。"粤港澳自由贸易委员会"可下设金融合作、服务贸易、知识产权、文化创意、绿色经济、青年创业等若干专门委员会,委员会成员可由粤港澳三方吸纳各界代表和专家学者参与。

第四,制定统一的区际冲突规范。凡属重大改革都要于法有据。显然,涉及大湾区立法合作的根本性问题——解决区际法律冲突——时,需要制定统一的区际冲突规范,为相关机制实施提供依据。以往,粤港澳的法律冲突一般参照国际冲突法的规则执行,但在涉及刑法、判决等问题上,执行力度仍不够完善。建议由立法协调联席会议起草统一的区际冲突规范——《中华人民共和国区际冲突法》——并经全国人大通过,且将其纳入港澳基本法附件三,使区际冲突规范生效。统一的冲突规范首先在大湾区实行,经过实践成熟后,可推广至全国实施。区际冲突规范实际上是为现行的规则提供法律

---

[1] "习近平李克强栗战书汪洋王沪宁赵乐际韩正分别参加全国人大会议一些代表团审议",载《人民日报》2018年3月8日。

依据,更好地畅通粤港澳立法、行政、司法等方面的合作机制,为三地跨境贸易活动保驾护航。

第五,建立司法信息共享网络平台。由于国家安全与网络体制等原因,内地对港澳的互联网有所限制,目前仅局限于特定的政府部门可与港澳等境外的网络直接相通,这对司法信息共享颇为不利。而建立一个完备、共享、快速的司法信息共享网络平台,能够为大湾区内所有案件的深入开展提供基础性的工作保障机制。粤港澳以大湾区为试点区域,经过中央国家安全机关等部门的许可后,应破除跨境网络的技术障碍,共同建立起一套内部合作的司法信息共享网络平台,随时可查阅三地裁判、执行、交换犯罪情报及前科等司法信息。该网络不限于大湾区内的各级司法机关的信息,可完全扩展至监察机关(港澳为廉政公署)、检察机关、公安机关所掌握的司法资源信息。粤港澳在建立司法信息共享网络平台的基础上,可以定期召开信息交流发布会,就有关信息开展交流、研究,有效地推动经贸司法信息的往来,共同打击惩治跨境犯罪。

第六,刑事司法互助是广东与港澳司法互助的"老大难问题",要逐步攻克。在立法协调联席会议的指导下,经最高人民法院授权,大湾区可先行试点建立区际刑事司法互助机制,具体可分为三步:第一步,粤港澳三地警方可相互协助跨境犯罪嫌疑人的个人资料,包括家庭住址以及财产状况信息等个人信息,必要时可协助证人出庭作证;第二步,因粤港刑事制度差异大,广东九市可与香港就贪污贿赂等职务犯罪、诈骗走私等经济犯罪以及部分跨境犯罪较为频繁的犯罪类型试行刑事司法互助;第三步,粤澳法律特征相近,成文刑事法为主,广东可与澳门实行完全刑事司法互助,包括罪犯移交的安排,最终逐步推动粤港澳全面实施区际刑事司法协助。

第七,民商事司法互助是大湾区司法互助的重头戏。为加快推动大湾区民商事司法互助的进度,实现民商事司法互助无障碍,促进大湾区经贸往来,广东九市的司法机关可在最高人民法院的授权下,大湾区内广东九市的各级司法机关可直接与港澳各界司法机关在多个领域实行司法互助。一是广东九市与香港特区相互委托送达民商事司法文书须通过广东省高级人民法院和香港特区高等法院,变更为广东九市内的各级人民法院和香港特区各级法院,广东九市的各级人民法院亦可直接与香港特区各级法院直接相互委托提取证据;广东九市与澳门特区相互委托送达民商事司法文书和调取证据须通过广东省高级人民法院和澳门特区终审法院，变更为广东九市内的各级人民法院和澳门特区各级法院；二是当事人可以依法直接向广东九市各级司法机关或者港澳司法机关申请认可和执行民商事判决，三是广东九市与香港相互申请和执行仲裁裁决的法院可由原来的内地中级人民法院或者香港特区高等法院，变更为广东九市基层人民法院或者香港特区法院、裁判署法庭和其他专门法庭；广东九市与澳门相互申请和执行仲裁裁决的法院可由原来的内地中级人民法院或者香港特区高等法院，变更为广东九市基层人民法院或者澳门特区初级法院。

第八，进一步拓宽法律服务业合作面。广东应与港澳共商落实对等的法律服务业合作门槛，加强多边合作与交流，包括：

（1）粤港澳逐步降低法律准入门槛。首先，港澳应允许具有涉外实力的内地律师事务所在港澳运行；其次，广东九市可在各市仲裁机构的基础上，分别建立能够适应大湾区跨境义务的国际仲裁机构；最后，推动跨境公证业务在大湾区各市完全开放。广东九市的公证机构既可在港澳开设公证业务，香港具有公证资格的律师和澳门公证机构亦可在广东九市开设公证业务。

（2）建构跨境法律职业对接机制。粤港澳可在高度法律合作的基础上，达成横跨三地执业范围的跨境法律职业对接协议。以律师为例，通过跨境法合作培养后的学子经过特定部门考核合格后，在粤港澳三地均有过实习或者学习经历的，可同时获得三地的执业资格，而这种执业资格仅限于涉及跨境纠纷。例如，一项纠纷涉及内地与香港个人间的法律纠纷时，拥有三地执业资格的律师便可接受这种类型的纠纷的代理服务，若一项纠纷只涉及内地或者香港或者澳门，则这个律师还须拥有当地普通律师执业资格方能代理。

（3）粤港澳三地政府倡导建立粤港澳法律服务业协会，[1]推动三地法律界人士的交流合作多边化、常态化，形成更强、更有效的三地法律人士合力，加快推进粤港澳法律服务业合作形成"双边开放"格局。

### 五、结语：法律合作永远在路上

2018年是改革开放40周年，是值得普天同庆的改革开放历史节点，亦是

---

[1] 郭燕明："推进粤港律师业从单边开放走向双边合作"，载《广东外语外贸大学学报》2017年第4期。

中国特色社会主义建设进入新时代的起点。广东作为中国特色社会主义法治建设的前沿阵地,在推动粤港澳法律合作方面取得了可喜成绩。当前,大湾区建设业已定位为顶层设计的国家发展战略的重要支撑点,而粤港澳法律合作是实现大湾区高度融合的利器。广东有责任、有能力、有魄力凝聚起同心共筑大湾区建设的磅礴力量,推动法律合作朝着更加包容、普惠、共赢的方向永续发展。粤港澳法律制度不同,容易堵塞互利合作之道,因而中央有必要在一些立法事项上消除法律障碍,助推粤港澳法律合作。质言之,粤港澳法律合作不啻是粤港澳三方之事,还关系内地与港澳的法律合作大业,是国家治理体系的一部分,关乎国家治理现代化的实现。粤港澳法律合作没有终点,永远在路上。

# 粤港澳政府合作的法律问题

蔡镇顺*

**【摘　要】** 粤港澳政府合作呈现多面性，是 WTO 单独关税区的合作、地方政府合作、不同法域之间的合作。现实中粤港澳政府合作的两种主要方式——行政协议和个案合作在制度上存在诸多问题，难以满足区域一体化下粤港澳政府合作制度化的客观要求。粤港澳政府合作必须遵循法治原则、明确权责、健全机制，实现合作治理。

**【关键词】** 粤港澳　政府合作　法治原则

随着《内地与香港关于建立更紧密经贸关系的安排》《内地与澳门关于建立更紧密经贸关系的安排》（CEPA）以及《粤港合作框架协议》《粤澳合作框架协议》的实施，粤港澳合作向从民间到三地政府更紧密合作的方向发展。历史与现实表明，粤港澳政府合作成功的关键在于"法治"。基于此，本文拟从法律视角对粤港澳政府合作抛砖引玉。

## 一、粤港澳政府合作法律基础的多面性

在法治社会条件下，任何政府间合作都必须建立在法律基础之上。离开了法律这一前提，不仅会造成理论上的混乱，而且可能带来政府的违法行政后果。粤港澳政府合作必须以法律为前提，建立在稳固的法律基础之上。因此，对于粤港澳政府之间合作的法律性质及其存在的法律问题应该有正确的认识。

（一）在国内法意义上粤港澳三地政府的权限并不平衡

根据《宪法》的规定全国人大分别制定了《香港基本法》与《澳门基本

---

\* 蔡镇顺，广东外语外贸大学法学院教授，广东省法学会副会长、广东省法学会港澳法研究会会长。

法》,在香港和澳门地区分别建立了特别行政区。特别行政区是中华人民共和国内享有高度自治权的行政区域,直辖于中央政府。因此,粤港澳合作是一国治下的地方合作。然而,粤港澳政府权限却存在巨大差别。在港澳地区,中央政府与港澳政府的权限划分遵循着中央列举、地方授予的原则,基本法明确规定了国防、外交、主要官员任命、应急管理等管理权和基本法的修改、解释权属于中央,其他权力则由中央政府授予特别行政区政府独立行使,中央政府及其各部门均无权干预特别行政区根据基本法自行管理的事务,中央政府与特别行政区政府权限划分明晰。在广东,除了《立法法》第9条规定的绝对保留事项外,中央政府与广东政府的权力划分并不明确,即使是法律规定属于中央政府的相对保留事项,地方政府在中央政府默许下也可能会以先行先试的方式予以行使,而一些本应属于地方管理的事务,中央政府及其各部门也可能会根据公共利益的理由直接行使。由此可见,粤政府与港澳政府同样作为地方政府,但在权限上存在很大的差异,形成了权限不平衡的地方政府之间的合作。由于这种差异,粤政府与港澳政府处理具体事务的权力依据、权力范围、处理具体事项的程序等均有所不同。有些事项在粤政府来说可能不难,但对于港澳政府而言可能难度很大。[1]

(二) 一国之内不同法域的地方政府合作

基于历史原因,中国内地实行社会主义制度,广东作为内地的一个省份,其法律体系属于社会主义的中华法系;香港地区在特定时期被英国管治,其法律制度基本上是对英国法律制度的移植,属于普通法系;澳门地区则在特定时期受葡萄牙管治,葡萄牙在管治期间延伸适用葡萄牙法律,现有澳门法律体系基本上属于大陆法系。这样,在一国之内就出现了不同法系,呈现出多法域现象。法系不同,法律理念、法律价值、法律性质、法律体系、法律解释、法的渊源以及立法和司法等诸多领域呈现出了一系列巨大差异。这种差异使粤港澳合作中法律矛盾和冲突更加复杂,增加了粤港澳地方政府合作的难度。

不同法域引起的法律冲突现实存在,并且很复杂。在司法实践中,广东与香港基本上互不承认对方的民商事判决。当事人若想保障自身权利,必须采用"一事两诉"方式,或根据一方法院所作判决确定的债权而向另一方法院重新提起诉讼,权利才能得到实现,严重影响判决执行效率。2006年签订

---

[1] 朱最新:"论珠三角经济一体化中的行政协议",载《战略决策研究》2012年第1期。

的《关于内地与香港特别行政区法院相互认可和执行当事人协议管辖的民商事案件判决的安排》，其性质更多的是一个过渡性的小安排。从内容上看，该安排关于相互认可和执行判决的限制比较多，适用范围比较狭窄，如适用范围只限于源自商业合约纷争作出的金钱上的判决，还有对作出判决的法院级别及判决金额限制等。

香港回归后，粤港两地在互相执行仲裁裁决方面比较好地避免了法律冲突，主要依照1999年实施的《关于内地与香港特别行政区相互执行仲裁裁决的安排》来进行。[1] 在具体安排内容上，《关于内地与香港特别行政区相互执行仲裁裁决的安排》对两地间相互执行仲裁裁决的管辖、实质性条件、形式性要件等许多重要问题作了明确的规定，这对维护两地当事人的合法权益、促进两地经济发展具有重要的意义。2007年内地与澳门签订了《关于内地与澳门特别行政区相互认可和执行仲裁裁决的安排》，广东与澳门在这一方面的司法协助才有了制度上的保障，结束了内地与澳门之间民商事仲裁裁决无法执行的"真空状态"，[2] 为解决粤澳之间的民商事仲裁裁决的承认和执行问题提供了法律保障。

(三) 单独关税区其中一部分与两单独关税区政府之间的合作

中国内地、香港、澳门都是WTO的成员方。依据WTO的相关规定，"单独关税区"指的是"在处理其对外贸易关系和本协定规定的其他事务方面享有完全自主权"的某国部分领土。这就是说，一方面，"单独关税区"归属于某一主权国家，但在处理本地区外贸关系等方面享有自主权；另一方面，该地区虽在处理本地外贸关系等方面享有自主权，但在国际法意义上的身份和地位仍然只是归属于该主权国家，并构成该国管辖的部分领土。WTO协定有关成员资格的规定、中国独特的历史发展进程和"一国两制"的政策取向，使中国在WTO的框架下形成了前所未有的"一国四席"的模式。粤港澳政府合作是WTO单独关税区下特殊的地方政府合作。其中，港澳是单独关税区，而广东只是地方行政区，不是单独关税区。

作为WTO独立关税区，在WTO事务的范围内，港澳拥有自主决定的权

---

[1] 朴银实："论内地与港、澳、台区际民商事司法协助"，大连海事大学2006年硕士学位论文，第23页。

[2] 谢石松主编：《港澳珠江三角洲地区法律冲突与协调》，社会科学文献出版社2007年版，第321页。

力，广东仅是大陆独立关税区的一部分，不经过中央的授权不具有自主决定本省事务的权力。因此，尽管同样是在 WTO 之下的合作，粤港澳三地的法律基础有所不同。根据 WTO 的要求，港澳和内地在享有相应权利的同时，也要承担相应义务；在享受相关贸易待遇所带来的便利、利益和优惠的同时，也要为其他成员提供法定和约定的待遇。内地是以"发展中"国家身份加入 WTO 的，其权利义务与港澳有所不同，广东属于内地的一部分，属于"发展中"的身份，其权利义务也与港澳有所不同。[1]

## 二、粤港澳政府合作的现状与问题

从实践来看，粤港澳政府合作主要通过行政协议和个案合作两种方式进行。其中，行政协议可以被划分为中央政府与港澳特别行政区政府签订的行政协议以及粤港澳三地政府直接签订的行政协议。

### （一）中央与港澳签订的行政协议

中央政府与港澳特别行政区政府签订的行政协议，如 CEPA 及其补充协议，对推动粤港澳合作发挥了极其重要的作用。然而，从法律的角度来看，CEPA 及其补充协议也存在诸多的法律问题需要进一步完善。

1. CEPA 协议缺乏国内法意义上的法律依据

自内地与香港澳门签署 CEPA 协议以来，至今为止，已经签署了多个补充协议，这些协议对促进粤港澳三地的深度合作具有重要的现实意义。从国际法角度来看，CEPA 协议是中国内地与港澳两个单独关税区之间签订的类似自由贸易协定的协议，当属于建立在 WTO 基础上的一项区际协议，应适用 WTO 规则。但从国内法的角度来看，作为粤港澳深度合作基础性文件的 CEPA 协议，其在国内法上的效力却不明确。CEPA 协议是内地与香港澳门特别行政区签订的经贸合作协定，其缔约主体分别是内地和香港澳门特别行政区，因而属于同一国家之内的不同行政区域之间缔结的合作协定，并且是一国之内不同法律制度区域之间的合作协议。然而，由于我国中央层面的法律没有关于内地与特别行政区缔结协议方面的相关规定，因此，内地的立法中没有对这类合作协定的法律性质和地位作出规定。因此，CEPA 协议在国内法

---

[1] 参见慕亚平等著：《CEPA 协议及其实施中的法律问题研究》，法律出版社 2009 年版。

上的性质、地位和效力在法律上处于不确定状态。[1]

    2. 《珠江三角洲地区改革发展规划纲要（2008-2020年）》是行政指导性文件，不属于《立法法》规定的法律渊源

    行政指导是指行政主体基于国家的法律、政策的规定而作出的，旨在引导行政相对人自愿采取一定的作为或者不作为，以实现行政管理目的的一种非职权行为，对行政相对人没有强制力。行政相对人可以是公民、法人或其他组织，也可以是包括国家行政机关在内的国家机关。《珠江三角洲地区改革发展规划纲要（2008-2020年）》是国家发改委对珠江三角洲地区的改革发展实施行政指导所制订的规范性文件，旨在基于国家全局战略和长远发展的目标，引导珠江三角洲地区政府采取积极有效的改革措施，努力将珠江三角洲地区发展成为粤港澳三地分工合作、优势互补的全国大都市圈。该文件规划了珠江三角洲地区在2008年至2020年期间的具体发展方向，但没有规定各地政府机关的具体权利义务，也没有规定不服从其行政指导时的行政处罚措施，是典型的行政指导性文件。但由于该行政指导性文件并非由具有立法权的机关按照法定程序制订颁布，因此不属于《立法法》确定的法律渊源。[2]

    （二）粤港澳政府之间签订的行政协议

    粤港澳政府签订的行政协议涉及社会、经济的各个方面，其中以2010年签署的《粤港合作框架协议》《粤澳合作框架协议》影响最大。这些协议是在粤港澳过去多年紧密合作所产生的默契和共识基础上，由粤港澳政府通过友好协商达成的，较充分体现了粤港澳三地区域发展的客观需求，为粤港澳政府合作搭建了重要平台，有力地推动了粤港澳三地的合作进程。然而，我们应该看到，粤港澳政府之间签订的行政协议也存在一些无法回避的法律问题：①行政协议的合法性问题。在三地政府中，港澳两地政府的权限在法律上是比较明晰的，也是可行使的，而广东政府的权限及其行使则比较模糊。从已签订的协议看，有些协议内容明显涉及宪法与法律规定，属于中央权限范畴的事项。如框架协议中有关金融合作的相关规定，似乎应该属于《立法法》规定的相对保留事项。虽然从签订过程来说，框架协议都是在人民大会堂，

---

[1] 朱颖俐、慕子怡："粤港深度合作的法律依据问题及对策探析"，载《暨南学报（哲学社会科学版）》2011年第2期。

[2] 朱颖俐、慕子怡："粤港深度合作的法律依据问题及对策探析"，载《暨南学报（哲学社会科学版）》2011年第2期。

并在国家副主席见证下由粤港、粤澳两地政府代表签订的,似乎是得到中央默许的,但从法律上看并没有得到中央的批准或授权。退一步说,即使行政协议内容属于广东地方事务范围,这类协议的许多内容也属于地方重大事务,依据《地方各级人民代表大会和地方人民政府组织法》(以下简称《地方组织法》)的规定,应经同级人大或其常委会讨论、决定,但所有行政协议基本上都没有经过同级人大或其常委会讨论、决定。②行政协议的内容问题。行政协议一般应当包括以下条款:标题性条款、介绍性条款、合作安排条款、履行方式条款、成本与收益条款、违约责任条款和纠纷解决机制条款、生效时间条款、签署和日期条款,以及其他条款。目前,大多行政协议内容过于原则,只是一种框架性协议,缺乏协议履行的程序、违约责任等行政协议应有的内容,影响了协议的可操作性。

(三) 粤港澳政府间的个案合作

法律是建立在人类理性基础上的逻辑系统,行政协议也是人类理性的产物。而人类理性是一种"有限理性",因而法律、行政协议不可能囊括一切庞杂的社会问题,不可能涉及人类活动的方方面面。日益密切的粤港澳三地合作必然会带来许多法律和行政协议所规范不到的事项,为了解决这些具体事项,政府间个案合作便不可避免。粤港澳政府间的个案合作是指,粤港澳三地政府在没有法律或相关协议明确约束和规范下,直接通过友好协商解决涉及双方权益的具体问题的一种合作方式。多年来,粤港澳三地个案合作解决了不少棘手的问题,但从粤港澳三地政府个案合作现状来看,主要存在以下问题:①个案合作缺乏必要的程序规范。粤港澳政府间个案合作是针对特殊情况下的一种灵活措施,不可能通过事先的协商达成一系列协议来进行规制。鉴于追求节省协商成本、提高协商效率,从而使问题得到迅速处理的客观需要,粤港澳政府间的个案合作不可避免地呈现程序弱化的趋势。②个案合作缺乏法律理性。鉴于个案合作主要的任务是高效解决具体问题,追求效率,因此,个案合作往往难以建立在法律理性上,也不乏违法的个案合作。

**三、完善粤港澳政府合作的法律意见**

粤港澳区域合作需要制度化,粤港澳政府合作的现实还难以满足制度化的客观要求,但现实的困境不等于现实就是一成不变的。反之,在法律的意义上,必须改变这种现实,遵循法律理性,遵守法律原则、明确权责、健全机制，实现依法治理，从而为粤港澳政府合作提供有效的制度保障。

(一) 明确地方政府之间缔结合作协定的权力

随着我国改革开放的迅速发展，各地政府为打破地区行政壁垒，促进商品和各种要素的自由流通，增强本行政区域的经济实力，已经签订了各种形式的地方政府间合作协定。事实证明，这些地方政府间的合作协议对经济发展、协作、协调起到了非常重要的作用。从世界范围来看，加强政府合作已是全世界公共行政改革的趋势。从这个角度上说，我国《宪法》《地方组织法》关于地方政府的职能和权限方面的规定已经相对滞后，需要完善，必须尽快在《宪法》和《地方组织法》中明确地方政府，包括港澳特别行政区政府缔结地方政府间合作协定的权力。

(二) 在《立法法》中明确合作协定的法律地位

根据我国《立法法》的规定，地方政府间缔结的合作协定不是《立法法》中规定的法律渊源。因此，即使《宪法》和《地方组织法》赋予了地方政府享有政府间合作协定的缔约权，其缔结的合作协定在法律上的地位依然不明确。理论上讲，地方政府缔结的协议具有权利义务的内容，应该属于立法活动。我国是单一制国家，传统上强调国家立法权力的集中行使，但随着市场经济的发展，集中立法权的思维模式已经不能适应需要。我国此前也已经出现立法权适度下放的情况，如特区立法权、较大城市立法权等。笔者认为，法律上可以认为我国一定级别地方政府间缔结协定的行为是地方政府确定彼此间权利义务的行为，属于立法活动。如果不将一定级别地方政府间的合作协定纳入国内法的渊源，则协定能否得到履行将只能由协议主体的自律程度决定，显然很难成为国内法的渊源。因此，在《立法法》中明确规定，一定级别以上地方政府间合作协定是我国国内法的渊源，可以为这些合作协定的履行奠定法律基础。

(三) 应明确粤港粤澳政府之间所缔结协定的效力级别

地方政府彼此间有了缔结协定的权力，其缔结的协定也具有法律渊源的地位，至此还不能完全解决问题。从粤港澳合作的具体进程来看，粤港粤澳政府之间、政府部门之间的协定形式多样，包括安排、框架、宣言、会议纪要、合作备忘录、协议、倡议书、意向书等形式。实际上就是三地往往根据某个领域的需要，派出专门人员进行协商，这种做法在法律效力上缺乏统一而系统的考虑，也缺乏有效的全面沟通、协调。目前，三地间制定的安排、框架、宣言、会议纪要、合作备忘录、协议、倡议书、意向书、框架、宣言等形式的文件，有部分仅仅是这些部门的内部行为，有的甚至是相对完整的工作记录，呈现出效力无序状态，其内容不具有普遍约束力，也不能确定效力级别，这在很大程度上影响了合作的深化，制约了其他方面合作的全面发展。

### 四、结语

应该看到，香港、澳门回归祖国以来，粤港澳合作取得了巨大的成绩，得益于此，粤港澳三地经济贸易获得蓬勃发展。但应该承认，粤港粤澳合作的法律基础长期处于不明确、不稳定状态，这必将对粤港粤澳现行的合作和未来的发展带来某些障碍。因此，为了保证粤港粤澳合作的长期发展，有必要继续深入扎实地开展研究，在法律上解决这一重大问题。

# 粤港澳大湾区城际合作的法律性质探析

朱颖俐[*]

**【摘　要】** 粤港澳大湾区涵盖广东省九个城市与香港、澳门两个特别行政区，大湾区的建设在客观上形成了相关城市之间的城际合作。从国内法的角度来看，粤港澳大湾区城际合作是中央政府打造的新型区域经济合作形式，不同于普通地方政府间的区域经济合作；从国际法的角度来看，粤港澳大湾区城际合作是具有国际性的一国范围内新型区域经济合作形式，有别于国际法上的区域经济合作类型。《深化粤港澳合作　推进大湾区建设框架协议》的主体设计更令其成为最有实施保障的新型区域合作协议。

**【关键词】** 粤港澳　大湾区　城际合作　法律性质

## 一、问题的提出

2015 年 3 月，经国务院授权，国家发展和改革委员会、外交部、商务部联合发布《推动共建丝绸之路经济带和 21 世纪海上丝绸之路的愿景与行动》，首次提出"深化与港澳台合作，打造粤港澳大湾区"。2017 年 3 月 5 日，李克强总理在《政府工作报告》中指出："要推动内地与港澳深化合作，研究制定粤港澳大湾区城市群发展规划，发挥港澳独特优势，提升在国家经济发展和对外开放中的地位与功能。"同年 7 月 1 日，在香港回归 20 周年庆典上，习近平总书记亲自见证国家发展和改革委员会、广东省人民政府、香港特别行政区政府、澳门特别行政区政府共同签署《深化粤港澳合作　推进大湾区建设框架协议》（以下简称《大湾区建设框架协议》），明确以"全面准确贯彻'一国两制'方针，完善创新合作机制，建立互利共赢合作关系，共同推进粤

---

[*] 朱颖俐，韶关学院法学院教授。

港澳大湾区建设"为协议宗旨。由国家发展和改革委员会负责人与粤港澳三地行政长官共同签署大湾区建设框架协议,制订粤港澳大湾区城市群发展规划。这些举措充分表明粤港澳大湾区城市群的建设已成为国家层面的重要经济发展战略。

在地理学领域,湾区一词多用于描述围绕沿海口岸分布的众多海港和城镇所构成的港口群和城镇群,其衍生的经济效应被称为湾区经济。[1]有学者指出,湾区经济本质上是一种社区经济的集合,[2]是区域经济在不断发展过程中形成的高级形态,这种发展方式开放性更强。[3]作为重要的滨海经济形态,湾区经济是当今国际经济版图的突出亮点,纽约湾区、旧金山湾区、东京湾区等国际一流湾区在全球经济增长和技术变革方面的引领地位为国际社会所公认,其开放性、创新性、宜居性和国际化特征已成为世界一流滨海城市的标志。[4]

粤港澳大湾区城市群由广东省九座城市(包括广州、深圳、珠海、佛山、惠州、东莞、中山、江门和肇庆)和香港、澳门两个特别行政区组成,是拥有近 1 亿人口、总面积约 5.59 万平方公里的大型城市群。与纽约湾区、旧金山湾区和东京湾区相较,粤港澳大湾区在地理位置、经济发展水平、政策法规以及科技创新等领域具有较为相似的共性特点。中央政府"打造粤港澳大湾区"的总体规划以深化与港澳地区的经贸合作为基础,发挥港澳独特优势,提升该地区在国家经济发展和对外开放中的地位与功能。客观地说,建设粤港澳大湾区不仅是为了中国的发展,也呼应了世界各国纷纷开始战略中心东移的国际大环境。[5]然而,粤港澳大湾区城市群特有的"一国两制"下涉及三个法域和三个关税区的城际合作结构,在上述国际著名湾区乃至世界其他国家和地区的城际合作中从未有过先例。粤港澳大湾区城际合作在国内法和

---

[1] 陈德宁、郑天祥、邓春英:"粤港澳共建环珠江口'湾区'经济研究",载《经济地理》2010 年第 10 期。

[2] 李睿:"国际著名'湾区'发展经验及启示",载《港口经济》2015 年第 9 期。

[3] 林贡钦、徐广林:"国外著名湾区发展经验及对我国的启示",载《深圳大学学报(社会科学版)》2017 年第 5 期。

[4] "湾区经济",载 https://baike.so.com/doc/9553373-9898059.html,2018 年 5 月 20 日最后访问。

[5] 陈德宁、郑天祥、邓春英:"粤港澳共建环珠江口'湾区'经济研究",载《经济地理》2010 年第 10 期。

国际法上的性质如何界定？为打造粤港澳大湾区而缔结的《大湾区建设框架协议》属于何种性质的文件？该协议在大湾区建设中具有怎样的作用？这些问题的分析对于厘清相关法律关系，顺利推进粤港澳大湾区建设，无疑具有重要的现实意义。

## 二、从国内法的角度看，粤港澳大湾区城际合作是中央政府打造的新型区域经济合作形式，不同于普通地方政府间的区域经济合作

粤港澳大湾区在地理位置上涵盖我国内地省份下辖的九个城市和香港、澳门两个特别行政区。从行政构成上看，该区域具体包括：广东一省内的两个副省级城市（广州和深圳）和七个地级市（珠海、佛山、江门、中山、东莞、惠州和肇庆），以及两个享有高度自治权的特别行政区（香港和澳门），在客观上形成了一国范围内多重行政架构下的城际经济合作区域。从广义上说，区域经济合作不仅发生在国家与国家之间，也发生在同一主权国家范围内的不同行政区划之间。其中，发生在同一主权国家范围内的区域经济合作通常表现为三种形式：同一法域各行政区划之间的跨地区经济合作（如我国内地各省市之间的经济合作）、不同法域同级行政区划之间的跨地区经济合作（如美国各州之间的经济合作）和不同法域不同级别行政区划之间的跨地区经济合作（如美国联邦政府作为成员方加入州际协定[1]）。粤港澳大湾区各城市的多重行政架构决定了该区域经济合作不同于上述任何一种类型。

事实上，早在内地分别与香港、澳门签署更紧密经贸关系安排的合作文件（CEPA）之时，基于内地、香港、澳门三地的特殊法律身份，我国已经在区际经济合作领域形成了全新的区域经济合作形式。在香港、澳门回归之后，"内地"政府特指除香港、澳门及台湾、澎湖、金门、马祖（简称"中国台北"）单独关税区以外的中华人民共和国关税领土之上的政府，[2]有别于中央政府。由于世贸组织并不存在对应于港、澳、台单独关税区的"内地"成员，

---

[1] 州际协定发展的重要趋势之一是联邦与州的联合协定或联合机构的产生。这些"联合机构"，其功能只是制定规划，并不具有管理的职能，一旦规划制定完毕，剩下的实施工作就由州和联邦分别进行了。参见何渊："美国的区域法制协调——从州际协定到行政协议的制度变迁"，载《环球法律评论》2009年第6期。

[2] 参见《内地与香港关于建立更紧密经贸关系的安排》《内地与澳门关于建立更紧密经贸关系的安排》第一部分。

在处理世贸组织中的一国四席问题以及国内的一国两制问题时,"内地"政府与中央政府有着严格的区分。然而,在中国的政府体制中并不存在区别于中央政府的专门的实体上的"内地"政府机构。"内地"更多的是基于四地法律制度的各自独立而在地理位置上的一种称谓,是一个相对于港澳台地区而言的抽象概念,在对外关系上,没有实质意义。从这个意义上说,内地与香港、与澳门特别行政区的经济合作已经打破了既有的区域经济合作模式。

粤港澳大湾区城际合作是在 CEPA 基础上,对内地与港澳地区合作的深化。与 CEPA 构建的区域经贸合作模式不同的是,此次合作是自港、澳地区回归以来,首次共同与内地开展全面合作,从而第一次形成一国范围内涉及三个法域和三个关税区的跨境区域合作。特别值得注意的是,粤港澳大湾区城际合作表面上看来是不同级别的多个城市之间的合作,但从《大湾区建设框架协议》的签署方式来看,该合作框架并非由大湾区内的十一个城市协商确定,而是在国家领导人的见证下,由国家发展和改革委员会负责人与粤港澳三地行政长官共同签署,且粤港澳大湾区城市群发展规划也是由国家发展和改革委员会制订的。众所周知,研究经济体制改革和对外开放的重大问题,组织拟订综合性经济体制改革方案,协调有关专项经济体制改革方案,是国家发展和改革委员会的主要职能。显然,此次建设粤港澳大湾区是国家层面对外开放的重大战略,绝非是普通的地方政府之间的城际合作,是一国范围内区际合作形式的又一重大创新。

### 三、从国际法的角度来看,粤港澳大湾区城际合作是具有国际性的一国范围内新型区域经济合作形式,有别于国际法上的区域经济合作类型

由于世贸组织向主权国家和非主权的单独关税区开放成员资格,当一个主权国家与隶属于该主权国家的一个或数个单独关税区分别加入世贸组织时,就有可能形成世贸组织中的"一国多席"局面。正是在此背景下,我国拥有了世贸组织中的四个成员席位。在地理位置上,这四个成员席位对应的是内地、香港、澳门和台湾四个地区;在世贸组织中,这四个席位对应的成员方分别是"中华人民共和国""中国香港""中国澳门"和"中国台北",其中,只有"中华人民共和国"是主权国家,后三者都是不具备主权的单独关税区。

鉴于香港和澳门两个特别行政区在世贸组织中的特殊身份，粤港澳大湾区各城市之间的经贸合作与国内其他地区之间的经贸合作在性质上有着明显的不同，其国际性不容否认。特别需要关注的是，在世贸组织规则调整范围以外的其他领域，若港澳地区不具有相应国际组织成员的身份，粤港澳之间的合作将不再具有国际性。

从国际法范畴看，区域经济一体化有多种组织形式。按照区域组织成员间贸易和生产要素自由流动的实现程度，以及内部经济和社会政策、对外关税率及贸易政策的一致性程度等因素划分，区域经济合作通常被分为自由贸易区、关税同盟、共同市场和经济同盟等形式。[1]其中，自由贸易区是指两个或两个以上的国家（包括独立关税地区）根据世界贸易组织相关规则，为实现相互之间的贸易自由化所进行的地区性贸易安排的缔约方所形成的区域。[2]关税同盟是指两个或两个以上国家缔结协定，建立统一的关境，在统一关境内缔约国相互间减让或取消关税，对从关境以外的国家或地区的商品进口则实行共同的关税税率和外贸政策。[3]共同市场是指成员之间废除了商品贸易的关税和数量限制，并对非成员商品进口征收共同关税，还规定生产要素（资本、劳动力等）可在成员间自由流动。[4]经济联盟是指成员国之间废除贸易壁垒，统一对外贸易政策，允许生产要素的自由流动，而且在协调的基础上，各成员采取统一的经济政策。[5]粤港澳大湾区是国家在一国两制的特殊背景下，利用珠江三角洲地区与港澳地区毗邻的特殊地理位置，在广东省先行先试，探索内地与港澳两个单独关税区合作的新模式的试验田。[6]该区域合作以打造国际一流湾区为目标，以提升该区域的开放性、创新性、宜居性和国际化为合作重点，这明显不同于上述任何一种区域经济合作形式。

---

[1] 刘世元主编：《区域国际经济法研究》，吉林大学出版社2001年版，第3~4页。
[2] "自由贸易区"，载 https://baike.so.com/doc/5003461-5228107.html#refer_5003461-5228107-10634673，2018年5月20日最后访问。
[3] "关税同盟"，载 https://baike.so.com/doc/5727287-5940025.html，2018年5月20日最后访问。
[4] "共同市场"，载 https://baike.so.com/doc/6338025-6551638.html，2018年5月20日最后访问。
[5] "经济联盟"，载 https://baike.so.com/doc/6012200-6225187.html，2018年5月20日最后访问。
[6] 参见《深化粤港澳合作 推进大湾区建设框架协议》。

更为重要的是,尽管粤港澳大湾区城际合作涉及三个世贸组织成员,即使在世贸组织调整范围内开展经贸合作,香港、澳门地区与内地的合作仍然是一国主权范围内的区域经济合作。无论香港、澳门特别行政区政府享有多大程度的自治权,对外具有如何特殊的身份,其与内地及内地各地区的合作在性质上都只能是一国主权范围内的国内合作关系,不能定性为发生于不同主权国家或地区之间的国际合作。从这个意义上说,粤港澳大湾区城际合作是具有一定国际性的一国范围内的新型区域经济合作形式,有别于国际法上的区域经济合作类型。

### 四、《大湾区建设框架协议》的主体设计令其成为最有实施保障的新型区域合作协议

为充分发挥粤港澳地区的综合优势,深化粤港澳合作,推进粤港澳大湾区建设,国家发展和改革委员会、广东省人民政府、香港特别行政区政府、澳门特别行政区政府(以下称"四方")经协商一致,制定并签署了《大湾区建设框架协议》。该协议属于政府间缔结的区域合作协议,是粤港澳大湾区城际合作的重要依据。所谓区域合作协议是指不同行政区划的地方政府之间为促进本地繁荣与发展,就各自行政职权范围内的合作事宜订立的各种协议的总称。[1] 此类协议的主体通常是具体参加合作的各地方政府。然而,《大湾区建设框架协议》的四方主体中,国家发展和改革委员会并非具体参加大湾区城际合作的地方政府,其在协议中的身份极为特别。从协议内容来看,国家发展和改革委员会在协议履行中,主要负责协调和推进协议的落实。更为重要的是,粤港澳大湾区发展规划目前正由国家发展和改革委员会起草,近期有望发布。显然,《大湾区建设框架协议》不同于我国既有的各类区域合作协议,从协议订立的主体来看,该协议可以说是我国目前级别最高的区域合作协议,其合作主体的参与方式更是大大丰富了我国区域合作协议的形式。

政府间订立的区域合作协议通常被认为是行政协定,是行政机关与行政机关之间订立的协议,它既可能发生于平级的行政机关之间,也可能发生于不同级别的行政机关之间,在订立行政协定的过程中,各方主体是完全平等

---

[1] 朱颖俐:"区域经济合作协议性质的法理分析",载《暨南学报(哲学社会科学版)》2007年第2期。

的,任何一方在决定是否签署行政协定时均具有较大的自主选择权。[1]由于缔结协议的行政机关之间不存在隶属关系,行政协定的履行基本取决于协议主体的自觉,行政协定本身不具有强制履行的效力。这在很大程度上造成很多区域合作协议流于形式。粤港澳大湾区是在"一国两制"背景下开展的区域合作,如何实现湾区规则、法律、人文交流的一体化以及社会领域信息的便利化将会是协议得以落实过程中面临的最大挑战。这不仅需要粤港澳之间常态化的协调机构的出现,更需要中央政府的统一协调布局。[2]这也许是国家发展和改革委员会以协议主体身份加入建设粤港澳大湾区的区域合作协议的主要原因。

为了确保协议的落实,《大湾区建设框架协议》在实施机制中明确规定:"四方每年提出推进粤港澳大湾区建设年度重点工作,由国家发展和改革委员会征求广东省人民政府和香港、澳门特别行政区政府以及国家有关部门意见达成一致后,共同推动落实。"这一实施机制为粤港澳大湾区城际合作引入了中央政府的协调机制,由负责国家经济体制改革方案拟制和协调工作的最高机构,即国家发展和改革委员会负责协调落实粤港澳大湾区的建设,层次之高,力度之大,足以表明中央政府打造粤港澳大湾区城市群的决心。《大湾区建设框架协议》也由此成了我国最有实施保障的新型行政协定。

---

[1] 朱颖俐:"区域经济合作协议性质的法理分析",载《暨南学报(哲学社会科学版)》2007年第2期。
[2] 林贡钦、徐广林:"国外著名湾区发展经验及对我国的启示",载《深圳大学学报(社会科学版)》2017年第5期。

# 粤港澳大湾区的特异性与协调发展合作治理之法律问题

董 皞 张 强[*]

**【摘要】** 湾区经济具有高度的开放性与区域的法治性特征。粤港澳大湾区既具有一般湾区的特性，但同时也具有顶层推动、制度差异、法律障碍、经济目的与法律手段等特异性。因此，粤港澳大湾区的建设必须要协作发展、合作治理，以地方政府合作为主，民间沟通为重要方式，创立平等协商、共商共识、各自立法的实践模式，从而解决粤港澳大湾区制度差异、法律障碍所造成的消极影响。理论界与实务界应当对大湾区内地方立法、司法、基础设施、生态的协作方式以及中央与地方权力划分、特区租管地、国际私法的适用等具体问题展开进一步深入的研究。

**【关键词】** 粤港澳大湾区　特异性　协作治理　区域法治　法律问题

全球主义和区域主义的崛起是近几十年来世界发展的主要趋势。[1]不同区域内所具有的不同区域优势，一方面使其无法单独同其他区域进行竞争，另一方面也恰恰推动了区域内分工合作局面的产生。我国在这一全球化和区域化的发展大背景中也不例外。党的十九大报告指出，要支持香港、澳门融入国家发展大局，以粤港澳大湾区建设、粤港澳合作、泛珠三角区域合作等为重点，全面推进内地同香港、澳门的互利合作。其首要意义就在于我国旨

---

[*] 董皞，广州大学法学院教授，广州大学公法研究中心执行主任；张强，广州大学公法研究中心助理研究员。

[1] 骆天纬：《区域法治发展的理论逻辑——以地方政府竞争为中心的分析》，法律出版社2017年版，第57页。

在探索区域发展战略、提升区域发展新动能,从而应对新时期的发展挑战。[1]与之相伴的必定是区域法治的生成,因为只有社会秩序井然、权利有效保护、资源配置充分合理,区域经济才可能做大做强,也才可能在区域竞争中独占鳌头。申言之,区域法治的发展是区域合作的重要基础,具有一种经济的力量。[2]

传统的区域合作可能产生的法治问题源于地方政府的保护主义、机会主义,地方出于对本地利益的维护,限制了资源合理配置、竞争良性进行的实现,最终悖反于区域合作与区域发展的初衷。[3]粤港澳大湾区作为区域合作的重要实践,其建基于"一国两制"这一伟大而又独特的制度设计,因此在区域法治的重要治理方式上,也可能由此产生与其他地区迥异的特点。如何理解粤港澳大湾区的特异性,并在此基础上解决协调发展、合作治理的法律问题就成了当前必须要研究和重视的问题。

### 一、湾区经济及其共通性

湾区本是一个地理概念,并不是政治或法律概念,现在主要是经济学者对一种地理经济现象的命名。作为一种成熟的区域经济模式,湾区是各国经济发展的龙头和主力,也是国际之间竞争的重要载体,是在一种特殊地理经济条件下的经济环境产业集群模式,表现在动力的自发性、发展的自发性、产业的共生性、合作的协议性等。[4]

新形势下中国经济的转型升级客观上亟须寻找新的突破口,打造新的增长极。同时,一国两制下的香港和澳门也需要拓展新的发展空间。粤港澳大湾区历来就是中国改革开放的窗口和前沿阵地,拥有绝佳的区位优势、良好的基础条件、活跃的国际贸易,使之成了国家各项战略的集中交叉地。那么作为湾区的一种表现形式,粤港澳大湾区应当具有怎样的特性呢?

环视世界的湾区经济,著名的就有纽约湾区、东京湾区、旧金山湾区、伦

---

[1] 参见蔡赤萌:"粤港澳大湾区城市群建设的战略意义和现实挑战",载《广东社会科学》2017年第4期。

[2] 参见孙文恺:"'法治经济'的理论解读",载《江海学刊》2016年第1期。

[3] 汪伟全:《地方政府竞争秩序的治理——基于消极竞争行为的研究》,上海人民出版社2009年版,第156页。

[4] 参见马忠新、伍凤兰:"湾区经济表征及其开放机理发凡",载《改革》2016年第9期。

敦港、悉尼湾区。其中名列"世界三大湾区"的是经济实力最强的东京湾区、纽约湾区和旧金山湾区。故本文以世界三大湾区的区域治理为比较对象来说明。

(一)高度开放性是湾区发展的核心

第一,高度开放性表现在交通基础设施的互联互通。例如纽约湾区,充分利用其优良资源,构建了以纽约、新泽西、纽瓦克等为主的港口群,通过200多条水运航线、14条运输线、380公里地下铁道及稠密的公路网和3个现代化空港扩大其合作腹地,形成四通八达的交通开放性。[1]东京湾区则以东京内环线和外环线两条环形线路为支撑,以6条新干线、12条JR线、13条地铁、27条私铁、4条其他轨道交通为骨架,打造了高度开放的交通。[2]

第二,高度开放性表现在人才资源的自由流动。旧金山湾区,以环境优美、科技发达著称,拥有举世知名的硅谷和斯坦福、加州伯克利等二十多所著名大学,谷歌、苹果、脸书等互联网巨头和特斯拉等企业全球总部。高科技的发展需要依靠人才,而旧金山湾区则因地制宜,集聚了越来越多的高科技人才,促使科技发展迅猛。"科技湾区"成了旧金山湾区的精准描述。东京湾区内也分布有佳能、索尼等大型企业,横滨大学、庆应大学等著名学府,在此吸引大量人才,并将产、学、研协作发挥得淋漓尽致,有力地提升了区域的生产力与竞争力。[3]

第三,高度开放性表现在产业分布得错落有致。东京湾区逐步形成了京滨、京叶两大工业地带,钢铁、石油化工、现代物流、装备制造和高新技术等产业十分发达。日本年销售额在100亿元以上的大企业有50%设于湾区,三菱、丰田、索尼等一大批世界五百强企业总部均设于此地。东京湾区可被称为"产业湾区"。纽约湾区则是世界金融的核心中枢,其金融业、奢侈品、都市文化等都具有世界性的影响力。纽约曼哈顿是中心商务区的发源地,是世界第一大经济体美国的经济和文化中心,也是联合国总部大楼的所在地。华尔街是世界金融的心脏,拥有纽约证券交易所和纳斯达克证券交易所。美

---

[1] 申勇、马忠新:"构筑湾区经济引领的对外开放新格局——基于粤港澳大湾区开放度的实证分析",载《上海行政学院学报》2017年第1期。

[2] 林贡钦、徐广林:"国外著名湾区发展经验及对我国的启示",载《深圳大学学报(社会科学版)》2017年第5期。

[3] 林贡钦、徐广林:"国外著名湾区发展经验及对我国的启示",载《深圳大学学报(社会科学版)》2017年第5期。

国 7 家大银行中的 6 家，以及 2900 多家世界金融、证券、期货及保险和外贸机构均设于此，成为世界金融的心脏。纽约的对外贸易周转额占全美的 1/5，制造业产值占全美的 1/3。全美最大的 500 家公司，1/3 以上的总部设在纽约湾区。纽约湾区可称为"金融湾区"。

因此，有学者指出，开放性是区域竞争力的重要指标，我国进行湾区建设就必须要积极推动粤港澳大湾区协同发展。[1] 也有学者透过定量分析，得出湾区开放层级相对较高，是较大区域范围内经济发展的引领者的重要结论。[2] 从法律层面认知，即大城市群内的城际区分淡化，行政区界限被打破。[3] 相继伴随着的是原有的立法、行政、司法体系的制度创新与重构。

(二) 区域法治是湾区发展的方向

区域法治是湾区经济高度开放性的必然结果，其对行政区界线的打破以及治理制度的创新与重构要求区域治理需建立在一定的法律基础上。否则缺失了法律法规的规范，区域合作意味着人治成分的大量增加，高度开放性的特征无法得到履行和保证。单纯的口号和宣言无法改变合作的空洞性，亦无益于湾区发展的可持续性，只不过成了"引起空气振动的口号"。[4]

从 20 世纪 60 年代到 21 世纪，日本政府先后五次制定国土开发政策，于 1952 年制定《国土综合开发法》、1956 年制定《首都圈整备法》、1968 年制定《中部圈整备法》、1977 年制定《第三次全国综合开发计划》、2000 年又制定《国土审议会令》，引导地方政府和企业进行投资和建设。纽约湾区则在环境治理方面有着突出表现，将自然和环境保护纳入湾区开发和建设的原则中，颁布了《国家环境政策法》和《州环境质量审查法》。[5]

因此，世界三大湾区在区域治理方面的特征可以概括为"开放"与"统筹"。开放是湾区发展的核心，标志着湾区功能的真正落地；而统筹则是湾区发展的方向，没有湾区内部的相互配合与支持，没有良性竞争与制度包容就

---

[1] 参见吴思康："深圳发展湾区经济的几点思考"，载《人民论坛》2015 年第 6 期。
[2] 参见申勇、马忠新："构筑湾区经济引领的对外开放新格局——基于粤港澳大湾区开放度的实证分析"，载《上海行政学院学报》2017 年第 1 期。
[3] 丘杉："粤港澳大湾区城市群发展路向选择的维度分析"，载《广东社会科学》2017 年第 4 期。
[4] 贺卫方："走向具体法治"，载《现代法学》2002 年第 1 期。
[5] 王凯、周密："日本首都圈协同发展及对京津冀都市圈发展的启示"，载《现代日本经济》2015 年第 1 期。

不可能实现湾区经济的快速、稳定、可持续发展，也就不可能带动地区乃至国家的发展。从外在形式上而言，统筹意味着依法治区，意味着法治在湾区治理中发挥稳定剂的作用。

## 二、粤港澳大湾区的特异性及其表现

2017年3月5日召开的十二届全国人大五次会议上，国务院总理李克强在政府工作报告中提出，要推动内地与港澳深化合作，研究制定粤港澳大湾区城市群发展规划，发挥港澳独特优势，提升在国家经济发展和对外开放中的地位与功能。大湾区由广州、深圳、珠海、佛山、惠州、东莞、中山、江门、肇庆9市和香港、澳门两个特别行政区形成。粤港澳大湾区和国际对接更为便利，同时也具备港阔水深的优良海港，并据此形成了发达的海港经济区，因港而生、依湾而兴。此外，粤港澳大湾区历史上与东南亚、南亚、中东、非洲经济联系广泛。作为"一带一路"桥头堡，粤港澳大湾区具有无可匹敌的优势。

作为湾区经济的具体实践，粤港澳大湾区也应当具有湾区共通性特点，即高度开放与依法治区。但粤港澳大湾区却在这其中表现出了迥异于其他湾区的突出特点。从根本上而言，因为"一国两制"，粤港澳大湾区涉及同一主权国家下的跨境区域问题。具体体现在以下几个方面：

（一）顶层推动

一般而言，地方政府的竞争是区域合作发展，特别是区域法治发展的动力来源；资本、人才、技术等优质要素可以自由进入或退出被视为公共物品和服务的供应商，如果一个供应商提供的产品相较于其他供应商产品更差，优质要素就会退出，形成"用脚投票"的模式。[1]因此，一般的区域合作，包括湾区经济更多地强调自发性，强调要素的自由性，国家公权力本身的影响力度较小。而粤港澳大湾区则更加强调顶层推动。可以发现，粤港澳大湾区是2017年国家政府工作报告的重要内容。甚至回溯"十三五规划"，其中一段写道："加大内地对港澳开放力度，加快前海、南沙、横琴等粤港澳合作平台建设。加深内地同港澳在社会、民生、科技、文化、教育、环保等领域

---

〔1〕 参见骆天纬：《区域法治发展的理论逻辑——以地方政府竞争为中心的分析》，法律出版社2017年版，第75~77页。

交流合作。深化泛珠三角等区域合作。"其中已经有了粤港澳大湾区的踪影。而在党的十九大报告里更是鲜明地指出粤港澳大湾区建设问题。因此，顶层设计方面，粤港澳大湾区具有极其不凡的地位。

从已有的粤港澳合作实践而言，由于"一国两制"的特殊地方治理模式，内地与港澳特区在合作模式、合作方法上都会有极强的顶层推动与参与。目前，粤港澳大湾区所设立的"机制体制安排"便是由国家发展和改革委员会与广东、香港、澳门四方共同签署协议来推进的，从而解决了粤港澳大湾区发展中的重大问题和合作事项。国家发改委的牵头协调功能，加大了总体规划和协调的力度。[1]而澳门大学横琴校区的成功实施更是粤澳合作的成功典范。其合作也体现着顶层的重要推动作用，形成了以全国人大常委会的授权为前提，并由国务院决定管辖范围、签订租赁合同、适用特别行政区法律的特区租管地模式。[2]类似的治理实践也包括深圳湾香港口岸的设计与运作。如果将视野扩展至粤港澳大湾区甚至扩展至内地全部地区，"特区租管地"模式无疑是顶层推动的"特别区"。

（二）制度差异

纵使世界三大湾区在发展与运作中极其先进的经验，但是这些经验在我国建设粤港澳大湾区时仍然不能直接套用，因此需要探索适合中国湾区发展的道路和制度。其根本原因就在于粤港澳大湾区处于"一国两制"大背景下。"一国两制"突破了传统上认为一个国家只有一种制度的思想，打破了威斯特伐利亚主权国家规范。[3]在坚持中国恢复行使港澳两地主权，具有主权者地位的前提下，创新性地对具体的管理制度进行设计。[4]也就是说，在确保国家制度的主体性不变的情况下，仅对局部地区进行适度的制度调试，多数全国性法律制度并不在特别行政区适用，以适应其实际情况。理论上而言，地方事权由地方事务决定。作为单一制国家，我国地方事务属于列举性事权，故未明确的事权乃为中央事权或中央与地方事权。[5]在特别行政区语境下，

---

[1] 蔡赤萌："粤港澳大湾区城市群建设的战略意义和现实挑战"，载《广东社会科学》2017年第4期。

[2] 董皞："'特区租管地'：一种区域合作法律制度创新模式"，载《中国法学》2015年第1期。

[3] 袁正清、赵洋："'一国两制'与主权规范创新"，载《国际政治研究》2017年第4期。

[4] 参见张强："特别行政区语境下的主权概念探析"，载《港澳研究》2016年第1期。

[5] 叶必丰："论地方事务"，载《行政法学研究》2018年第1期。

中央授予香港、澳门在范围与程度上远超于其他地区的高度自治权，亦即对特别行政区设定的权力范围较大，从而实现了不同于内地一般省、自治区、直辖市的政治、经济、文化、社会治理等各方面的制度。《香港基本法》第5条规定，香港特别行政区不实行社会主义制度和政策，保持原有的资本主义制度和生活方式，五十年不变；《澳门基本法》第5条也作类似规定。因此，这种制度的差异性来源于港澳的历史情况，并由中央授权行使来确立其正当性。

具体而言，首先，港澳两地具有不同于内地的法律制度。港澳两部基本法在第8条都规定了保有原有的法律制度，因此，香港特别行政区保有了普通法系的制度规范，包括普通法、衡平法、条例、附属立法和习惯法的法律渊源，澳门特别行政区则保有了大陆法系的制度规范。港澳两地与内地法律虽应在一个法律体系内，但在具体社会治理规范上却明显不同，形成相对区别的三个法域，构成有中国特色的社会主义法律体系。这为内地与港澳的合作带来了最为明显的形式上与内容上的冲突，不利于开放性的法治实现。但同时也为区域合作指明了制度发展的方向，即需要建立起一套能够调和三地法律冲突的制度。

其次，港澳两地具有不同于内地的管理模式。例如，全国人大透过两部基本法授权港澳两地独特的管理模式，建立起了单一制下的以行政长官为主导的地方政权形式。[1] 这与内地普遍实行的人民代表大会制度具有很大不同。香港、澳门两地除行政长官与行政机关外，其他机构如立法会、法院等，与中央国家机关如全国人大常委会之间的互动渠道较为闭塞，主要通过行政长官这一重要枢纽。这使得内地与港澳之间的官方联系不足，增加了粤港澳大湾区合作的制度管理鸿沟。因此，必须在管理模式上进一步实事求是、创新思维，实现融入式的开放性特征。

最后，港澳两地具有不同于内地的经济制度，这包括了迥异于内地的货币制度、税务制度等。《香港基本法》第111条规定，港元为香港特别行政区法定货币，继续流通。同样，《澳门基本法》第108条规定，澳门元为澳门特别行政区的法定货币，继续流通。实践中，港元与美元挂钩，澳门元又间接

---

[1] 参见肖蔚云："行政长官制是单一制下新的澳门特别行政区地方政权形式"，载《中国法学》2017年第4期。

与美元挂钩的操作，表明在内地与港澳合作中，特别是粤港澳大湾区的贸易合作中，存在着货币差异所造成的不稳定性因素。而《香港基本法》第116条、《澳门基本法》第112条又规定了港澳两地作为独立关税区的地位。这使得一国之内的生产要素流动受到限制，阻碍了湾区的开放性的生成，带给湾区合作治理一个重要的问题。此外，中央透过基本法授权港澳自行制定工商业的发展政策、劳工政策、航运政策等经济政策，这一方面为港澳经济发展提供了活力与自主性，但另一方面港澳自行制定经济政策的背后意味着中央统筹能力的弱化，区域资源合理配置的难度增大。

（三）制度差异

基于"一国两制"的制度设计，内地与港澳在合作中出现的阻碍没有办法通过简单的沟通与交流得到解决。例如《澳门基本法》第22条规定，各省、自治区、直辖市均不得干预澳门特别行政区依照本法自行管理的事务，如需在澳门特别行政区设立机构，须征得澳门特别行政区政府同意并经中央人民政府批准等。这表明，粤港澳大湾区的合作在开放性与统筹性上均具有基本法的保留和限制。如果要化解这一难题，必须要在遵循宪法和基本法所规定的"一国两制"的框架下进行，既要保持特别行政区高度自治，又要有助于促进内地与港澳，特别是粤港澳大湾区内部开放性、统筹性的形成和生长。申言之，需要以一种内地和特别行政区都认可并具有较强稳定性的方式进行，此唯有在法律方面构建合作基础，才能实现这宏远的目标。

与此同时，从社会现实的角度出发，目前港澳两地对于法治的价值理念极为重视，特别是在香港，法治成了各方提出问题、分析问题和解决问题的出发点与落脚点。实际上，粤港澳大湾区内，或者说9+2合作的特异性的根本就体现在法律制度上的不同。如果要调和粤港澳、9+2城市群内部的开放、统筹问题，那么就是在调和它们之间的法律冲突问题，这包括法律的起草与制定、法律的执行、司法的互助等多个方面的要求。

特别行政区高度自治要求三地的协同与合作需要克服三地之间先天的法律障碍，这是发展与治理必须解决的先决条件。而这种障碍不可能通过经济和行政主体协商的方式来解决，只能依靠法律手段解决。否则，一方面不符合内地一般地区实行的人民代表大会制度关于人大的领导地位和作用的要求，另一方面也不符合特别行政区行政主导体制下对行政权力的监督要求。[1]所以，在协调发展粤港澳大湾区的过程中，既要看到中央授权港澳与内地省区市的因地制宜，也要看到授权为合作带来了障碍，特别是港澳与相关省区市在授权上的不对等，不利于大湾区内部的立法、执法和司法合作。这就需要作为授权者的中央政府在此问题上发挥重要作用，透过授权、授权监督等多种方式，平衡好各方的法律制度。[2]

（四）经济目的与法律手段

按照韦伯的理论，只有建立形式合理的法律制度，才能为一个可预测的、可计算的、合理的经济制度奠定基础。而实际上，形式合理的法律制度并不必然与经济制度有完全的对应关系，而是说法律的发展过程是一个从"不合理"到"合理"，从特殊到普遍的过程。[3]

粤港澳大湾区是在不同的社会区域之间，以法律手段实现经济发展与社会治理目的的地带。在当下的湾区实践当中，粤港澳三地或者说内地与港澳之间在形式的法律制度融合方面并不完善，也因此产生了诸多发展壁垒。但随着全球化与区域化程度的不断加深，粤港澳大湾区内的法律制度必将向合理化方向发展，亦即大湾区的发展目标决定了大湾区内法律制度的革新化，而大湾区合理的法律制度又将反过来促进经济社会的可持续发展，带动本地区整体实力的上升，有助于"一国两制"的成功落实。

环顾历史，19世纪与20世纪的上海充斥着"华界"、英租界、法租界、公共租界等多个治理区域，甚至各区域间的政治特征也明显不同。比如，英租界信奉自由主义，强调地方自治；而法租界则信奉国家主义，强调政府管理。但在这种高度竞争下，各区域间却可以保持良好的合作关系，就是因为在制度上不断地进行融合与交流。[4]所以，当粤港澳大湾区遭遇制度差异所带来的法律障碍时，其同时也带来了粤港澳大湾区合作发展的法治新动力。正如马克思所言："社会不是以法律为基础的，那是法学家们的幻想。相反

---

[1] 参见赵伟："论粤港澳区域合作中的法律问题及其反思"，载《江汉大学学报（社会科学版）》2017年第3期。

[2] 参见王禹：《论恢复行使主权》，人民出版社2016年版，第197~201页。

[3] 参见朱景文："法治和关系：是对立还是包容？——从韦伯的经济与法律之间关系的理论谈起"，载《环球法律评论》2003年第1期。

[4] 参见［法］白吉尔：《上海史：走向现代之路》，王菊、赵念国译，上海社会科学院出版社2005年版，第95~100页。

的，法律应该以社会为基础。"[1]粤港澳大湾区的合作发展是中央与特别行政区良性互动的重要体现形式，是实现双赢的有效途径。[2]故在此经济社会需求下，法律问题的探究颇有必要。

### 三、粤港澳大湾区构建的方向与目标

目前，中国经济发展正面临国际、国内的双重压力和挑战，亟须培养新的增长极和动力源。从国际来看，2008年金融危机之后，西方发达国家为维护自身利益，开始推行"去全球化"的贸易保护主义模式，全球经贸投资规则和经济治理体系进入了深入调整期，这对于外向型经济比重较高的中国来说，冲击极大，因此需要建立对外开放的新格局。从国内来看，经过了三十多年的经济高速增长之后，中国进入经济新常态，转型发展，推动供给侧结构性改革需要成为区域经济的领头羊。正是在国际、国内的双重需求和挑战下，粤港澳大湾区备受瞩目和期待。为了符合该宏伟的经济目的，粤港澳大湾区的法律治理也需要进行适应性转变。当然，这首先需要明确粤港澳大湾区构建的方向与目标，从而进行具体化的问题研究。

#### （一）协同发展与合作治理的意义

粤港澳大湾区协同发展与合作治理具有怎样的意义？这是一个看似简单实际却又深刻而复杂的问题。有学者在分析京津冀协同发展问题时已指出，协同发展不能片面基于经济维度和地方利益角度理解其内涵，不能将协同发展的影响仅仅界定在相关省市的空间尺度内。与之相反，协同发展其实是一个涉及政治、社会和文化等多方面的综合问题，是综合分析角度下的意涵，同时其也不是单纯地方利益的角逐，而是整体利益的选择。如果讨论协同发展的空间尺度，那么也应当将其放在不同的大背景下，包括市县的尺度、地区的尺度乃至全国的尺度。[3]

同理，粤港澳大湾区协同发展与合作治理虽然与大湾区经济发展密切相关，但是在理解其意义时也需要运用综合分析的角度。粤港澳大湾区的协同发展与合作治理广泛而深刻地影响着政治、经济、社会、法律、文化等多个

---

[1]《马克思恩格斯全集》（第6卷），人民出版社1961年版，第291~292页。
[2] 参见骆伟建：《澳门特别行政区基本法新论》，社会科学文献出版社2012年版，第122~129页。
[3] 参见孙久文、原倩："京津冀协同发展战略的比较和演进重点"，载《经济社会体制比较》2014年第5期。

方面，具有信息互通、决策共商、资源互利、行动互助、发展经济、治理城市、共治共赢、共担共享的显著意义。

此外，当将空间尺度逐步拉伸，也会发现粤港澳大湾区的协同发展与社会治理在区域内的9+2范围、整个大湾区内都有不同程度的影响，而当其拉伸至国家范围时，不难发现这也是国家区域竞争的动力引擎，是一场"鲶鱼效应"的生动体现，这也是"一国两制"发展的时代意涵。当将空间尺度拉伸至国际视角时，粤港澳大湾区的协同发展与合作治理也是提升国家竞争力与整体形象的重要机制，"一国两制"所带有的区际特色也有助于促进国家"一带一路"倡议的逐步实现。

（二）合作的性质

粤港澳大湾区实际上也是先前合作发展的升级版。在此之前，可以发现粤港澳已有《内地与澳门关于建立更紧密经贸关系的安排》《粤港合作框架协议》《中国（广东）自由贸易试验区总体方案》等多重制度框架。其中所涉及的便是"一国两制"下粤港、粤澳、港澳之间的民商事法律关系，解决的核心则是经济社会发展中的突出问题。[1]

而粤港澳大湾区的合作则是大湾区内部不同治理主体的经济性协作。不能因为粤港澳大湾区的多重意义与影响，包括在政治、经济、社会、法律、文化方面，抑或是在县市、区域、国家乃至国际方面的深刻含义，而否认粤港澳大湾区的经济性协作本质。这是粤港澳大湾区合作的出发点，也是粤港澳合作矛盾的主要方面。

（三）发展协作目标

粤港澳大湾区作为湾区经济的一种独特形式，当然也具有开放性的重要特征，并且以区域的法治为重要依托。在此基础上，其经济发展所应达到的目标，必须在可接受性的前提下论证，否则漫无边际的学术想象将无助于解决粤港澳大湾区的实际发展问题。同时也应当平衡好眼前利益与长远利益、自然利益与人类利益以及合作中各方的利益。[2]据此，笔者提出如下六点具体协作目标，其出发点在于粤港澳大湾区高度开放性的实现，也在于经济社

---

[1] 参见李晓辉："横琴：多元法律交融的尝试与探索"，载《广东行政学院学报》2016年第4期。
[2] 参见林初昇："'粤港澳大湾区'城市群发展规划之可为与不可为"，载《热带地理》2017年第6期。

会的可持续发展，更在于"一国两制"在新时代中的应有之意。

第一，加强基础设施互联互通，形成与区域经济社会发展相适应的基础设施体系，重点共建"一中心三网"，形成辐射国内外的综合交通体系。

第二，打造全球创新高地，合作打造全球科技创新平台，构建开放型创新体系，完善创新合作体制机制，建设粤港澳大湾区创新共同体，逐步发展成为全球重要科技产业创新中心。

第三，携手构建"一带一路"开放新格局，深化与沿线国家基础设施互联互通及经贸合作，深入推进粤港澳服务贸易自由化，打造CEPA升级版。

第四，培育利益共享的产业价值链，加快向全球价值链高端迈进，打造具有国际竞争力的现代产业先导区。加快推动制造业转型升级，重点培育发展新一代信息技术、生物技术、高端装备、新材料、节能环保、新能源汽车等战略新兴产业集群。

第五，共建金融核心圈，推动粤港澳金融竞合有序、协同发展，培育金融合作新平台，扩大内地与港澳金融市场要素双向开放与联通，打造引领泛珠、辐射东南亚、服务于"一带一路"的金融枢纽，形成以香港为龙头，以广州、深圳、澳门、珠海为依托，以南沙、前海和横琴为节点的大湾区金融核心圈。

第六，共建大湾区优质生活圈，以改善社会民生为重点，打造国际化教育高地，完善就业创业服务体系，促进文化繁荣发展，共建健康湾区，推进社会协同治理，把粤港澳大湾区建成绿色、宜居、宜业、宜游的世界级城市群。

**四、粤港澳大湾区合作的手段、保障模式与载体**

（一）地方政府为基本合作主体

明确粤港澳大湾区建设的特点、方向与目标，有利于在此基础上进一步探讨合作的手段、保障模式与载体。而这些具体合作的范式选择首先需要确定合作的主体。粤港澳大湾区以经济合作为主要面向，理论上而言存在着地方政府与市场参与者的多个持份者，并且后者应当是合作发展的巨大受益者。但能否以此而决断市场参与者是粤港澳大湾区合作的基本主体呢？这面临着以下几个问题：

第一，欠缺合作的深入性。"一国两制"下粤港澳三地有着不同的具体治理制度，如果以市场参与者作为基本合作主体，那么合作的方式与内容可能仅限于在现行治理体系不冲突不抵触的范围内进行，[1]而这种重合的范围是有其限度的。这也意味着合作的高度开放性难以实现。

第二，欠缺合作的稳定性。大湾区治理的重要特征在于依法治理，这是改造既有秩序、维持共识基础的重要载体。粤港澳三地不同的法律制度是合作开展的重要障碍，如果要保持市场参与者的投资、消费信心，必须要以政府的公信力为担保。仅仅以市场参与者作为基本主体，只能以诚信为基础，甚至出现违反三地法律规范的行为，难以达到发展湾区经济的应有效果。

所以，粤港澳大湾区合作的主体必须要以地方政府为主，强调公权力的积极参与，构建合作的基本秩序，确保合作的深入性与稳定性得以实现。从既有的实践来看，《粤港合作框架协议》《粤澳合作框架协议》等也是以广东、香港、澳门等在各自权限范围内的平等主体的身份签订的经贸合作协议。[2]因此，这也说明以地方政府为合作的基本主体是为实践所认可的模式，具有较强的可操作性。

(二) 行政性合作为主要合作方式，民间性沟通为重要方式

粤港澳大湾区合作的基本主体是地方政府，因此合作的主要方式也需要建基于地方政府间。因为"政府的第一目标是对人类多样化的保护，这也是财产权利的来源。针对这些不同的利益形式的立法，形成了现代立法的首要任务"。[3]

同时，在现代社会中，专业化与高效化是发展的主流趋势，这意味着行政性合作是粤港澳大湾区合作的主要方式。如果就特别行政区的政治体制而言，行政主导是特别行政区的设计理念。尽管在实践运作中，特别行政区行政主导运作存在一定障碍，但是这仍然是特区同其他省区市合作的主要动力。例如，《澳门基本法》第114条规定，特别行政区自行制定工商业发展政策，

---

[1] 法律冲突的判定可参见董暤："判定法律冲突之问题研究"，载《法律科学（西北政法大学学报）》2014年第1期。

[2] 参见张亮、敖颖怡："粤港澳紧密经贸合作的法律基础研究"，载《当代港澳研究》2012年第3期。

[3] [美]查尔斯·A. 比尔德：《美国宪法的经济解释》，夏润译，江苏凤凰科学技术出版社2017年版，第121页。

鼓励投资和技术进步，并开发新产业和新市场；第64条规定，澳门特区政府具有制定并执行政策的职权，这表明特别行政区在粤港澳大湾区合作交流中需要政府发挥制定并执行政策的职权，才能达到应有的效果，行政性合作成为其主要方式难以撼动。

当然，在重视行政性合作的同时，也不能忽视民间性沟通的方式。有学者指出："粤港澳大湾区牵涉一国两制、三个独立税区，并没有一个统一的决策机构。就连中央政府，在一国两制、港人治港、澳人治澳、高度自治的框架下，也不愿干预过多。粤港澳三方签署的协议同意遵循市场主导，政府推动的原则。尽管粤港澳大湾区是中央政府提出的新概念和OPP，但要将其最终落实，政府所能起的作用实际上是非常有限的。切忌夸大政府所能起的作用而做一厢情愿的规划，此乃有效落实粤港澳大湾区规划的重要前提。"[1]因此，市场参与者是粤港澳大湾区建设不能忽视的有机组成部分。换句说话，市场参与者的最终受益也需要尊重参与者的意见。政府是粤港澳大湾区合作的基本主体，但是，政府也依然是合作的秩序维护者与服务者，不能代替市场参与者完成合作的全部内容，否则将不利于大湾区经济发展协作目标的实现，背离经济发展尊重人的基本属性。

（三）多双方会议和联合议事小组为主要协商渠道与机制

粤港澳大湾区内的地方政府是平等行为主体，因此，粤港澳大湾区的合作也必须在尊重各方的基础上进行。换言之，粤港澳大湾区合作中出现的障碍和冲突的解决必须以粤港澳三地的共通协商作为主要的解决渠道和机制。片面地夸大或者矮化某一地方主体都不利于合作的稳定性与可持续性。

同时，也需要考虑粤港澳大湾区合作的实际情况，以可行性作为展开的实际路线。这包括在合作事务上与合作范围上由浅入深的处理。例如，在某些事务方面，可能不需要所有主体共同参与，或者说某些主体的参与缺乏积极性，那么在此情况下，完全可以在部分主体间开展合作，促进合作规模化的提升，以及互利互惠的实现。[2]但这并不否认粤港澳大湾区建设整体目标的实现，因为从局部到整体的进路是粤港澳大湾区发展的一种顺序逻辑，最

---

〔1〕 林初昇："'粤港澳大湾区'城市群发展规划之可为与不可为"，载《热带地理》2017年第6期。

〔2〕 参见何传添："粤港澳紧密合作区：内涵、思路和路径选择"，载《特区经济》2009年第3期。

初的出发点与最终的落脚点都在于平等协商，在于大湾区内高度开放性的实现。

(四) 联合议事、共商共识、独立立法、政府协议、法律对接为主要平台或载体

粤港澳大湾区的特异性集中体现在法律制度上的差异，体现在"一国两制"下跨境合作的难题上，因此，在区域法治的框架下如何实现既有规则的整合是合作的重中之重。实现的路径主要有两种形式：

第一种可被称为中央立法式，亦称自上而下式。该方式强调的是由中央自上而下地为大湾区立法，而区内的十一个城市则依法办事，这种方法十分快捷和有效，并且也是"一国两制"框架中"一国"原则的具体表现。[1]

但"一国两制"的实现也需要从宪法和基本法的规范入手。这里面对的一个重大问题就在于中央为香港、澳门立法的范围是否适合在此领域内进行。在正常状况下，中央为特别行政区立法的主要方式是通过将全国性法律列入基本法附件三的形式予以适用。然而，《香港基本法》《澳门基本法》第18条第3款所规定的全国人大常委会通过附件三列入基本法实施的全国性法律限于国防、外交和其他依照基本法规定，不属于特别行政区自治范围的法律。而粤港澳大湾区是以经济协作作为其本质特征的，难以将其归属为国防、外交范围。同时，两部基本法都授权特别行政区自行制定经济政策，这也意味着以经济协作为主要标的的粤港澳大湾区建设内容应该属于特别行政区高度自治的内容，中央亦难于为港澳两个特别行政区直接立法。另一个方面，粤港澳大湾区属于区域经济的范畴，而大湾区内法律制度差异的解决亦是区域法治的内容，如果以全国人大常委会通过附件三列入基本法的形式进行，其实质难以符合全国性法律的领域要求。

至于是否可以依靠全国人大常委会用决定的形式为两个特区立法，目前而言缺乏理论上的依据。因为既有的实践，如全国人大常委会为2017年香港特别行政区行政长官普选问题所作出的决定，其本质上是一种重大的政治决断，来源于《香港基本法》第45条以及附件一有关行政长官产生办法的规定。但对于粤港澳大湾区经济制度冲突的解决，两部基本法并没有明确规定

---

[1] 参见丁煌："粤港澳大湾区建设需法治先行"，载《文汇报》2017年12月12日。

全国人大常委会的决断,这种经济制度引发的制度冲突甚至是全国人大制定基本法时所设定的内容,所以,全国人大常委会难以使用决定的方式整合为大湾区内的法制。

第二种可被称为地方立法式。该方式则强调由粤港澳大湾区内的 11 个城市进行协商,从而各自立法,解决彼此出现冲突的问题。目前内地与港澳的合作实践是这一方式的一种体现。例如,2017 年 12 月 18 日国家商务部和澳门特别行政区政府签署《CEPA 投资协议》《CEPA 经济技术合作协议》,其中《CEPA 投资协议》中关于投资者与投资所在地一方的争端解决,内地与澳门共同设计了一套机制,有利于两地企业和政府建立解决方案,而这种全面和有效的制度性安排的具体落实有待双方在协议框架下磋商,从而跟进完善法律法规的后续工作。[1]这种方式既有利于解决双方在合作过程中存在的问题,也符合特别行政区高度自治的基本法规范内涵,具有制度上的优越性。

但不能否认,地方各自立法也存在明显的问题:一是动力与效率问题。大湾区内城市各自立法这意味着各方作为合作主体在协商中具有平等地位,所以在联合议事的过程中如何取得共识便成了一个需要思考和解决的问题。如果合作主体持续性地陷于协商,可能会造成各自立法的基础难以达成。二是权限的范围问题。香港、澳门两个特别行政区被授予了高度自治权,在粤港澳大湾区内进行合作时具有更强的主动性和灵活性。尽管《宪法》第 3 条第 4 款规定要充分发挥地方的主动性和积极性,并且《立法法》也得以修改,赋予了设区的市地方立法权,但大湾区内的其他内地城市,仍在诸多领域没有自主权,这涉及了中央与地方事权的划分问题。如果大湾区的其他城市没有相应的权限,那么亦无法与港澳达成共识,开展各自的立法工作。

不过这并不是根本性的冲突问题,第二种方式下,仍然可以进一步进行改善,在坚持地方立法的基础上,加强中央的推动作用,强调中央与地方间的交流合作,乃至融合需要提供权源上、制度上的可能,需要在既有的宪制秩序下发挥中央的保障作用。笔者认为,需要根据"一国两制"下粤港澳大湾区的特异性,提出更适合我国国情的粤港澳大湾区合作模式。申言之,既有的中央立法式与地方立法式都不能完全解决现有的问题,需要在二者之间

---

[1] "CEPA 两升级协议昨签署",载《澳门日报》2017 年 12 月 19 日。

寻求一种更为符合实际的做法。因此，透过中央保障、中央协调，由地方间联合议事、共商共识、独立立法、政府协议、法律对接的程序和方式更加有助于粤港澳大湾区内的合作。这既符合宪法和基本法规定的有关地方事务以及特别行政区高度自治的内容，着力于平等互惠的合作途径，同时，为了化解其中的巨大制度障碍，中央的协调保障作用使得这种区域合作具有更强的可操作性。因此，当下的任务是在此基础上进一步深入细化研究粤港澳大湾区的法律问题。

### 五、粤港澳大湾区法律问题研究的方向和内容

诚如所指，大湾区发展的重要特征就是要求其区域内部的高度开放性，需要实现生产要素的自由流动，需要产业结构与产业分配的有序规划。面对粤港澳大湾区所承载的巨大影响，我们必须要从区域法治的角度予以解决，调和好区域内部的法制冲突。因此，法制协作机制研究分别以广东省、香港特别行政区、澳门特别行政区为研究对象，旨在建立起大湾区区域治理协同机制，将这一城市群建设的经济和社会发展目标统合起来。为此，学术界、实务界需要在以下七个方面进行更深入研究。

（一）粤港澳大湾区城市群建设与发展的地方立法与协作机制研究

区域法治发展的基础是法律文本的产生。由于粤港澳大湾区内所涉及的城市数量多，并且包含着香港、澳门两个特别行政区，立法理念与立法技术方面均存在较大差异。因此，关于粤港澳大湾区城市群建设与发展，首先需要研究和解决的是地方立法协作问题。

本方向研究的重点主题与项目是，着力于对多方可达成共识的、无关各自政治制度的市场监管、产业体系、旅游、人才流动、资格互认等方面的法律对策的研究。着力于以上方面是因为粤港澳大湾区建设，需要进一步提升市场的一体化水平和相互之间的优势互补，必须要在人才流动、资格互认、市场监管等方面形成可统一化的规则体系，也只有在上述机制方面实现规则的整合，才可能实现生产要素的流动以及规范化秩序的产生。故这方面的立法协调至关重要。

而研究的展开可围绕实体与程序两个方面进行。前者要求寻找到多方之间在此领域范围内的冲突点，寻求最大社会公约数，先易后难，维系粤港澳大湾区内的互信基础。笔者认为，需要在粤港澳大湾区内成立专门的联合工

作组，以利于大湾区内的各主体紧密相连。而这种组织机构的设立有不同的程度选择：第一种是以欧盟为代表的形式。欧盟地区各国授权形成欧盟委员会、欧盟议会等组织，这对于欧盟经济一体化发展起到了至关重要的作用。第二种则是由我国东北地区的《东北三省政府立法协作框架协议》明确提出的，对政府关注、群众关心的难点、热点、重点立法项目成立联合工作组。相比而言，前者具有更强的效率，后者则更注重现实操作性。在粤港澳大湾区的立法协作组织上，应当依据"一国两制"特异性，一方面注意到以基本法为框架的高度自治需求，另一方面必须强调立法协作的恒常性。因此，这种立法协调机构的设置不是要求成立新一级的区域政权，也不是要求以区域冠名立法，而是透过一个平台使得各方能够在提出规划后各自立法实施，中央则以见证者、监督者的身份发挥重要的协调作用。

从程序上而言，立法协作会面临信息公开、协作会议等问题。有学者指出，粤港澳协调立法需要区域内各地方政府积极畅通信息公开的渠道，形成区域内立法的良性驱动。[1]这也意味着在整个协作过程中，不仅要使地方政府与地方政府间达成信息公开，以有助于多方在平等协商的情形下达成共识，而且也要求地方政府同区域内的社会各界信息公开，联合工作组需要建立区域内的立法咨询与听证制度，重视区域内各方居民的利益。

（二）粤港澳大湾区城市群建设与发展的司法协作与法律适用机制研究

粤港澳大湾区框架协议生效之后，涉及粤港澳大湾区的各类案件必将呈现出上涨的趋势，为了有效地化解纠纷、降低纠纷解决成本、增强相关纠纷后果的可预期性，司法协作必不可少。从现实面向而言，既有的非司法途径的解决方式仍未取得理想化的效果，而作为权利保障的最终法治化途径，这要求司法的协作与法律的适用一定要跟得上合作的步伐，否则将难以建立良好的合作秩序和氛围，更难以维系互利、互助、互信的局面。

因此，本方向的重点主题与项目是，着力研究司法机关之间协作的多元化纠纷解决机制、送达机制、资源共享机制等方面的法律对策。欧盟在这方面有较为突出的贡献，欧洲法院承担了在欧共体层面确保有效法律救济的责

---

[1] 石佑启、林敏超："粤港澳立法协作——从政府信息公开的角度切入"，载蔡镇顺、徐彪主编：《粤港澳紧密合作中的法律问题》，中国法制出版社2011年版，第6页。

任。[1]但在粤港澳大湾区内，司法救济面临保持不同法域制度的困境，设立统一的司法机关可能性不高。在这种情形下，必须要做好不同法域间司法机关的合作，一方面加强司法的透明度，另一方面增加各地区的参与性。而在合作的领域方面，有学者指出，粤澳两地在区域治理方面有着基本一致的共识，但区际司法协议是区域治理长远发展的重要组成。在制定区际司法协议时，应当遵循三个原则，即采取从易至难原则，在条款设置上要精确、详细以及协议的签署可采取灵活多变的方式。[2]也有学者指出，可以将区际移交逃犯所涉及的罪名都放在同一份区际移交逃犯名单中，但是将不涉受争议原则的罪名先行签订区际移交逃犯协议，涉及受争议原则的罪名另案处理继续磋商。[3]这就需要在中央授权的原则下，开展先行先试的创新性改革，同时也需要学者能够给予更多的智力支撑。

(三) 粤港澳大湾区城市群建设与发展的基础设施共建共享法制协作机制研究

在所有的区域经济合作中，基础设施、信息资源的互联互通都是最重要的，也是政府最应该解决的问题。但基础设施、信息资源与当地财政的供给、百姓的福利水平直接相关，如何在发展并不完全均衡的区域之间达成某种程度的共识，协作机制自是当然需要研究的问题。

例如，目前澳门亟须建立养老院舍，以照顾长者的晚年生活。但限于澳门地域面积狭小，难以实施。此前，澳门政府多次希望能够在邻近的广东省建设相关养老机构，以满足澳门居民的养老需求，包括同江门市的合作以及在横琴设立"澳门新街坊"等项目。但后来均未有后文与结果。特区政府对此的解释是，同内地的协商未有进展。对此，有学者进行了分析，指出这种合作是存在诸多法律障碍的，最重要的就是关于土地转让的资格问题。[4]与之相关的则是"澳门新街坊"内部究竟适用何种法律，如何确保在此区域内

---

[1] 参见冉艳辉、郑洲蓉：《中国区域合作中地方利益协调机制研究——兼析武陵山区龙凤经济示范区的利益协调》，中国社会科学出版社2017年版，第103~104页。

[2] 参见王轩："区域合作模式创新的地方经验——以粤澳区域警务合作模式为对象的研究"，载《行政法学研究》2017年第1期。

[3] 参见郑锦耀："内地与澳门签署区际移交逃犯协议的困局及其解决"，载《"一国两制"研究》2017年第1期。

[4] 参见莫世健、陈石："澳门与广东自贸区合作的法律困境和挑战"，载《"一国两制"研究》2016年第1期。

享有不低于澳门的权利保障,这些仍然是合作的阻碍问题。

又如,澳门不少居民(特别是长者)都居住在广东省,但在医疗服务方面却难以享受两地的社会保险服务。澳门立法会议员多次在立法会上提出相关质询,特区政府均告知因涉及两地医疗服务体系的差异性,该问题难以解决。这意味着大湾区内部的基本医疗保障也难以覆盖全部区域。当然,欣喜的是,目前中央已出台政策,港澳居民在内地可享有住房公积金,但相关的民生制度建设仍任重而道远。因此,本方向研究的重点主题是交通网络布局、运输方式衔接、信息通讯和教育资源共享等方面的法律对策。

(四)粤港澳大湾区城市群建设与发展的生态法制协作机制研究

粤港澳大湾区既是高效的经济湾区,也是宜居的生态湾区,完善生态建设和环境保护合作对于大湾区的长远发展来说非常重要,与之相适应的环境协作治理的法律对策亦是亟须。实际上,如果说经济的非区域化发展也许会带来增长速度的停滞,发展水平的落伍,那么生态领域对区域化的忽视则可能导致生存质量的下降。区域的隔离化难以阻挡统一的生态系统的变迁。

例如,之前广东省某地要兴建核电站,这虽然是本地区经济方面的主要建设,但是其背后却隐藏着对其他地区人民生命健康权的影响。香港、澳门等多个地方的民众均表达了对自身安危的担忧。因此,在粤港澳大湾区内进行经济建设的同时,我们必须重视其对生态可能造成的影响,对此需要进行制度化的规范,让大湾区内的城市充分参与其中,确保共建、共享的实现。

又如,澳门本身面积狭小,在处理有关资源回收方面的问题时存在较大困难,对此可以与大湾区内的其他城市进行协作处理,共同分担,减小对生态环境的影响和破坏。但另一方面,我们也不能一味地将澳门的废物全面清至大湾区内的其他城市,特别是广东省,这不是一种互惠互利的关系,亟须在大湾区内部进行沟通和协商,解决好生态保护与城市发展的关系。

有学者指出,应当在制度上保持以省政府为协调、地方政府和市场力量为主导的跨市空间治理模式,建立框架,对规划的使用效果进行评估。[1]当结合粤港澳大湾区的实际时,仍然需要明确一个协调者,研究市场力量在跨

---

[1] 参见林雄斌、杨家文:"新区域主义下跨市空间规划与多层级治理研究——以珠三角为例",载岳经纶、郭巍青主编:《中国公共政策评论》(第9卷),格致出版社2015年版。

区域治理中的作用和障碍,也包括如何设立评估制度。因此,本方向研究的重点是,水资源保护、土地保护、大气污染治理等方面协作治理的法律对策。

(五) 中央与地方权力界限的法律问题研究

粤港澳大湾区的发展需要区域内地方政府的协调,这包括立法协作、执法协作、司法协作。但这些协作需要建基于权力的合法性问题。申言之,只有区域内各主体有相应权限才能够开展相应的协作。我国宪法目前没有明确中央权力和地方权力的法律界限,根据《宪法》第95、96条以及第107条的规定,地方政府具有一定的自主权,但地方政府所管理的本行政区域内的事务是非常狭窄的。[1]这导致的后果是地方政府在区域合作中所能够发挥的作用是有限的。所以,这就需要对中央与地方权力的界限进行研究。例如,在粤港澳大湾区合作中非常重要的是存在一国主权内的边境问题,这并非大湾区内的某个城市所能够决定的。

法国同我国一样是传统的单一制国家。在法国的地方区域合作问题上,法国中央政府首先解决的就是地方的法律地位问题。1972年通过的《大区设立及组织法》就赋予了大区"公权力组织"的法律地位,1982年的《关于市镇、省和大区的权力和自由法案》又规定了市镇、省和大区由选举产生的议会自行管理,确立其为地方自治团体。其次是中央政府发挥协调作用,积极设立联合体,发布行业发展规划等行政优化措施。这对法国地方政府的合作具有重要影响。[2]

因此,粤港澳大湾区在进一步深化合作与发展的过程中,必须明确中央与地方权力的界限问题,主要研究的内容是中央与地方权力划分的标准,以及在单一制国家结构形式下促进大湾区内合作深入开展的法律基础问题与对策研究。

(六) 特区租管地法律问题研究

在具体的合作范式当中,不可回避的问题是区域内土地的合作开发问题。由于港澳面积较狭小,特别是澳门,现有的土地已难以回应其进一步经济发展、民生改善的一系列诉求,因此是否能将特区租管地模式作为一种规范制

---

[1] 参见何渊:"论区域法律治理中的地方自主权——以区域合作协议为例",载《现代法学》2016年第1期。

[2] 参见汪伟全:《地方政府合作》,中央编译出版社2013年版,第80~83页。

度性的方法便成了必须要思考的问题。从目前既有的实践而言，澳门大学横琴校区、深圳湾口岸等实例都表明该方式是行之有效的，其不仅解决了港澳发展的空间障碍问题，而且也盘活了地方的资源配置，有利于地方利益的分配。[1]

当然，特区租管地模式在法律上存在不少亟待研究和解决的问题，包括中央授权的方式，特区租管地创立的程序，治理的依据、路径以及纠纷解决的机制等。[2]所以要深化粤港澳大湾区的协作治理，首先要对包括土地使用权在内的生产要素进行创新性探索，设立符合我国法律体系的程序与机制。

（七）国际私法与大湾区法律适用问题研究

粤港澳大湾区经济一体化面临的具体法律问题包括粤港澳大湾区经济一体化的法律性质及相关文件的性质、定位和作用，CEPA 与中国区域经济一体化的关系，"先行先试"的政策意义与作用等法律理论问题；对 CEPA 补充协议中"服务提供者"的定义与标准、CEPA 下争端解决机制的构建、粤港澳大湾区实行区域经济一体化可能发生的民商事争端的解决途径等法律实务问题需要做进一步的探讨。粤港澳大湾区是一个新的法律课题，研究才刚刚起步，发展前景远大。

## 六、结语

粤港澳大湾区建设是十九大对港澳问题的重要论述，这意味着在认知"一国两制"理念时，既要看到历史中的"一国两制"，也要注重当下的"一国两制"。换言之，既要深入研究"一国两制"作为一种国家统一制度的重要内涵，也要探索创新新时代下"一国两制"对于港澳乃至大湾区、国家整体的经济发展、民生保障等多重目标的实现具有的意义。

粤港澳大湾区作为湾区经济的一种表现形式，其应当具有湾区经济的高度开放性与区域法治性的特征，但我们同时也要看到粤港澳大湾区的特异性。因此在粤港澳大湾区的建设与发展过程中，我们可以学习其他湾区的经验，但更重要的是探索与树立中国道路上的制度创建与制度自信。

---

[1] 参见邓大才："论政府竞争"，载《江苏社会科学》2004 年第 4 期。
[2] 参见董皞："'特区租管地'：一种区域合作法律制度创新模式"，载《中国法学》2015 年第 1 期。

本文提出了目前应当着重开展研究的七个方面,当然,实际需要研究的内容远远不止这些。面对粤港澳大湾区的深刻的制度差异,我们不能轻言放弃,因为法律必须为社会服务,社会应当是法律的基础。这要求理论界和实务界在遵循大湾区的构建方向和目标的前提下,寻找到一条符合我国法治的发展路径。

# 粤港澳大湾区跨域治理的法治实践

朱孔武*

【摘　要】大湾区包括"事实"与"规范"两个层次,前者指市场面(人流、物流、资金流、信息流)的整合,后者则涉及政府间的合作。从"珠三角""大珠三角""泛珠三角"到"粤港澳大湾区",一系列概念的提出既反映了粤港澳区域经济在国家发展中的战略定位变迁,也记录了区域发展克服一系列不利因素的探索。大湾区的制度创新及跨域府际合作模式的演进,克服了行政分割和政府本位主义的限制、跨域政府合作欠缺法治基础、合作治理多元性不足等制约因素。府际合作从中央主导到地方主动,从粤港、粤澳合作发展到粤港澳三地政府合作,出现了合营事业模式的高级形态,地方自主权逐渐增加。粤港澳大湾区作为国家战略,不仅是一个经济项目,更是国家全面走向现代化的综合改革试验区,粤港澳大湾区的法治实践必然推进法治中国的建设。

【关键词】粤港澳大湾区　府际合作　法治中国

## 一、问题的提出

国家发展改革委、外交部、商务部于2015年联合发布了《推动共建丝绸之路经济带和21世纪海上丝绸之路的愿景与行动》,正式将粤港澳大湾区发展列为"一带一路"战略。国务院于2017年首次把大湾区写入政府工作报告,执政党十九大报告重申"要支持香港、澳门融入国家发展大局,以粤港澳大湾区建设、粤港澳合作、泛珠三角区域合作等为重点,全面推进内地同香港、澳门互利合作"。国务院2018年政府工作报告明确提出,将出台实施

---

* 朱孔武,法学博士,广东财经大学法学院教授,广东财经大学粤港澳大湾区法律研究中心主任。

粤港澳大湾区发展规划纲要。粤港澳大湾区从区域经济逐渐上升为国家战略。粤港澳大湾区内共计11个城市，2017年GDP首破10万亿，相当于我国经济总量的14%，是我国未来经济发展的重要基础。中国经济的未来竞争力取决于区域经济发展状况，作为国家战略的粤港澳大湾区的发展前景与整个国家的现代化前景紧紧绑定在一起。[1]

在概念上，大湾区包括"事实"与"规范"两个层次，前者指市场面（人流、物流、资金流、信息流）的整合，后者则涉及政府间的合作。粤港澳区域经济合作是"市场主导"自发形成的，主要表现为价值规律诱引下的企业家之间的自由合作，靠城市竞争、企业竞争、市场竞争的自然推动。但"事实"的区域经济发展进程受到行政分割的严重制约，从2003年的CEPA协议到2010年定位高端服务业的前海深港现代服务业合作区，从2015年起航的广东自贸区再到粤港澳大湾区，内地9个城市和香港、澳门之间缺乏有效协调，内地9个城市之间也没有有效协调，每一个城市都有自己的制度。

粤港澳区域经济是我国经济社会发展的先锋。在我国，政府间合作的重要性早在20世纪80年代中后期便开始凸显，"以经济协作为基础的地方政府间的横向合作，不仅有利于本地和本地区的经济发展，而且有利于破除地区经济发展的不平衡，从而推动整个国民经济的发展"。[2]到了20世纪90年代，随着粤港澳经济协作体和京津冀经济协作体的提出，府际关系"发生了很大变化，由单一走向多样性，由垂直联系为主发展为横向联系为主"。[3]港澳回归前后的几十年，粤港澳区域社会的政府间关系发生了历史性变迁。[4]

粤港澳大湾区与我国其他区域合作或其他国家的区域经济相比，最大的独特性在于"一国、两制、三个独立关税区"。"两制"既可以是大湾区的优

---

[1] 粤港澳大湾区是指由香港、澳门两个特别行政区和广东省的广州、深圳、珠海、佛山、中山、东莞、肇庆、江门、惠州等九市组成的城市群，是国家建设世界级城市群和参与全球竞争的重要空间载体，与美国纽约湾区、旧金山湾区和日本东京湾区比肩的世界四大湾区之一。粤港澳大湾区面积达5.6万平方公里，覆盖人口达6600万。

[2] 林尚立：《国内政府间关系》，浙江人民出版社1998年版，第334页。

[3] 谢庆奎："中国政府的府际关系研究"，载《北京大学学报（哲学社会科学版）》2000年第1期。

[4] 陈瑞莲、杨爱萍："论回归前后的粤港澳政府间关系——从集团理论的视角分析"，载《中山大学学报（社会科学版）》2004年第1期。

势,〔1〕也可能是大湾区建设的一个最大制约,这种制约主要体现在两种制度所导致的多方面隔离,需要通过制度创新加以消除,既要确保"一国两制"不走样,又要发挥各自的优势。〔2〕

本文将对大湾区区域经济发展的限制因素进行分析,指出府际合作治理是克服不利因素的关键阶段的制度创新,并尝试分析粤港澳大湾区法制与我国法治建设的关联性。

## 二、粤港澳大湾区区域发展的限制因素

粤港澳地区的经济社会联系以及政府间合作的历史非常"古老",香港和澳门回归以后,内地与港澳特别行政区间的关系进入了一个全新的历史阶段。从"珠三角""大珠三角""泛珠三角"直到"粤港澳大湾区",一系列概念的提出既反映了粤港澳区域经济在国家发展中的战略定位变迁,也记录了区域发展克服一系列不利因素的过程。粤港澳区域发展的不利因素主要有三:

第一,行政分割和政府本位主义的限制。行政分割是区域治理的世界性难题,环保、水资源、交通等基础公共建设的议题需要地方政府之间协力合作,但地方政府囿于传统行政区域管辖权限制的影响,或固守本位主义,以致影响其与邻近政府之间的合作,无法扩大公共服务范围。而粤港澳区域发展受到行政分割的影响更为突出,三地存在着三种类型的行政区域,港澳为享有"高度自治权"的特别行政区,深圳、珠海为享有"立法、行政特权"的经济特区,其他城市属于一般行政区域。这种不同类型行政区域间既得权益优势的取舍,也将造成珠三角区域在合作上遭遇难题。城市不同的"行政级别"加剧了原本存在的"行政分割"。港澳特区直辖于中央政府,是省级行政单位,但又是两个独立的关税区。广州市是省会市(行政级别副省级),深圳是计划单列市(享有副省级城市的行政地位、直辖市的财政权、不向省政府上缴税收),而其他城市的行政地位是司局级。城市的"论资排辈"使得政府交往强调级别对等,任何一方谋求主导地位都将造成合作机制运作上的阻碍,使协同发展流于空谈。

---

〔1〕 杨伟民:"粤港澳大湾区可发挥'一国两制'优势",载 http://www.xinhuanet.com/2018-02/23/c_1122444218.htm,2018 年 2 月 23 日最后访问。

〔2〕 张思平:"在粤港澳大湾区再造几个香港",载 http://finance.sina.com.cn/roll/2017-06-22/doc-ifyhmtrw3502255.shtml,2017 年 6 月 22 日最后访问。

目前，各地方政府往往以个别行政区域作为施政辖区，因此在业务推动上常受限于辖区割裂而未能以区域发展为基础。几十年来的实践说明，各城市之间既有共同的利益，也有着不同的诉求，当涉及不同城市之间的利益的时候，各地方政府之间的关系难以协调。广东省做了多次珠三角发展规划，基本上都没有得到贯彻落实。因此，在未来大湾区的规划和建设中，各地方政府之间的利益关系也是制约粤港澳大湾区建设的一个非常重要的因素。例如，不同城市之间的出租车的相互进入问题到现在都难以得到很好的解决；车辆是香港车牌，若不计算一次性特别配额，车主若要取得广东车牌，需在广东省非山区投资100万美元、纳税30万人民币，或在山区投资40万美元、纳税15万人民币，或担任省级或以上人大、政协，或捐赠1000万人民币以上的公益事业。

第二，跨域政府合作欠缺法治基础。粤港澳区域合作一直以建立协调机制为重点。在CEPA签订前，广东省与港澳建立了非正式的会议机制，由三地官员参加高层会晤，后形成了粤港合作联席会议和粤澳合作联席会议的定期会晤机制，并设立了联络办公室作为常设机构。同时，根据合作的需要，会议还设立了若干个专责小组，以研究和处理改善粤港、粤澳在贸易、经济、基建发展、水陆空运输、道路、海关旅客等事务的协调与合作问题。协议从法理上而言体现出了"软法"的特点，并不具有强制拘束力。[1]"软法"不是法，协议不具有拘束力，只是指导协议方在各自域内的立法，并为内地和特别行政区公权力机关的合作及行使权力提供指引。

但上述协调机制的运行并不顺畅，《宪法》和《基本法》的相关制度并没有为内地与特别行政区、特别行政区与特别行政区间政府合作提供足够的规范资源。广东方面的行政效率得到了我国地方政府体制的保障，而港澳方面的政府部门与内地地方政府达成的共识或协议往往需要本地立法机关的通过。尤其是香港行政机关与立法会配合不足，导致一系列合作安排无法落实。下面，笔者将以西九龙车站"一地两检"为例，说明粤港澳大湾区政府间协议的实施过程。香港政府可以自行决定是否与内地有关部门签署有关合作协议，但需要由香港立法机关自行通过本地法例去设立"一地两检"的安排。如果香港立法会最后未能通过由特区政府提交的法例草案，"一地两检"便不

---

[1] 参见罗豪才、宋功德："认真对待软法——公域软法的一般理论及其中国实践"，载《中国法学》2006年第2期。

会落实。该条例的立法过程引起了社会激烈争论，有内地学者主张"一地两检"问题宜透过《基本法》附件三处理。[1] 2018年3月14日，特区政府的法案终于在香港特区立法会获得通过。"一地两检"安排的法律模式被称为"三步走"方案，[2] 对粤港澳大湾区的政府合作具有指导意义。

第三，合作治理多元性不足。区域治理不同于单独行政区的治理，除了涉及互不隶属的政府单位，企业、民间社会团体、公众的参与也具有高度复杂性。行政区域内的各种合作都是在一个行政区划内进行，其实施完全可以依靠科层制模式下的纵向管理；区域内的地方政府之间并无隶属关系，是一种横向关系。跨域治理有赖于各地方政府之间建立在平等协商、自愿合作基础上的沟通、协商。跨域公共事务的处理需要政府间不同层面的有机合作，更需要政府、企业、公众在区域层面实现共治，即实现治理的多元合作性。粤港澳大湾区城市群发展规划应该从战略全局和长远发展出发。从指导思想上看，应以市场为主导，鼓励竞争、激发活力，按照社会主义市场经济发展规律，按照城市区域发展规律，认真总结几十年珠三角高速发展的宝贵经验，而不能仅仅靠行政的、政府的，甚至是计划经济的传统来搞规划。从内容上看，其不能仅仅是个城市区域空间发展规划、产业合作规划、城市群内部基础设施发展规划，而应该是个涵盖经济、社会、生态、文化、城市基础设施等方面的全方位的综合发展战略规划。能够进一步激发城市、企业和市场的活力，争创科技创新、产业集聚、营商环境、生态环境、社会文明等方面的新优势，使粤港澳大湾区成为世界一流的金融中心、贸易中心、航运中心和

---

[1] 孙煜华："'一地两检'问题宜透过香港《基本法》附件三处理"，载《政治与法律》2017年第7期。2017年12月27日人大常委会的决定采取的法律观点是设立一地两检安排属于香港特区高度自治权范围之内，无须中央根据第20条作出额外授权。由于一地两检安排涉及内地法律在西九高铁站的内地口岸区的适用，有可能被认为是违反《基本法》第18条（该条的内容包括"全国性法律除列于本法附件三者外，不在香港特别行政区实施"），所以人大常委会的决定强调指出"一地两检"安排不违反《基本法》第18条或其他条文。

[2] 第一步是由香港和国务院授权的广东省人民政府于2017年11月18日签署《内地与香港特别行政区关于在广深港高铁西九龙站设立口岸实施"一地两检"的合作安排》；第二步是十二届全国人大常委会第三十一次会议于2017年12月27日批准这个协议；第三步是由香港立法机关通过关于西九龙站通关安排的法例，同时由内地有关部门进行内地的法律程序，以安排有关出入境和海关等部门的人员在西九龙站的内地口岸区执行职务。参见陈弘毅："人大常委会一地两检决定的法理分析"（上），载《明报》2018年1月18日。https://news.mingpao.com/ins/instantnews/web_tc/article/20180108/s00022/1515331760664，2018年1月8日最后访问。

科技创新中心，跨进世界知名大湾区和城市群之列。

### 三、大湾区的制度创新基础：跨域府际合作

跨区治理在合作主体上，既包含政府主体，也有公众、企业等非政府主体；在合作内容上，既有政府与企业之间管理模式下的合作，也有公众与企业之间监督模式下的合作，还有政府与公众之间参与模式下的合作，更有上下级政府以及非隶属关系的政府之间的合作。目前，粤港澳大湾区的区域合作模式仍然由各政府部门主导，以不同层级的政府部门在特定领域中的治理方式，分析跨域治理的政府合作模式，目的在于突破中央集权与地方政府各自为政的困境。

第一，中央政府主导下的纵向府际合作。维护我国单一制的国家结构形式、中央集权以及中央权威在国家发展过程中显示出了极端重要性。[1]在粤港澳合作领域，中央政府一直扮演重要角色，一度是合作的主导者。当然，这里的"中央政府"是广义的政府概念，全国人大常委会、国务院及其部委、最高司法机关都承担了不同角色，下面是不完全分析。

全国人大常委会通过授权，推动区域事务合作，为内地与港澳之间的合作提供法律基础，化解法律适用难题。例如：①2006年10月31日，全国人大常委会通过了《关于授权香港特别行政区对深圳湾港方口岸区实施管辖的决定》，授权香港特区政府位于深圳境内的港方口岸区的范围及使用期限由国务院决定。在港方口岸区实施香港法律，并由香港执法人员管理。②2009年6月27日，十一届全国人大常委会第九次会议表决通过决定，授权澳门特别行政区以租赁的方式取得珠海横琴岛的部分土地使用权，用于兴建澳门大学新校区，并授权依照澳门特别行政区法律实施管辖。

国务院部门通过制定规划，推动区域事务合作。例如：①国家发展和改革委员会于2008年12月发布了《珠江三角洲地区改革发展规划纲要（2008-2020年）》（简称《规划纲要》）、《横琴总体发展规划》（简称《总体规划》）；[2]

---

[1] 孙彩红、余斌："对中国中央集权现实重要性的再认识"，载《政治学研究》2010年第4期。
[2] 《规划纲要》和《总体规划》虽然是经国务院同意，并由国家发改委发布的，但是，它们未经过制定行政法规或者规章所必需的程序，所以它们并不是行政法规或者部门规章，而是行政规划，其制定和实施必须遵循法治化途径。参见姜明安："尊重行政规划的法制属性"，载《北京日报》2017年4月24日。

②中国证券监督管理委员会于 2016 年 9 月 30 日发布了《内地与香港股票市场交易互联互通机制若干规定》(中国证券监督管理委员会令第 128 号);③2017 年 6 月 21 日中国人民银行发布了《内地与香港债券市场互联互通合作管理暂行办法》(中国人民银行令〔2017〕第 1 号)。或者中央政府部门直接与港澳签署协议,安排区域合作事务。例如:2017 年 6 月 20 日,最高人民法院常务副院长沈德咏和香港特区政府律政司司长袁国强分别代表两地,在香港特区签署《关于内地与香港特别行政区法院相互认可和执行婚姻家庭民事案件判决的安排》(以下简称《婚姻家事安排》)。

最高司法机关发布司法解释,例如:①《最高人民法院关于内地与香港特别行政区法院就民商事案件相互委托提取证据的安排》(法释〔2017〕4 号);②《最高人民法院关于内地与香港特别行政区法院相互认可和执行当事人协议管辖的民商事案件判决的安排》(法释〔2008〕9 号);③《最高人民法院关于内地与香港特别行政区相互执行仲裁裁决的安排》(法释〔2000〕3 号);④《最高人民法院关于内地与香港特别行政区法院相互委托送达民商事司法文书的安排》(法释〔1999〕9 号)。

第二,地方自主下的横向府际合作。在我国,随着区域经济的发展,出现了中国特色的区域合作协议、区域性组织、区域协作立法、区域行政规划和区域行政指导等区域法律治理机制。[1] 在粤港澳合作领域,广东省政府和香港政府于 2010 年签署《粤港合作框架协议》,2011 年与澳门政府签署《粤澳合作框架协议》。这两份协议被视为是粤港、粤澳合作的里程碑式文件,成了粤港澳地区发展的重要制度平台,创设了新的合作机制。[2] 两份协议均以专门的章节规定了合作的"机制安排",合作机制具体分为五个层次:①高层会晤。由协定方高层间适时举行会晤,研究重大合作事项,达成战略性共识,形成合作纲领性文档,指导和推动合作的开展。②联席会议。要求完善联席会议制度,强化工作机制的协调和执行职能,简化环节,不断提高工作的实效性,同时根据需要组建或重组粤港合作有关专责小组,加大统筹协调力度,联席会议确定年度重点工作、加强城市协同发展的联系,以共同推进重点项

---

〔1〕 叶必丰:"区域经济一体化的法律治理",载《中国社会科学》2012 年第 8 期。
〔2〕 框架协议作为广东省和特别行政区政府为具体落实《规划纲要》和《总体规划》而签署的契约性文件,在法律性质上属于行政规划的具体落实措施,对于签约双方具有法律拘束力。张卫华:"《粤澳合作框架协议》法理分析",载《一国两制研究》2012 年第 3 期。

目和重点合作区的合作。③工作机构。协议明确了联络办公室职能和名称,工作机构粤方设在广东省人民政府港澳事务办公室,港方设在香港特别行政区政府政制及内地事务局,澳方设在澳门特别行政区政府行政长官办公室,工作机构负责跟进、落实本协议有关事项,协调解决合作争端,建立公共信息平台,定期发表本协议落实情况报告。④咨询机制。即扩充原有咨询机构的职能,吸纳来自内地及各界代表和专家参与,研究探讨各领域合作发展策略、方式及问题,举办合作发展论坛,向高层提供政策建议。⑤民间合作机制。主要是鼓励专业组织建立联系机制、设立行业协会合作平台,以推动统一行业服务标准及资格认定,最终促成统一服务市场的建立。

不仅广东省与香港、澳门签署协议,广东省政府部门与特别行政区政府部门之间以及湾区城市之间也不断签署系列合作协议。例如:①香港环境保护署与广东省环保厅共同组建粤港海洋环境管理专题小组,研究粤港海洋环境问题,共同制订应对策略。②粤港高新技术专责小组2004年推出"粤港科技合作资助计划",鼓励粤港两地的科研机构及产业加强合作及提升大珠三角地区产业的科技水平。③2017年1月,香港政府与深圳市人民政府签署《关于港深推进落马洲河套地区共同发展的合作备忘录》,同意合作将河套地区发展为"港深创新及科技园",吸引港深两地及海内外顶尖企业、研发机构和高等院校进驻。

府际合作从粤港、粤澳合作发展到粤港澳三地政府合作。2017年7月1日,在国家领导人见证下,国家发改委、广东省人民政府、香港特区政府、澳门特区政府四方签署《深化粤港澳合作 推进大湾区建设框架协议》。

第三,合作的高级形态,合营事业模式的出现。在区域治理领域,粤港澳大湾区的探索为世界法治做出了独特的贡献。从比较法观察,德国在区域治理方面经形成了较为完善的制度体系,地方政府自发建立了区域性协调组织,包括非正式合作机制、私法组织、公法组织三种类型。[1]粤港澳大湾区在非正式合作机制、私法组织基础上探索成立了"目的事业公法人",三地政

---

[1] 在地方协作中,依据公法规范设立的组织类型最为多样。公法组织均依据法律的明文规定设立,可以分为功能性或地域性的组织。目前的事业公法人是由若干地方行政单位联合组成的公法团体,主要用于提供公共服务,是最常见、最主要的公法合作形式,其职责限于特定公共事务,主要为技术性与社会性的基础建设,包括垃圾处理、公共运输、文化教育及休闲公共设施的维护等。参见高薇:"德国的区域治理:组织及其法制保障",载《环球法律评论》2014年第2期。

府出资注册于广东省珠海市的非营利性事业单位法人"港珠澳大桥管理局"，其权威性、组织能力和执行能力明显高于其他区域合作组织，依据协议和章程，拥有港珠澳大桥建设、运营、维护和管理等事务的公共管理职能。

20世纪80年代以来，香港、澳门与内地之间的运输通道，尤其是香港与珠三角东岸地区的陆路运输通道建设取得了明显进展，推进了区域经济互动发展，但香港与珠江西岸的交通联系却一直比较薄弱。1997年亚洲金融危机后，香港政府为振兴香港经济，寻找新的经济增长点，于2002年向中央政府提出了修建港珠澳大桥的建议。2003年8月，国务院批准了港珠澳大桥项目前期工作，并同意成立由香港特区政府作为召集人，粤港澳三方组成"港珠澳大桥前期工作协调小组"。2004年3月，港珠澳大桥前期工作协调小组办公室成立，全面启动港珠澳大桥各项建设的前期工作。为进一步加快港珠澳大桥项目的前期工作，2006年12月，经国务院批准，成立了由国家发改委牵头的"港珠澳大桥专责小组"，负责项目前期工作中重大问题的协调。2010年，广东省、香港、澳门三地政府的代表协商签订了《港珠澳大桥建设、运营、维护和管理三地政府协议》，确定了港珠澳大桥建设、运营、维护和管理所应遵循的基本原则，并创设了港珠澳大桥项目的管理组织架构，即"港珠澳大桥专责小组—三地联合工作委员会—港珠澳大桥管理局"三层模式。其中，"港珠澳大桥专责小组"是协议争端解决机构，"三地联合工作委员会"协议争端的协调机构、项目重大事项决策机构，而"港珠澳大桥管理局"则是项目法人负责项目建设、运营、维护和管理的组织实施工作，执行"三地联合工作委员会"的决策，并行使协议所授权的决策权。在港珠澳大桥项目的实践中所形成的合营事业模式将会对未来内地与特别行政区间的合作治理提供有益的借鉴。

## 四、结语：法治中国的大湾区实践

有学者在总结我国的法治道路时指出："中国的法治建设，尽管发轫于中共中央十一届三中全会决定，与中央各项有关法治建设的重要决策息息相关，但从根本上看，法治不是规划与设计出来的，而是在改革开放总的路线方针政策的指引下，依靠被动员起来的广大人民群众、企业、社会组织、国家机关，在各个地方之间经济社会发展竞争激烈的环境下，逐步发展起来的。也就是说，地方与社会才是中国法治发展最活跃的场域。"[1]其观察基本上是准确的。笔者注意到，域外区域治理的经验率先由地方政府所借鉴，从而推动国家层面的法治变迁，作为方法论的地方法治实践，与法治中国的进程互为支撑。

从上文的分析来看，随着区域合作的深入，中央主导的府际合作必然发展出地方政府主动的府际合作，中央政府的角色从主导者改变为参与者和监督者，而地方自主权逐渐增加。区域治理涉及中央和地方的事权分工，是我国区域法律治理中不容忽视的重大宪法问题。从区域治理的历史变迁和区域合作协议的文本考察来看，地方政府拥有的自主权呈现出了不断扩张的趋势。[2]纵向政府间关系改革也是围绕权力中央和地方的分配与优化展开的，以促进中央与地方权力配置的规范化、制度化、法治化。[3]《宪法》第3条规定的民主基础上的中央"集中"和《宪法》第89条规定的中央"领导权"的实现前提是中央与地方事权划分的法治化。否则，中央政府不知何时应该"包办"，何时应该"放手"；地方政府不知是否有权自主进行区域合作，也不知未经中央批准的区域合作协议是否具有法律效力。地方自主权主要来自于宪法的规定和中央的授权，只有影响中央和地方政治平衡的区域合作协议才需得到中央的批准，包括可能涉及中央最终决定权的区域合作协议，可能影响中央控制力的区域合作协议，以及可能影响协议非成员方利益的区域合作协议。地方政府自由行使区域合作中的自主权是法律的常态，而中央政府对区域合作行使批准权则是法律的例外。

粤港澳大湾区作为国家战略，不仅是一个经济项目，更是国家全面走向现代化的综合改革试验区。因而，粤港澳大湾区建设不仅注目于世界三大湾区，更应该借鉴欧盟、北美自贸区的经验。通过借鉴欧盟经验，探索在粤港澳湾区设立更高效、便捷的协调机制，并推动国家和地方立法，保障湾区经济活动的顺利进行。大湾区治理作为一种多元主体参与的协作治理，以解决区域问题和促进区域发展为出发点，克服了狭隘的地方主义，弥补了政府治

---

[1] 葛洪义："作为方法论的'地方法制'"，载《中国法学》2016年第4期。

[2] 何渊："论区域法律治理中的地方自主权——以区域合作协议为例"，载《现代法学》2016年第1期。

[3] 张千帆："中央与地方关系的法治化：以中央与地方的监管分权为考察"，载《求是学刊》2010年第1期。

理缺陷，跳脱了关注于政府组织变革和流程优化的政府改革思路，成了未来治理发展和变革的主流方向。即强调中央政府和地方政府合作关系的构建，鼓励地方政府之间的联合行动，关注公私伙伴关系的建立，鼓励非政府组织与民间社会的积极参与。这种多元主体的协同治理将成为当前解决区域问题，促进区域协同治理，实现区域可持续发展的有效治理工具。大湾区法治成了法治中国新的增长点。

# 粤港澳法律共同体的构建路径探索

吕群蓉[*]

**【摘　要】** 粤港澳大湾区建设和经济发展需要法律保障，但大湾区目前属于三个法律区域，分属两大法系，存在法律冲突在所难免。在大湾区语境下，探索有效途径、形成法律共识、推动建设法律共同体，是避免粤港澳大湾区长期法律冲突的不二选择。法律协同推进的路径首先应从实现粤港澳大湾区法律人的自由流动开始，然后逐步推动共同法律文化的形成，进而能达成不同法域和不同法系的协同，甚至部分法律部门一体化等。

**【关键词】** 粤港澳大湾区　法律协同　法律冲突　法律共同体

2017年7月1日，国家发展和改革委员会与粤港澳三地政府签署了《深化粤港澳合作　推进大湾区建设框架协议》。粤港澳大湾区城市滨江临海，河网密布，港口资源丰富，广州港、深圳港、香港港、珠海港等码头星罗棋布，出海航道形成了"水上经济走廊"。纵观旧金山大湾区、纽约大湾区和东京大湾区的发展，三者皆从港口经济起步，继而逐步创新、变革为经济发展增长极。与世界其他知名湾区相比，粤港澳大湾区的港口实力并不逊色。粤港澳港口群是目前世界上通货能力最大、水深条件最好的区域性港口群，吞吐量已居世界第一。据英国劳氏2016年全球港口百强排名，全球集装箱吞吐量前十强的港口中，粤港澳大湾区占据三席。其中，深圳港排名第三，香港港排名第五，广州港排名第七。按照最新部署，广东将广州港、深圳港打造成国际门户枢纽港，带动东莞港、珠海港等周边港口发展，构建对接港澳、联通西江、服务泛珠三角地区的世界级港口群。

---

[*] 吕群蓉，广东省法学会港澳法学研究会副会长、秘书长，南方医科大学卫生管理学院法学系教授。

### 一、粤港澳大湾区经济的可持续发展需要法律协同和法律保障

粤港澳大湾区发展面临的最大挑战是整合优势资源，促进深度融合。优势资源的整合和粤港澳之间的深度融合需要法治国家、法治政府和法治社会一体建设的保障。法治可以保障区域经济竞争公平性，使区域规划在法制框架下有效实施；法治可以最大限度地保护各类要素在资源配置中的权益，突破区域经济恶性竞争循环；法治能够激励创新产权制度和促进科技成果转化机制，为大众创业、万众创新提供内生动力源。为粤港澳大湾区营造法治化、国际化和市场化的营商环境，加快大湾区城市群建设步伐，形成对周边地区辐射效应，带动经济平稳快速增长，以法治推进粤港澳大湾区发展，是大湾区城市群协同发展、创新发展的现实选择。不容否认，大湾区内部各城市之间的文化差异、制度冲突、法律传统各异、行政分割等痛点使得法治难以形成外溢效应。粤港澳深度融合，一方面要考虑三地的资源禀赋、历史文化、制度体系等条件，允许区域之间存在法治结构差异和发展水平差距。在正视粤港澳三地法治差异的基础上聚焦各自所长，构建良性竞争机制，以竞争促发展。另一方面也要通过法治协同与融合推动区域可持续发展，探索运用法治手段将区域差距纳入可控范围，并普及、共享港澳广深等法治先导城市的法治成果。

### 二、目前粤港澳大湾区内法律协同的困境

目前，粤港澳大湾区已取得不少法治成就，形成了较为成熟的法治实践做法，例如司法协助合作、边境检验检疫、跨境商事仲裁、律师多地执业、建立最高巡回法庭、设立粤港澳版权登记大厅、粤港澳法律人才交流、粤港澳警务跨法域合作等。但纵观粤港澳三地法治全貌，亦存在不少衔接上的困难和障碍。

（一）粤港澳大湾区经贸合作缺乏一体化的法律制度体系

粤港澳合作的法律根据，虽有"一国两制"作为宪法基础，还有港澳基本法、WTO协定、CEPA协定、区域合作等其他协议，但可以发现目前粤港澳深度合作的制度条件仍然停留在以政府协议为主的政策导向型机制，缺乏立法先行的法治推进型合作方式。

(二)粤港澳大湾区法治程度和法制体系呈差序化发展格局

从纵向角度考察,粤港澳大湾区各城市内部法治发展及法律制度体系在立法、执法、司法以及法治文化等方面,存在着水平高低差异的问题。而从横向维度来看,大湾区11个城市法治水平高低不齐。这种差序法治对大湾区城市群法治协同发展造成了阻碍。

(三)法律冲突是粤港澳大湾区区域规划面临的重要问题

三种不同法律制度下开展的区府合作和经贸合作,不仅仅是静态意义上的民商事、经济管理等方面的法律制度冲突,更被很多人认为是三地在立法权、司法权、执法权行使上的冲突。因此,一提到粤港澳合作,就有学者提出,当务之急是构建粤港澳大湾区合作的法律框架和法制机制。

但香港城市大学法律学院的顾敏康教授认为,大湾区是一国下的三个区域,尽管存在不同法系和法律传统,但应该在一国体制下紧密、有机地合作。虽然粤港澳大湾区在一国两制下的融合过程可能比较复杂,但正是因为一国两制,不同法律制度之间也可以优势互补,使得有关的法律安排更加成熟、有效。在大湾区发展面临法律挑战之际,建立新的争端解决中心,力争将争端消弭在协商调解之中是非常必要的。

(四)粤港澳大湾区欠缺区级准则协调利益关系,评估机制停留于简单加总而不追求制度创新仍是粤港澳大湾区发展较为突出的问题

粤港澳大湾区的"合作"不仅是经济上的互联互通,更是法律、社会政策、金融、服务业的整合。如何通过法律上的合作来保障湾区经济合作是粤港澳大湾区发展面临的一大难题。由于法律体系和政治理念的区别,目前粤港澳三地尚未建立起全面的司法合作关系,因此仲裁、调解的方式是解决大湾区合作中遇到的法律纠纷较为可行、有效的途径。

### 三、法律协同推进路径的探索

(一)法律职业共同体的培育——培育能基本达成共识的法律人和法律阶层

1. 放开法律教育

法律教育对于培育法律共同体、形成法律界的共识有着其极为重要的意义。粤港澳大湾区三大区域的法律环境、法律背景以及历史沿溯等存在不同,对于法律的教育有着不同的方式。所以,开放和学习其他地区的法律教育对于全面、发展地了解法律、培育法律基本共识十分有必要。而构建完善全面、

资源共享的粤港澳大湾区的法治体系更是离不开开放的法律教育。

(1) 香港。香港法律教育制度已设立三十余年,培养了众多优秀人才。香港的法律制度追随着英国的普通法模式。而香港的法律教育也不例外,培养模式、教学课程、教学方法等均依循英国普通法的法律教育模式,在今天香港的法律教育中依然发挥着重要作用。最为显著的是其法律教育"三部曲":第一,学术教育阶段;第二,职业教育阶段;第三,实习阶段。

与广泛、普遍的法律教育相比,香港地区的学术教育阶段(主要是本科教育阶段)由指定的三家大学——香港大学、香港中文大学、香港城市大学——的法律学院进行,各学院均开设法律学士学位。而对于该学位的申请,很多香港和海外大学的本科毕业生,即使本科专业不是法律,通过参加大学举办的一系列函授法律课程,包括伦敦大学法律课程等法律专业共同课程,也都可以申请取得法律职业教育和在职实习阶段的资格。

实际上,与英国类似,在香港法律学院本科之外完成学术教育阶段的学生,会大大超过本科专业毕业的学生。这从侧面反映了香港法律教育的开放性,其对于法律学士学位的申请要求没有具体的地区与专业的限制。

(2) 内地、澳门。内地的法律教育主要集中于四年的法律本科教育。澳门与内地在法学教育上有着较多的相似之处,譬如取得法律资格后的实习安排等。

以大湾区建设为契机,推动内地、香港和澳门三地范围内放开法律教育,对于推动大湾区法律共同体的形成、法律界共识的培育意义非凡。

2. 放开法律资格的获取条件

(1) 香港。在香港,学生在完成学术教育阶段的基础上要想取得法律资格,首先必须报读三家大学——香港大学、香港中文大学、香港城市大学法律学院的法律专业证书这一项目。法律专业证书课程是香港法律教育的特色,区别于亚洲其他法域需要通过律师资格考试(National Bar Exam)才可步入律师职业的惯例。在香港,通过一年密集式的律师专业实务与技巧培训,并通过学科考试,便可获得专业资格证书。但由于大量的学生通过香港法学本科以外的途径完成了"学术教育"阶段,因此历年的法律专业证书的申请都是"僧多粥少",竞争的激烈也使得各门考试及课程的难度大大增加。据统计,在法律学院和律师界的严格把关下,每门课程的考试每年都会有10%~25%的学生不及格。其与内地严格的司法考试有着类似的效果。

（2）内地。在内地取得法律资格，最关键的是通过国家统一法律职业资格考试。具有高等院校法律专业本科以上学历，或者高等院校其他专业本科以上学历具有法律专业知识的人员，国家统一法律职业资格考试合格的，取得资格；特殊情况，经司法行政部门审核确定，在一定期限内，可将学历条件放宽为高等院校法律专业专科学历。此外，具有高等院校法学本科以上学历，从事法律研究、教学等专业工作，并具有高级职称或者具有同等专业水平的人员，申请律师执业资格的，经国务院司法行政部门按照规定的条件考核批准，授予律师资格。

（3）澳门。澳门的律师制度是比照葡萄牙国家法律建立的，深受大陆法的影响。并且与香港类似，要成为澳门律师，获得法律资格，必须拥有澳门大学或其认可的其他大学的法律学位。也就是需要学习及修读澳门大学或其认可的其他大学的法学学士学位。取得前述该等学士学位，通过法律资格考试才能成为澳门律师。

从前述条件我们可以看出，对于法学教育接受和法律资格的取得，三地均没有设置特别的障碍。

3. 推进放开法律执业资格的获取条件

成为律师，获得法律执业资格，不同地区所要求条件的差异明显。

（1）香港。在香港，执业律师被分为律师（又称"事务律师"）和大律师（又称"诉讼律师"），在名称上容易令人误解，但是其划分仅根据工作性质和内容，并不根据法律地位的高低。另外，执业10年以上的大律师，可申请晋升为资深大律师（旧称"御用大律师"）。根据《香港律师执业条例》及其有关法例的规定，任何人要获取律师和大律师的资格，首先必须是在香港居住年满7年以上的香港永久性居民，同时必须受过特定学校的法学教育，取得法学学士学位。在申请修读香港大学法律系的法律深造文凭之后，经过实习，并考试合格，由高等法院批准即可获得律师或大律师资格。

在实习过程中，实习律师需要跟从一名执业至少超过5年的律师实习至少2年的过程，才能取得担任律师行的合伙人及股东资格。大律师至少实习一年后，且实习期结束后6个月才可向大律师公会申请正式执业证书，继而从事法律执业。较长的实习期锻炼和培养了香港法律人才的实践能力，对于培养高素质的法律人才具有重要作用。但是，需要强调的一点是，一般来说，只有香港居民或有诚意在港居留的人才能在港执业，所以对于户籍，香港是有较为严格的限制的。

（2）内地。根据内地《律师执业管理办法》第6条规定，申请律师执业，应当具备下列条件：拥护中华人民共和国宪法；通过国家统一司法考试取得法律职业资格证书；在律师事务所实习满一年；品行良好。申请律师执业的人员，应当按照规定参加律师协会组织的实习活动，并经律师协会考核合格。

申请兼职律师执业，除符合本办法第6条规定的条件外，还应当具备下列条件：在高等院校、科研机构中从事法学教育、研究工作；经所在单位同意。

归纳而言，取得法律执业资格满足以下三个条件：首先，中华人民共和国公民；其次，考取律师资格；最后，在律师事务所实习一段时间。

（3）澳门。澳门取得法律执业资格证，与香港具有诸多类似的地方，不过相比于香港，澳门注册律师的条件相对来说比较宽松。澳门有权处理诉讼及非诉讼义务的律师被称为"大律师"；而律师并非真正的律师，只是法律代办，俗称"律师楼师爷"，其仅限于处理非诉讼的简易民事事务。

根据《澳门律师通则》第19条规定："一、报名为律师之条件为：a）澳门之大学之法学士或受本地区认可之任何其他法学士；b）完成律师业实习。二、非澳门之大学之法学士可须根据澳门律师公会规定完成为其适应澳门法律体系之先修课程。三、澳门律师公会有权对律师职业及其实习予以规范，并可规定必要之录取考试。"

取得澳门律师执业资格需要通过两次考试：实习录取考试与实习结束时由典试委员会举办的最后评核。澳门律师行业的入职程序大致可以被分为三个阶段：参加实习录取考试、实习、最后评核。只有通过最后评核才能注册成为律师。另外，葡萄牙的执业律师也可以根据澳门律师公会和葡萄牙律师公会签署的协议直接来澳门注册成为执业律师。

澳门律师制度与内地一个很大的不同之处还表现在对律师的管理上。澳门律师实行行业管理，其管理机构有两个，一个是澳门律师公会，另一个是澳门律师业高等委员会。特别是澳门律师公会，澳门修改的《律师入职规章》第19条规定："具有法律学士且学历获澳门律师公会认可者均需参与实习录取试。录取试的性质及内容由澳门律师公会订定。"也就是说，只有经过公会认可的法学学士才可获得参加考试资格。另外，也只有在公会注册的律师才可以进行律师执业工作，非经注册，擅自以律师名义进行律师工作属于非法行为。所以，相较于其他地区，律师公会成了一个鲜明的特色，也是取得法律执业资格的关键一步。对比于香港，澳门并无具体的户籍方面的限制。

通过比较粤港澳三地法律，我们可以看到三地相互跨境执业还存在相当的难度，核心是除了澳门以外，基本都需要相应的身份条件或居民条件。三地的融合，大湾区的建设，需要构建能达成共识的法律职业共同体，那么跨境相互执业的推动和制度化就变得特别重要和亟须。

(二) 积极探索法律制度体系融合和协同的领域

1. 当下能够切实推进的领域主要集中在民商事领域，而重点体现在商事领域。在商事领域可以尝试推进制定粤港澳三地统一商法典或统一商事规则

此类统一机制的有效推行和实施，首先需要将其上升到立法的高度，由此，必须修改我国《立法法》，将三地政府间缔结合作协定在《立法法》中规定为法律渊源。目前，即使《宪法》和《地方各级人民代表大会和地方各级人民政府组织法》赋予了地方政府政府间合作协定的缔约权，但如果《立法法》不作相应修改，其缔结的合作协定在法律上的地位便依然不明确。理论上讲，地方政府缔结的协议具有权利义务的内容，应该属于立法活动。我国是单一制国家，传统上强调国家立法权力的集中行使。事实上，随着市场经济的高度发展，集中立法权的思维模式已经不能适应需要。我国此前也已经出现立法权适度下放的情况，如特区立法权、较大城市立法权等。笔者认为，法律上可以认为我国一定级别地方政府间缔结协定的行为是地方政府确定彼此间权利义务的行为，属于立法活动。如果不将一定级别地方政府间的合作协定纳入国内法的渊源，协定能否得到履行便只能由协议主体的自律程度决定，显然很难成为国内法的渊源。因此，在《立法法》中明确规定一定级别以上地方政府间合作协定是我国国内法的渊源可以为这些统一合作机制或协议的履行奠定法律基础。

同时，应明确政府之间所缔结协议的效力级别。地方政府彼此间有了缔结协议的权力，其缔结的协议也具有法律渊源的地位，至此还不能完全解决问题。从粤港澳合作的具体进程来看，粤港、粤澳政府之间，政府部门之间的协议形式多样，包括安排、框架、宣言、会议纪要、合作备忘录、协议、倡议书、意向书等名称都有。实际上就是在三地往往需要就某个领域的协助问题进行协商时，就专门派出人员进行协商，在法律效力上缺乏统一而系统

的考虑，也缺乏有效的沟通、协调。目前，三地间制定的安排、框架、宣言、会议纪要、合作备忘录、协议、倡议书、意向书、框架、宣言等形式的文件，有部分只是这些部门的内部行为，有的甚至是相对完整的工作记录，其内容不具有普遍约束力。总之，这些协议呈现出了效力无序状态。这在很大程度上影响了合作的深化，制约了其他方面合作的发展。因此，应明确政府之间所缔结协议的效力级别。

2. 同时推动民商事纠纷解决规则和解决机制的制定，"争端解决机制是所有经贸合作制度的核心，关系到合作的成败"[1]

当前粤港澳大湾区情势已发生很大变化，挑战与日俱增，涉外民商事纠纷的多元化纠纷解决机制从理念、措施、机制等诸多方面都需要改革，以便建立与开放性经济新体制相适应的多元纠纷解决机制。[2]涉香港特别行政区案件中立第三方评估制度，为世界法律制度发展史上首次出现的多元化纠纷解决机制和域外法查明机制的交叉创新制度。它不同于一般的中立第三方评估，是由中立第三方香港法律专家根据涉港案件听证情况，参考香港裁判文书的格式作出专业评估报告，从中立和专业角度明确案件适用的香港法和所需要的证据及可能的判决结果，从而提高当事人鉴别和理解所涉及香港法律问题的准确性，增强当事人预测判决结果的可靠性，协助当事人调解和查明香港法。这一制度建立后，最高人民法院应用法学研究所、中国国际私法学会前沿问题委员会等组织多次研讨会，对这一制度做了介绍并进行讨论，受到了各位专家学者的积极肯定。

该制度首先在深圳前海合作区人民法院开展实践。在实践过程中，因主要将该制度适用于查明香港法的案件，使用率不高。但因该制度具有独特的促进调解和交流、查明域外法、体现域外法的文化和法系习惯等功能，其制度价值应该被充分挖掘，作为推动跨境纠纷有效解决的模式并加以推广。作为多元化争端解决机制的重大创新，涉港案件中立第三方评估及其扩大适用模式，具有明显的对外性特征，符合粤港澳大湾区对外开放的要求；具有明显的促进域内外交流特征，符合"一带一路"战略"共商、共建、共享"的

---

[1] 王贵国："'一带一路'与当代国际法"，载王贵国等主编：《"一带一路"的国际法律视野——香港2015"一带一路"国际论坛文集》，浙江大学出版社2016年版，第336页。

[2] 郑少华："论构建开放型经济新体制的法治保障"，载陈立虎主编：《自贸区法律制度研究》，法律出版社2016年版，第25页。

原则和政策沟通、民心相通的目标；具有明显的促进融合特征，符合粤港澳融合、两岸统一、全球经济一体化的趋势。这一制度能为国家层面的自贸区、"一带一路"及大湾区立法和制度吸收，并在双边和多边条约中进行规定，充分发挥功能、解决纠纷，为建设提供优质、高效的法律服务与支持保障。

3. 推进其他法律制度体系领域的融合和协同问题

除了民商事领域的法律协同外，也应该同时推进其他诸如法律文件资料交换的机制化、刑事领域的机制化协同和互助等。

在大湾区语境下，探索有效途径、形成法律共识、推动建设法律共同体是避免粤港澳大湾区长期法律冲突的不二选择。法律协同推进的路径首先应从实现粤港澳大湾区法律人的自由流动开始，逐步推动共同法律文化的形成，采取具有实操性的措施，使不同法域和不同法系能达成协同，甚至部分法律部门一体化等。

# 粤港澳紧密合作中的软法研究

王紫零 *

【摘 要】目前,我国已经由原来的单一法制国家变成了一个多元法制国家,成了一个"一国两制三法系四法域"的复合法域国家。目前,区际法律冲突问题已经成为亟待解决的重要问题,软法现象和软法的作用变得日益突出。这时,如果公法学仍然一如既往地对软法现象视而不见,这不仅是公法理论体系本身的缺憾,还会严重地制约公域之治与全面依法治国目标的实现。因此,有必要深化我国公法学上的软法理论研究。

【关键词】粤港澳 区际法律冲突 软法 混合法

"软法"这一术语最先是在国际法领域中出现的。作为概念的软法在国内公法学著述中鲜被提及,但作为现象的软法在国内公法中却早已普遍存在。近年来,随着国际治理、区域治理的发展,软法及其所代表的相关现象也引起了学术界的兴趣。

传统的国际、区际软法主要研究全球环境保护、国际人权保护、国际金融监管等领域,对于国际、区际合作软法的研究很少,随着目前粤港澳紧密合作共同关心的问题增多,法律的统一化、国际化或趋同化倾向十分明显。

## 一、"一国两制四法域"的区际法律冲突

### (一)四法域的形成

澳门回归祖国以前,葡萄牙直接派遣葡萄牙法官和检察官,并且以葡萄牙文为唯一的法律语言在澳门设立司法程序。澳门回归祖国后,法理上确定

---

\* 王紫零,女,河南人,法学硕士,广东揭阳市委党校法学副教授,主要从事民商法、行政法、环境法的研究工作。

了澳门法律，又由于"一国两制"，因此继受了原来的法律，也就是葡萄牙的法律系统，其可以被称为葡萄牙式大陆法之澳门法。

作为普通法系的始祖，英国在对香港实施殖民统治的同时也带来了其法律制度，基于普通法奇特的生命力、包容力和延伸力，香港的普通法一如其他同系的普通法域，具有其自身的生存方式。香港法形成了具有独特色彩的法律"中文化"。

依据港澳基本法的规定，港澳特别行政区都享有立法权。港澳特别行政区立法机关制定的法律虽然必须报全国人大常委会备案，但备案不影响法律生效。而且，只有该法律涉及中央管理事务及中央和特别行政区关系时，全国人大常委会才有权将有关法律发回而使之立即失效。广东省也享有立法权，但其范围有限。《立法法》第8条规定的事项只能制定法律，广东无权进行创制性立法；在行使立法权时，不得与法律、行政法规相抵触；地方性法规、政府规章如与部门规章冲突，由国务院作出裁决。

因此，全世界大概有320个法域，我国占了4个，形成了世界上比较独特的"一国两制四法域"。

（二）多元法域的冲突

由于粤港澳台"一国两制四法域"的现状和政治制度、经济条件、社会环境迥异，三地在法律理念、法律体系、法律解释、法律渊源、司法制度、执法理念以及立法和司法等方面存在着较大差异。

第一，法律体系上存在差异。我国区域法制冲突是在不同的法域和法系间发生的法制冲突。我国现阶段存在的几个法域在法制建设过程中寻求了各自不同的路线，它们各具特色。内地继承和发展了中华法系的法律特色，同时深受大陆法系影响；而香港地区的其法律体系主要体现了英美法系的特征；澳门则适用了大陆法系的法律规范。内地、香港和澳门分别属于不同的法域，不同法域的阶级属性不同。广东所实行的法律制度属于社会主义的大陆法系，香港的法律制度是资本主义的普通法系，而澳门的法律制度属于资本主义的大陆法系。法系不同，其法律理念、法律价值、法律性质、法律体系、法律解释、法的渊源以及立法和司法等诸多领域都呈现出了一系列巨大差异。这种差异在某种意义上使我国法律生活更加丰富多彩，但也使粤港澳经济一体化中法律矛盾和冲突更加复杂多样，增加了法律治理的难度。正是由于这种差异，法律合作存在较大的困难。

在实践中，我国区域法制冲突既有属于不同法系的法域间的冲突，也有属于同一法系的法域间的冲突。因此，我国区域法制冲突表现形式的多样性十分明显。[1]

第二，具体法律内容存在差异。既有规则侧重点的不同，也有一般法律适用上的不同，还有国际条约适用上的差异。①广东各地政府比较热衷于对市场竞争的介入，在争夺资源、争夺项目等方面参与到企业竞争中来，常常采取一些措施进行地方保护。这就需要对政府干预进行法律规制。②依据港澳基本法的规定，全国人大及其常委会指定的法律，只有在附件三中的法律才能在港澳实施。中央人民政府在港澳特别行政区只负责管理与港澳特别行政区有关的外交事务、防务以及依照基本法规定任命港澳特别行政区行政长官和主要官员。中央各部门、各省、自治区、直辖市均不得干预港澳特别行政区根据基本法自行管理的事务。同时，港澳和内地都是WTO的独立成员。粤港澳经济一体化中的法制协调还要受到WTO规则的一定影响。

第三，司法协助上的困境。可予执行的仲裁裁决的裁决事项要受到执行地法律的限制，这限制了许多在诉讼地被认定为有效的裁决的执行；刑事司法协助难题多，主要有属地管辖与属人、保护、登记地管辖之间的冲突，共同犯罪与派驻人员犯罪引起的冲突等。

这些现实冲突使得粤港澳在进一步加强法律合作方面存在着障碍。目前，区际法律冲突问题日渐突显，多元法制局面的出现会对我国整体法制结构产生深远影响，并带来一系列区际法律问题。

## 二、粤港澳软法实践与理论的基本维度

（一）粤港澳区际法律冲突的理论向度：软法救济

一个国家的治理规则应该包括两个层次：

第一个层次是硬法规则。"硬法"是指由国家通过严格的立法程序制定或认可并由国家的强制力予以保障实施的一般性行为规范。刚性的硬法规范是维护法治秩序和社会稳定的必要手段。硬法规则是最低层次的一种治理规则，是社会治理所必不可少的一种底线规则，是长期需要的。

---

[1] 曹阳昭："我国区域法制冲突的协调模式研究"，载《西南农业大学学报（社会科学版）》2012年第2期。

实践证明，传统国家治理模式下的硬法因其刚性、滞后性、僵化性与强制性等缺陷导致其与国家治理的现代价值目标不相契合，在国家治理过程中遇到诸多问题，陷入了诸多困境。

第二个层次是软法规则。"软法"是国际法领域的一种新现象，与传统的国家条约相比，这类国家文件并非是传统的国际法渊源，且无具体权利义务的规定。软法不具有法律约束力，它的实施不依赖于国家强制力的保障，其是一种事实上存在的有效约束人们行动的行为规则。软法规则处于较高层次的治理规则，是社会治理当中大量需要而且实际存在的一个中央层次的治理规则。

软法具有协商、共识和合法性等核心要素，其价值取向和规范导向能够有效地维护权利、化解冲突、推动和谐，更好地回应我国当前社会发展中主体与诉求多元化的趋势，真正体现我国人民当家作主的民主本质，实现最广大人民群众的利益。

因此，看一个国家的法治水平，不应该只看硬法规则的数量和执行情况，还要看这个国家的软法规则的数量被遵守的状况。

（二）粤港澳区际法律冲突的现实向度：冲突与融合

1. 混合法模式的传统

在中国法律发展的历史上，从主要方面来说曾经存在着一个相对稳定的判例法时代和一个相对稳定的成文法时代。但是，在这两个时代之后，中国法律发展的历史走向了混合法时代。混合法时代的到来是历史发展过程中自然出现的现象，是现实法律运行的需要所成就的一种法律文化，也是中国文化的总体精神在法律实践中自然而然的表达。混合法不仅是历史上存在的一种法律样式，而且也是当下中国法律实践中所存在的一个现象。

最近三十多年，我国的公域之治一直在实践着一种软硬兼施的混合法结构，这在相当程度上彰显出了民主政治与法治建设的中国特色。

2. 粤港澳经济一体化下的软法发展

（1）粤港澳三地制定的软法。从实践来看，粤港澳三地主要是通过软法来推进经济一体化。粤港澳三地制定软法的方式主要有：①中央政府与港澳特别行政区政府签订行政协议。从2003年开始，中央政府与香港特区政府先后签署了《内地与香港关于建立更紧密经贸关系的安排》《内地与澳门关于建立更紧密经贸关系的安排》（CEPA）及七个补充协议。其内容主要涵盖货物贸易、服务贸易和贸易便利化三个方面。②通过泛珠三角合作平台，签订相关泛珠三角合作协议，来推动包括粤港澳在内的泛珠三角经济一体化。如2004年《泛珠三角区域合作框架协议》《泛珠三角区域知识产权合作协议》《泛珠三角区域妇女发展合作框架协议》等。[1]③粤港澳三地通过平等协商签订行政协议。这包括三个层次：一是粤港澳政府之间签订的行政协议，如2010年粤港政府签订的《粤港合作框架协议》等；二是粤港澳相关职能部门签订的行政协议，如2004年广东科技厅与澳门科技委员会签署的《粤澳科技合作协议》等；三是广东各市与港澳以及广东各市其职能部门与港澳相关职能部门签订的行政协议，如2004年香港律政司与深圳市司法局签署的《香港深圳法律服务合作协议书》等；四是不同领域的合作。随着粤港澳经贸合作的深入，浅层次的法律合作不能适应经济快速发展的要求，在2007年8月2日，广东与香港共同签订了《深化实施CEPA、共同推进粤港服务业合作步伐协议》《关于推动粤港两地企业开展节能、清洁生产及资源综合利用工作的合作协议》《关于加强粤港信息化合作的安排》《2007-2008年粤港知识产权合作协议》《关于对供港塘鱼运输工具加施检验检疫封识的协议书》等法律文件。为双方在经贸、环境保护、知识产权保护等方面的合作打下法律基础。

（2）四法域合作的软法基础。二十多年来，粤港澳合作经历了三个重要的发展节点——港澳相继回归、中国入世和CEPA的签订，相应地也产生了三个重要的可资成为粤港澳合作依据的法律文件群。

第一，以特别行政区基本法为核心的宪法性法律文件群。在香港和澳门回归之前，三地分别处于中、英、葡的管辖之下，在此框架内开展的合作自然隶属于外交关系，受国际政治格局的左右。

港澳相继回归后，根据宪法制定的两个特别行政区基本法去除了殖民化因素，将三地统一到中华人民共和国的主权之下，为三地间的合作奠定了稳定的法律基础。由此，粤港澳三地演变为了一国之内的地方政府之间的关系，各自在宪法的框架内进行区域合作，在三者之上还有共同的中央政府进行居中协调。与此同时，宪法和基本法也规定香港和澳门特别行政区保持原有的制度和生活方式不变，不实行包括广东在内的内地的社会主义制度和政策。

---

[1] 泛珠三角区域签订的行政协议有102项。详见叶必丰等：《行政协议：区域政府间合作机制研究》，法律出版社2010年版，第50~57页。

第二，WTO协定群。2001年底，中国入世为粤港澳三地的经济合作提供了"制度接近、规则统一"的基础。在WTO体制下，香港、澳门与内地同为平等的单独关税区，共同履行贸易自由化的承诺和义务。随着中国内地市场经济的不断发育成熟，对外开放程度不断扩大，粤港澳之间的经济制度与运行机制差异将逐渐缩小。经贸规则逐渐趋同，减少了制度摩擦的可能性，降低了三地间进行交易的成本，也使港澳成熟的法制环境、高效廉洁的政府管理和国际化的视野等为广东改善自身软环境提供了一个绝佳的范本。

第三，CEPA法律文件群。2003年内地和香港签订了《建立更紧密经贸关系的安排》（CEPA），之后分别在2004年10月27日、2005年10月18日、2006年6月27日、2007年6月29日、2008年7月29日、2009年5月9日和2010年5月27日一共签订了七份"补充协议"。基本上是一年一个补充协议。尤其是在2008年初国家发展和改革委员会出台《珠江三角洲地区改革发展规划纲要（2008-2020年）》以后，广东省委、省政府在2009年8月19日也出台了《关于推进与港澳更紧密合作的决定》，粤港合作逐渐走上快车道。

对于粤港澳合作而言，CEPA提供了一个前所未有的平台，使得三地间的合作有了一个明确的参照体系和日程安排。[1]

3. 粤港澳司法协助

由于粤港澳三地属于相对独立的法域，在司法上相互没有隶属关系，所以，不存在司法方面的协助。但司法是权利救济的最后防线，司法方面的分离又给三地的经济发展带来了障碍。

目前，粤港澳法律合作也主要集中在区域司法协助层面。

早在1988年，香港最高法院与广东省高级人民法院曾就相互委托送达民事、商事案件诉讼文书达成过协议。自1997年以来，内地最高人民法院与香港、澳门特区已经签署了《关于内地与香港特别行政区法院相互委托送达民商事司法文书的安排》《关于内地与香港特别行政区法院相互执行仲裁裁决的安排》《关于内地与香港特别行政区法院相互承认和执行当事人协议管辖的民商事案件判决的安排》和《关于内地与澳门特别行政区就民商事案件相互委托送达司法文书和调取证据的安排》。以上的安排是内地和香澳司法合作进一

---

[1] 江保国："粤港澳特别合作区的法律思考"，载《开放导报》2008年第6期。

步加深的产物,也是三方经贸合作的迫切需要。[1]因此,广东应根据以上安排,结合广东的具体情况及与港澳进行司法协助的实践经验,再制定出有关落实的具体措施,以公正的司法裁判来保障三地经济合作的发展。

(三) 粤港澳软法治理模式存在的问题

1. 软法的合法性问题

在三地政府中,港澳两地政府的权限在法律上是比较明晰的。在内地,由于中央和地方的关系一直没有在法律上得到明确,因而广东政府的权限是模糊的。从已签订的协议看,有些协议内容明显涉及宪法与法律规定属于中央权限范畴的事项。如《粤港合作框架协议》中有关金融合作的问题就属于《立法法》规定的相对保留事项。这些协议实质上是得到中央默许的,但从形式上看却没有得到中央批准。即使是属于广东政府权限范围内的事项,签署这类行政协议也应该属于重大行政事务,依法应经过同级人大常委会的讨论、决定。但所有行政协议基本上都没有经过同级人大常委会的讨论、决定。

2. 软法内容的欠缺

从已有的软法规范来看,现有软法内容大多过于原则,只载明近期能够实现的一体化事项。所达成的共识,往往是一种努力方向和所需要采取的措施,没有建立起长期制度化的谈判机制,"虽然粤港澳目前已建立定期的首长联席会议制度,但这种安排缺少操作层面与之相配套",[2]也没有规定协议履行中的违约责任和纠纷解决机制。③行政协议的平等性问题。行政协议是通过平等、自愿、协商而形成的,它是以尊重各方意愿为前提而达成的共识,体现了双方求同存异、互信互让的精神。然而,在港澳回归后,为推动内地与港澳地区经贸关系的发展,2003 年以来,中央政府作出了 CEPA 制度安排。一系列安排主要突出了对香港特行政区的优惠,有人称这是送给香港特别行政区的"一份大礼"。[3]以一方的单纯让步来达成协议,终究不是长久之策,而且随着法治的进步,这种行政协议的生存空间也正变得日益狭窄。

正因为存在以上问题,粤港澳经济一体化中的软法治理并没有取得应有

---

[1] 符启林、罗晋京:"粤港澳经济一体化和法律保障机制初探",载《政法学刊》2008 年第 4 期。

[2] 张紧跟:《当代中国地方政府间横向关系协调研究》,中国社会科学出版社 2006 年版,第 202 页。

[3] 辛又新:"CEPA 签署将令澳门经济全面持续发展",载《台港澳经济》2004 年第 3 期。

的效果。粤港澳区域内生产要素的区际流动已大为增强，但生产要素（尤其是资金、技术等短缺要素）的区际流动仍然受到诸多限制。粤港澳三地产业同构现象虽然有所减轻，但仍然严重，在某些方面，如港口等还有加剧的可能。如此问题，预示着粤港澳经济一体化的软法治理还有很长的路要走。

### 三、"硬法"渊源与"软法"渊源的沟通与协调

中央提出"国家治理的现代化""全面推进依法治国"和推进"四个全面"战略布局，这为软法研究与实践提供了很好的机遇。

（一）建构"一元多样混合法"治理模式

传统的单一硬法之治已越来越不适应正在崛起的公共治理的现实需要，为此需要建构一种"一元多样混合法"治理模式，即以宪法为"一元"，既发挥硬法的基础性、框架性调整功能，也发挥软法的延伸性、辅助性规范作用，从单一的硬法之治转向软硬并举的混合法治理。

倡导软法并不意味着抛弃传统的"硬法之治"，完全依靠软法来治理国家。相反，刚性的硬法规范仍然是维护法治秩序和社会稳定的必要手段，尤其是在我国社会主义法治国家建设进入新阶段之际，努力建构的仍应是硬法的制度体系、程序设计和责任机制，以规范国家权力、保障公民权利。

软硬兼施的混合法模式乃是我国解决公共问题的基本模式，这就要求我国公法学回应公域之治的现实需要，在对软法作用加以客观评析的基础上，研究探讨全面提升公域软法的理性品质，并按照宪政精神与法治原则的要求推动中国公法朝着软硬兼施的混合法结构方向发展，旨在全面实现公域之治与法治目标。

正如罗豪才教授所言，"软硬兼施、刚柔并济的混合法体制"将为中国特色法治政府建设注入新的生机和活力。

（二）以宪法为引领的粤港澳多元法律文化的融合

宪法与港澳基本法的关系建构在"一国两制"基础上，具有中国特色；以中华人民共和国宪法为引领，推动粤港澳多元法律文化的融合。处理好宪法与港澳基本法的关系，对解决台湾问题具有示范作用和指导意义。

（三）借鉴国际上区际法律冲突的治理模式

美国是典型的硬法治理模式。在美国联邦体系内，联邦与州、州与州之间在法律地位上是完全平等的，除联邦宪法与法律外，各州都有自己独立的

宪法与法律。因此，美国州际法律冲突更为明显，历史上各州也曾因为利益冲突而出现各种矛盾，如各州为了维护自己的利益，纷纷筑起各种形式的贸易壁垒。为此，各州通过三种方式来促进州际协调与合作：订立州际契约、制定统一的州法律、设立州政府代表会议之类的州际组织。从这三种方式来看，美国州际合作主要是通过享有立法权的州议会，以批准方式制定硬法来推动和实现州际合作。从实践来看，美国州际合作法律治理的硬法模式取得了相对满意的结果。

其次，欧盟是典型的混合治理模式。一开始，欧盟国家间区域一体化是以制定条约和法律，并在条约和法律的规范下发展的。欧盟的社会治理模式是一种硬法治理模式。

然而，随着欧盟的扩大，欧盟的整合从经济走向社会，欧盟一体化的硬法治理模式难以发挥应有的成效，日渐呈现出弊端。20世纪90年代后，欧盟开始运用开放协调机制。这样就形成了欧盟在区域一体化中对软法与硬法两者都比较重视，通过软硬兼施、刚柔并济的混合法机制来进行公共治理的模式。

不同区域选择不同法律治理模式，这意味着区域一体化没有统一的法律治理模式。当前，我们要吸取中国历史上解决区际法律冲突的教训并借鉴其他国家解决区际法律冲突的经验，结合我国目前的形势特点，在遵循合法、平等互利、公开参与的基本原则基础上，从区域实际情况和实际需要出发，选择适合本区域区情的法律治理模式。

（四）尽快制定区域冲突法

随着 2016 年港珠澳大桥的通车以及粤港澳自由贸易园区的成立，粤港澳将会在货物贸易、服务贸易、知识产权、金融合作等方面进行广泛、深入的合作。横琴、南沙、前海，作为粤港澳合作的试验区，随着粤港澳深度合作的开展，三地之间，人流、物流、资金流及知识产权的合作必将大幅度增加。此时，粤港澳在政治、经济、文化等各方面的合作都得到迅猛发展，三地的依存度不断提高。粤港澳的合作已从"紧密合作"进入到"深度合作"期。从法律制度来说，粤港澳的深度合作缺乏具体的法律依据和明确的法律地位，区际司法协助和纠纷解决机制遭遇法律制度上的瓶颈。为此，建议全国人大尽快制定《统一区际冲突法》，成立粤港澳自由贸易委员会和争端解决中心，创新调解机制和仲裁制度，拓宽经济纠纷解决渠道。

### (五)"国家治理现代化"下的软法之治

软法是一种国家治理的理念和理论,要挖掘和应用软法的理念和理论,抓住机遇,努力构建研究平台、整合研究资源、开阔研究视野,提升研究层次,让软法在国家治理现代化过程中发挥更大的作用。

党的十八届三中全会提出"国家治理的现代化",四中全会提出"全面推进依法治国",这两者连接起来就是,推进国家治理的现代化关键在于法治化。我们国家的经济实力在不断增强,但管理落后就不是现代化,会阻碍国家的发展,所以,中央提出了国家治理的现代化和全面推进依法治国。

软法跟推进国家治理现代化是一致的,因为软法也是一种国家治理的理念和理论,所以我们在推进治理现代化的过程中,要去挖掘和应用软法的理念和理论。从治理的视角来看,软法的核心概念是平衡,这个平衡表现在公法与私法的平衡、权利与义务的平衡。同时,在国家治理的主体上,软法除了强调国家组织(比如党、政府、司法)在国家治理中的作用之外,还重视国家的自治组织、公民在国家治理中的作用;在治理手段上,软法从强调有传统的命令、强制、处罚的手段管理国家,更多地过渡到协商、合作、自觉,靠这样的方法治理国家。

### (六)"全面依法治国"需要"软法之治"

不可否认,硬法是实现法治目标的基础,但单靠硬法显然无法胜任"全面依法治国"战略目标的重任,法治目标的全面实现有赖于硬法与软法的优势互补,形成法治合力。

一则,软法的崛起使得法治领域更加全面。完备的法律体系,不仅是一个国家法律制度成熟的标志,也是依法治国的基本前提。法治领域是一个受制于法治精神与法治原则的社会领域,软法的崛起,将长期以来局限于硬法调整对象的法治精神与法治原则解放出来,延伸至软法规范的社会领域,从而使得法治领域得到全面拓展,使得过去因遭拒于法律门外而得不到法治精神熏陶的软法及其调整领域,不再游离于法治之外。

二则,软法的崛起使得人们不再消极、机械、片面地理解法治目标,而是更加积极、能动、辩证地领悟刚性的法治目标与弹性的法治化之间的关系,主观满意与客观最优之间的关系,以及诸如秩序与自由、公平与效率、公益与私益等不同法治目标之间的辩证关系。

三则,法律制度资源配置因软法的崛起而得以优化,规则之治的功能也因软法的崛起而得以全面发挥。软法的崛起,有力地松动了规则之治即硬法之治的传统理解,认识到法治不仅是硬法之治,同时还应是软法之治;硬法与软法在法治化过程中应当并行不悖,各展其长、各得其所。

四则,法治化的过程与方式更加全面。软法的兴起,意味着法治化不再单纯依靠命令服从,不再完全指望国家强制,而是寻求更加多样化与更加开放性的治理方式,强制性与非强制性并行不悖,国家管理与公共参与相辅相成。[1]

全面依法治国不仅是硬法治国、硬法之治,软法同样值得重视和研究,才能全方位地推动法治目标的全面实现。

(七)"一带一路"背景下粤港澳角色的法律定位

"一带一路"是中国国家利益可持续发展战略的外向延伸,亦是中国作为第二大经济体的大国的国际责任。在"一带一路"分工中,港澳特区既有"一国"优势,也有"两制"优势。香港可在贸易、金融、法律等领域发力,澳门可在旅游及对葡语国家商贸领域参与合作,而广东发达制造业可借港澳服务"走出去"。

在"一带一路"下,粤港澳之间深度合作应继续提升。通过"一带一路"的新机遇,整合目前的粤澳、粤港合作的机制,组成共同领导小组,更有效地把握策划粤港澳合作问题。

在"一国两制"下的港澳若能把握自身优势,就可通过参与"一带一路"大战略而从中受惠。港澳基本法为港澳参与"一带一路"建设提供了充分的制度保障,为特区发展提供了坚强后盾和广阔空间。

(八)"十三五"规划深化内地港澳合作

国家"十二五"规划对港澳经济社会发展作出了明确定位;"十三五"规划纲要有关港澳的部分再次单独列入《港澳专章》,体现了中央对保持香港长期繁荣稳定的大力支持,并支持港澳提升经济竞争力、深化与内地合作、深化粤港合作、参与国家双向开放和"一带一路"建设。

"十三五"《港澳专章》提到要加大内地对港澳开放的力度,推动内地和港澳关于建立更紧密经贸关系安排升级,特区政府和中央政府研究,进一步

---

[1] 罗豪才、宋功德:"认真对待软法——公域软法的一般理论及其中国实践",载《中国法学》2006年第2期。

丰富和充实 CEPA 的内容。

《港澳专章》提出支持香港建立亚太区国际法律及解决争议服务中心，这也是特区政府一直的政策目标。

"十三五"规划将为港澳带来重大的机遇，港澳只要努力发挥"一国两制"的独特优势，继续维护自由开放的市场和优秀的营商环境，就一定可以做到"国家所需港澳所长"，为国家发展作出重要的贡献，同时也能够保持港澳的长期繁荣稳定。

### 四、结语

区域的发展不仅是国家发展的重要组成部分，也是国家现代治理的重要课题。因此，在新的发展规划中深入研究粤港澳紧密合作中的软法运行机制，加快跨地区发展的法律构造，以世界眼光谋划粤港澳关系，以全球视野审视粤港澳的未来，以开放、包容和务实的心态拓展合作空间，对中国实现民族复兴、和平崛起的大格局意义重大。

# 粤港澳大湾区贸易便利化法律机制

# 论 CEPA 与粤港澳大湾区建设

钟立国 *

**【摘　要】** CEPA 作为内地与香港、澳门签订的一项自由贸易协定，对粤港澳合作可发挥重要的推动作用，成为助力粤港澳大湾区建设的有力工具。因此，可以通过对 CEPA 现有贸易规则的修改完善，赋予广东省更多先行先试的权力，促进粤港澳经济长期的繁荣稳定，并推动三地经济、社会的一体化。

**【关键词】** CEPA　粤港澳大湾区　经济、社会一体化

2003 年，内地分别与香港、澳门签订了《内地与香港关于建立更紧密经贸关系的安排》《内地与澳门关于建立更紧密经贸关系的安排》（CEPA），以图实现内地与香港、澳门贸易的自由化；2015 年 3 月，国家发改委、外交部、商务部发布《推动共建丝绸之路经济带和 21 世纪海上丝绸之路的愿景与行动》，首次提出要"深化与港澳台合作，打造粤港澳大湾区"；2016 年 3 月，国家"十三五"规划再次提出"推动粤港澳大湾区和跨省区重大合作平台建设"。至此，粤港澳大湾区的建设正式进入国家规则，如何建设粤港澳大湾区则成为三地讨论的热门话题。本文对如何充分发挥 CEPA 的作用，从而有力地推动粤港澳大湾区的建设提出了一些肤浅的看法。

## 一、粤港澳合作的现状

（一）粤港澳合作取得的成就

香港、澳门从来都属于珠三角的一个组成部分，粤港澳合作不是新话题，也不是新设计或新构想。长久以来，香港、澳门一直都没有割断与内地（特

---

\* 钟立国，中国国际经济法学会理事，广东财经大学法学院教授，法学博士，硕士生导师。主要研究领域：CEPA 争端解决机制、CEPA 贸易法律制度、区域贸易法。

别是广东)的经济和生活联系。在改革开放以来的四十年中,香港、澳门扮演着重要的角色,成为广东开我国改革开放风气之先的重要因素。在这期间,通过制造业的转移和资金的进入,粤港澳经济生活联系的密切程度达到了前所未有的高度;在香港、澳门回归后的今天,配合三地民间和市场间的合作,粤港澳政府间的合作也得到拓展和深化。

粤港澳经济合作的过程,在不同阶段分别表现出产业合作(1978年至1997年)、经济合作(1998年至2003年)和制度合作(2004年至2008年)的特征,后一种合作不是对前一种合作的取代,而是一种叠加,从而使得粤港澳经济合作在深度和广度方面渐次递进,取得了重大成就。

(1)粤港澳经济合作实现了双赢。粤港澳经济合作肇始于国家的改革开放政策,政策上的开放引发了制度变迁,为市场规律和市场力量发挥作用提供了基本前提,同时粤港澳经济合作也体现了三地经济社会发展的现实需要和各自的利益诉求,这是一种双赢的合作。

(2)粤港澳经济合作加速了广东的工业化和香港、澳门的后工业化。粤港澳经济合作的过程既是珠三角快速工业化的过程,也是香港、澳门由制造业向服务业、由工业化向后工业化转型的过程。这一过程的结果是珠三角一举成为举足轻重的"世界工厂",成为"中国制造"的典型代表;香港、澳门成为重要的国际金融中心、国际航运中心和国际商务中心,成为被称为"纽伦港"的全球城市的重要节点。[1]

(3)粤港澳经济合作形成了珠三角独具竞争力的开放型动态化产业集群。所谓开放型,即与产业有关的要素,如资金、人员、技术等面向国际国内全面开放;所谓动态化,即形成了竞争性比较充分、多元性比较丰富、有机性比较紧密且不断自我更新、不断变化重组的产业生态。这一产业集群由于市场作用得以较大发挥,从而具有较高的自我调节性,因此具有独特的竞争力。

(4)粤港澳经济合作催生了珠三角城镇群。与工业化进程并生的是珠三角的城市化进程。制造业的快速发展造就了珠三角特有的专业镇经济,专业镇迅速城市化,并对核心城市形成支撑,使珠三角成为国家乃至国际上城市

---

[1] 纽伦港(Nylonkong)是指世界上其中三个重要城市:纽约、伦敦及香港的合称。这三个城市均有相似的文化特色及经济成就,因此于2008年被《时代杂志》选为21世纪全球化国际城市的模范。

密度最大、规模跨度较大的城镇群，大大提高了珠三角的城市化率。

（5）粤港澳经济合作的过程是加速要素流动的过程。从要素限制流动逐步走向要素自由流动，粤港澳经济合作逐步深入和扩展。正是要素流动自由度的提高，才使得粤港澳之间逐步实现了区域经济一体化。要素流动的自由度决定了粤港澳经济整合的过去和现在，也将决定着粤港澳经济合作的未来。

（6）粤港澳经济合作是由单一合作发展为多层次合作的过程。由民间层面逐步向政府层面提升，由市场层面逐步向行政层面拓展，由制造业整合逐步向服务业整合发展，由产业协作和城市功能互补层面逐步向制度层面深化，由经济整合逐步向社会、生活整合扩展。从单一整合发展为多层次整合，全面促进了粤港澳三地经济社会资源的进一步发展。

（二）粤港澳合作当前存在的问题

随着粤港澳经济合作的不断加深，双方在合作中也逐步暴露出了以下问题：

（1）粤港澳经济合作是"有限制的合作"。粤港澳经济合作是在《香港基本法》《澳门基本法》和"一国两制"基本原则框架下的合作，粤港澳分属于三个不同的关税区，这决定了粤港澳经济合作是在海关与边境存在基础上进行的合作，因此必须遵循WTO原则和有关多边贸易协议的规则。粤港澳经济合作是在一个国家、两种制度、三个关税区下三个相连区域之间的合作，需要充分考虑"一国两制"框架下三地经济和社会各个层面的独立性和独特性，需要在遵守WTO贸易规则的前提下进行合作，这决定了两者间的合作是一种"有限制的合作"。

（2）粤港澳经济合作面临制度和体制差异的制约。粤港澳经济合作初期，双方巨大的经济落差为粤港澳经济合作提供了机遇，随着粤港澳经济合作的逐步提升和深化，粤港澳三地存在的制度和体制差别则成为粤港澳经济下一步合作的绊脚石。粤港澳三地不同的商业理念、文化和思维方式、政府和行政行为、经济和社会管理体制、经济和社会法律体系，构成了粤港澳三地在商业环境、行政制度、经济政策和法律制度方面的差异，粤港澳经济合作需要迎接这些挑战，逐步解决制度、体制和社会文化成本问题，尽快克服这些障碍。

（3）粤港澳经济合作面临着彼此间的竞争与利益冲突。在20世纪90年代之前，香港、澳门的辐射和领导带动了珠三角经济的飞速发展，而广东经济的发展和香港、澳门在珠三角投资企业的收益又促成了香港、澳门服务经济的转型。但之后香港、澳门即遭到了东亚金融危机和SARS危机的冲击,香港、澳门经济陷入结构性困境,其对珠三角的辐射和拉动能力大大降低,粤港澳经济合作出现了疏离,粤港澳经济关系从原来的香港、澳门和珠三角相互配合和相互促进,在一定程度上变成了相互竞争和相互制约。粤港澳经济合作需要妥善解决竞争和利益冲突问题,这些竞争和利益冲突包括城市的功能定位问题、产业的衔接和协作问题、港口和机场的分工配合问题、交通基础设施的规划和建设问题、生产和生活要素的流动与限制问题等。[1]粤港澳三地需要从区域整体发展的大局出发,将相互竞争转化为彼此促进,将利益冲突转变为利益共享,形成在竞争中合作、在合作中竞争的良好格局。

(4) CEPA的实施遭遇瓶颈。无论从香港、澳门对内地的出口份额看,还是从CEPA对香港、澳门和内地服务贸易的促进效果看,CEPA给香港、澳门带来的整体福利效应不如预期明显,主要是因为存在以下问题:第一,技术性强,宣传不足。内地政府和香港、澳门政府对CEPA的宣传仍然不足。虽然CEPA的范围不断扩大,但CEPA的内容技术性比较强,一般的厂商和市民不太了解,很多港商并没有充分利用零关税政策,政府有必要大力加强对CEPA的宣传。第二,争端解决机制不够完善。由于制度上的差异和实际操作过程中出现的问题,CEPA在实施层面经常会面临一些争端,但CEPA规定所有争端都由联合指导委员会通过协商一致解决,未有规定负责司法审查的机构。第三,港澳商人未有效利用。由于CEPA的审批程序繁琐,原产地规则的复杂,存在一些制度性障碍,加之认识不足,港澳商人利用CEPA的主动性不高。[2]

## 二、粤港澳深度合作面临的制度性障碍

粤港澳融合虽然是大势所趋,是客观需要,但从现实来看,其深度合作却面临着许多制度性障碍。如欲有效地推进粤港澳之间的紧密合作,促进广东与香港、澳门经济社会的发展,则必须采取措施限制此类障碍带来的负面

---

[1] 参见王刚、王克明:"物流产业集群与粤港区域竞争力的协同关系研究",载《国际经贸探索》2009年第8期。

[2] "CEPA的实施问题",载http://paper.wenweipo.com/2010/11/08/ED1011080013.htm,2011年12月14日最后访问。

影响，或者通过修改、完善相关制度消除此类障碍。

（一）一国两制

"一国两制"是我国为维护国家统一和领土完整、保持港澳繁荣稳定而采用的一项制度，国家以"一国两制"方式恢复对香港、澳门行使主权，但内地与香港、澳门仍实行两种各不相同的社会制度。香港、澳门回归后，传统上作为中国对外开放窗口的香港、澳门非但没有因自己是中国的特别行政区而享受到更优惠的待遇，反而因中国加入世贸组织和逐渐全面开放而不断丧失原有的中介地位。从经济上看，至少在回归后的头几年，"一国两制"框架给香港、澳门带来的是原有战略地位的模糊和传统优势的丧失，"一国"未能成为三地加强经贸合作的优势，而"两制"却成为一个重大的制度性障碍。究其原委，主要原因如下。

在"一国两制"框架下，中央人民政府对香港、澳门的管理权有限。香港、澳门特别行政区是享有高度自治权的地方行政区域，直辖于中央人民政府。但是依据港澳基本法的规定，中央人民政府在香港、澳门特别行政区只负责管理与特别行政区有关的外交事务、防务以及依照基本法规定任命香港、澳门特别行政区行政长官和主要官员，中央各部门、各省、自治区、直辖市均不得干预香港、澳门特别行政区根据基本法自行管理的事务，中央各部门、各省、自治区、直辖市在特别行政区设立的一切机构及其人员均须遵守特别行政区的法律。

在"一国两制"框架下，粤港澳三地政府权限不一。一方面，三地政府的行政管理权限不同。依据香港、澳门基本法的规定，香港、澳门特别行政区享有行政管理权和全国人大以及其常委会及中央人民政府授予的其他权力，依照基本法有关规定自行处理香港、澳门特别行政区的行政事务。而依据宪法规定，国务院统一领导全国地方各级行政机关的工作，规定中央与省、自治区、直辖市的国家行政机关职权的具体划分，并有权改变或撤销地方各级国家行政机关的不适当的决定和命令。可见，广东省地方政府不具有自行处理本地区行政事务的权力，必须服从国务院的统一领导。另一方面，三地政府的立法权限不同。依据港澳基本法的规定，香港、澳门特别行政区享有立法权。香港、澳门特别行政区立法机关制定的法律虽然必须报全国人大常委会备案，但备案不影响法律生效，而且只有该法律涉及中央管理事务及中央与特别行政区关系时，全国人大常委会才有权将有关法律发回而使之立即失效。全国性法律除列于基本法附件三者外，不在香港、澳门特别行政区实施。而广东省享有的只是地方立法权，其立法权限非常有限。《立法法》第8条规定的事项只能由中央立法机关制定法律，广东省无权进行创制性立法；在授权范围内行使立法权时，不得与法律、行政法规相抵触；地方性法规、政府规章如与部门规章冲突，由国务院作出裁决。再者，三地的司法权也不同。依据港澳基本法的规定，香港、澳门特别行政区享有独立司法权和终审权，除对国防、外交等国家行为无管辖权外，对香港、澳门特别行政区所有案件均有审判权。而在广东省，最高人民法院监督广东地方各级人民法院的审判工作，最高人民检察院领导广东地方各级人民检察院的工作，下级人民检察院对上级乃至最高人民检察院负责。

(二) 世贸组织多边贸易体制的制约

众所周知，香港、澳门与内地以三个单独关税区的名义，先后加入世贸组织，成为世贸组织的成员。作为世贸组织成员，香港、澳门和内地在享有相应权利的同时，也要承担相应义务。因此，虽然内地与香港、澳门同属一个主权国家，但作为三个独立的关税区，其间的经济贸易关系却要受到世贸组织多边贸易规则的规范与制约。

内地与香港、澳门发展更紧密经贸关系遇到的最大障碍是世贸组织的最惠国待遇原则。最惠国待遇是国际贸易体制的基石，在世贸组织中，最惠国待遇原则是贯穿其管辖的所有多边贸易协议的基本思想，成员间的经贸关系都必须符合该原则的要求。

世贸组织的多边贸易规则规范调整其成员间的货物贸易、服务贸易和知识产权保护，在三个相关多边贸易协议中，都对该原则作了具体规定。根据《关贸总协定》第1条的规定，在关税以及对进出口或有关进出口而征收的或为进出口产品的国际收支转移而征收的任何税费、征收上述税费的方法、与进出口有关的所有规章手续、与进口商品有关的国内税费和国内规章等方面，一成员给予第三方的优惠待遇，都应"立即地与无条件地"给予该成员。因此，依最惠国待遇原则的规定，内地与香港、澳门在货物贸易方面相互间给予的优惠待遇，也应立即无条件地给予世贸组织的其他成员，这意味着一国之内的三个单独关税区之间无法单独给予对方以特别贸易优惠。

在服务贸易方面，内地与香港、澳门之间同样受最惠国待遇原则的制约。《服务贸易总协定》第2条规定："（1）在本协定项下的任何措施方面，各成员应立即和无条件地给予任何其他成员的服务和服务提供者以不低于其给予任何其他国家（或地区）相同的服务和服务提供者的待遇；（2）一成员可以维持与第 1 款不一致的措施，只要该措施已列入第 2 条豁免附件并符合该附件的条件；（3）本协定的规定不得解释为阻止任何成员赋予或给予其毗邻的边境地区进行当地生产和消费的服务的交换。"从上述规定我们可以看出，与《关贸总协定》一样，《服务贸易总协定》规定，一成员给第三方的有关优惠应立即无条件地给予另一成员。但在《服务贸易总协定》中，最惠国待遇的对象既包括服务，也包括服务的提供者，而 GATT 1994 则只涉及产品。

在知识产权保护方面，《与贸易有关的知识产权协议》第 4 条规定，一成员在知识产权保护方面给任何其他国家国民的任何好处、优惠、特权或豁免，都应立即无条件地给予所有其他成员的国民。

从上述世贸组织的相关规定来看，内地与香港、澳门在货物贸易、服务贸易及知识产权保护三大方面都应遵守最惠国待遇原则的要求，不得单独给予对方任何好处、优惠、特权或豁免。

但是，世贸组织的最惠国待遇原则存在着诸多例外。其中最具影响的就是《关贸总协定》第 24 条和《服务贸易总协定》第 5 条关于区域贸易协定的规定。依上述两条款的规定，成员间如签订了区域贸易协定，则其相互间在上述领域给予的贸易优惠，不受最惠国待遇原则的约束。正因为如此，为摆脱世贸组织最惠国待遇原则对两者间贸易的制约，内地与香港、澳门分别签订了 CEPA，在该安排内，内地与香港、澳门承诺，相互给予对方以特别的贸易优惠。

世贸组织虽然将区域贸易协定作为最惠国待遇原则的例外，但其仍为区域贸易协定制定了相关规则，只有符合规定条件的区域贸易协定才具有合法性。概括起来，WTO 规定区域贸易协定应满足三大要件：①区域贸易协定成员间贸易的充分自由化。《关贸总协定》第 24 条第 8 款规定，关税同盟必须对成员之间的实质上所有贸易，或至少对于产自该同盟内产品的实质上所有贸易，取消关税和其他限制性贸易法规；自由贸易区则要求对产自该区内产品的实质上所有贸易，取消关税和其他限制性贸易法规。《服务贸易总协定》第 5 条对经济一体化协定也提出了类似要求。该条第 1 款规定，经济一体化协定必须"涵盖众多服务部门"。[1]②对非成员贸易影响的中性化。《关贸总协定》第24条第5款规定，在建立关税同盟时，对非成员缔约方的贸易实施的关税和其他贸易法规，"总体上"不得高于或严于在形成此种同盟之前的关税和其他贸易法规。在设立自由贸易区时，对非成员缔约方的贸易实施的关税和其他贸易法规，不得高于或严于在形成自由贸易区之前相同成员领土内存在的关税和其他贸易法规。《服务贸易总协定》第5条规定，对来自于第三方成员的服务贸易的壁垒总水平，与订立经济一体化协定之前适用的水平相比，不应在有关部门或分部门提高贸易壁垒。③透明度要求。《关贸总协定》第24条第7款规定，决定加入关税同盟或自由贸易区时，应"立即"通知缔约方全体，并应提供必要的资讯，以便对其进行审查，成员还应定期（通常是2年）向货物贸易理事会报告协定的运作情况，协定中任何重大变更和/或进展一俟发生，也应立即报告。《服务贸易总协定》也要求经济一体化协议的参加方应立即将此类协定及其任何扩大或重大修改通知服务贸易理事会，同时提供理事会所要求的资讯，以便对此类协定进行审查，其参加方也应定期就协定的实施情况向服务贸易理事会提交报告。

正因为如此，CEPA明确规定："安排的达成、实施以及修正均应遵照以下原则：（1）遵循'一国两制'的方针；（2）符合世界贸易组织的规则。"遵守世贸组织的规则意味着内地与香港、澳门之间的经贸关系应符合最惠国待遇原则及关于区域贸易协定的相关规则。

(三) 粤港澳三地存在的体制差异

粤港澳三地的体制差异首先表现在法律制度方面存在的差异。广东与澳门、香港分属于三个不同的"法域"。从1842年至1997年，香港被英国实际管治，其法律制度深受英国的影响，其法律体系属于普通法系。1887年12月1日，葡萄牙与清朝政府签订《中葡会议草约》和《中葡和好通商条约》，正式通过外交文书的手续占领澳门。1999年12月20日，中国政府恢复对澳门行使主权，其法律制度深受葡萄牙影响，其法律体系属于大陆法系。而广东作为内地的一个省份，其法律体系属于我国内地所特有的社会主义的中华法系。法系不同，其法律理念、法律价值、法律性质、法律体系、法律解释、

---

[1]《关贸总协定》第24条将货物贸易领域的区域贸易协定分为关税同盟和自由贸易区，《服务贸易总协定》将服务贸易领域的区域贸易协定称为经济一体化协定。

法的渊源以及立法和司法等诸多领域都呈现出了一系列巨大差异。这种差异在某种意义上使我国法律生活更加丰富多彩，但也使粤港澳合作中法律矛盾和冲突更加复杂多样，增加了粤港澳法制协调难度。[1]

其次，经济运行体制方面存在差异。粤港澳之间经济运行体制不同，政府的功能和作用也不同。在经济运行体制和政策上，香港、澳门的经济是市场主导型，政府对经济事务的态度是"积极不干预"，产业发展完全由市场主导，市场是竞争状态，高度开放，多年来都是全球最自由的经济体系。广东的经济体制则具有政府主导型特征，政府对经济事务有"干预"的权力和习惯，政府主导产业政策，市场尚处于不完全竞争状态，经济自由度和开放度相对不足。在税制上，香港、澳门与广东分属于不同的税区，实行独立的税制，自行规定税种、税率、税收宽免和其他税收事务，以直接税为主体，行使单一的收入来源地管辖权，在财政上独立，不上缴中央人民政府；而广东依照全国统一实行的税制，即以流转税为主的复合税制体系，以增值税为代表的间接税为主体、以所得税为辅，并且财政上每年按照规定上缴中央。在金融管制方面，香港、澳门是完全自由的，珠三角则受到内地法律的严格管制。

再次，公共管理体制方面存在差异。在管理方式上，香港、澳门政府奉行"大市场小政府"，严格限定政府的行为；由于市场机制的不健全和社会中介组织发展的相对滞后，广东各个城市现阶段很难做到真正意义上的"小政府"。在政府角色上，香港、澳门政府的角色主要是创造有利于持续发展的政策环境，一般不制定任何经济发展远景目标，产业发展与企业行为由市场自行调节；而广东省政府的角色是规划经济社会的全面发展，有五年规划和分年度规划，有具体目标，注重产业政策导向。在行政行为上，香港、澳门政府官员的行政行为由程序主导，严格按照既定程序行事，程序整体完成之后才能形成决策；广东政府官员的行政行为由当地的发展需要主导，决策的弹性空间较大。在城市规划管理上，香港、澳门城市规划的决策机制与执行机制分离，决策部门主要是城市规划委员会和规划及土地发展委员会，城市规划分别在全港、次区域和地区三个层面展开；广东省的城市规划主要是在政

---

[1] 朱最新："论粤港澳经济一体化中的法制协调"，载《国际经贸探索》2008年第10期。

府的层面上进行,政府既是城市规划和建设的组织者,又是城市管理的实行者。[1]

上述体制上的差异,除了三地政治制度方面的差别之外,其他方面的差异已经在逐步地改变和融合之中。广东从最初的引进"三来一补"企业,到建立社会主义市场经济,在城市管理、公共管理、法制建设、教育和医疗等诸多方面,注重借鉴香港、澳门的经验,不断完善和改进体制和机制,取得了相当的成绩。虽然有些差异地方政府不可突破,有些差异需要时间才能减小,但体制机制的差异正在缩小则是个不争的事实。

建立粤港澳更紧密合作仅靠市场和民间的力量是远远不够的,必须在中央政府的统一领导下,充分发挥粤港澳三地各级政府的主观能动性,在求同存异的基础上,在各个领域探索形成三地合作和融合的新型模式。在这方面,三地政府的协作至关重要,而目前政府方面的调整也出现了有利于协作的势头。比如,在政府职能方面,针对香港、澳门"大市场,小政府"的理念,香港、澳门时任特首曾荫权明确表示"反对以二分法看待政府与市场的关系",他认为"在某些政策层面,政府应扮演牵头角色,例如在推动香港、澳门与内地经济融合、推动跨界基建和共建大都会等领域"。[2]而广东(尤其是珠三角的各个城市政府)也适应经济发展的要求,对政府职能进行了相应变革和调整,这就为都会区内各个政府充分发挥体制和政策力量奠定了基础。

### 三、CEPA 可发挥的作用及存在的不足

2003 年,内地分别与香港、澳门签订 CEPA,就是为了因应区域贸易协定一体化潮流,解决在加入世贸组织之后内地与香港、澳门经济合作面临的新问题,促进内地与香港、澳门的共同繁荣与发展,加强内地与香港、澳门的经贸联系而采取的创新之举。在纲要中,谋求珠三角地区经济发展乃其重中之重,CEPA 作为内地与香港、澳门进行经贸合作的法律基础与纽带,当然可通过强化粤港澳之间的经济合作,促进珠三角地区的经济发展与繁荣。

(一) CEPA 可发挥的作用

2003 年 6 月、10 月,内地与香港、澳门签订的《内地与香港关于建立更紧

---

[1] 智经研究中心《加速粤港经济整合 打造世界级珠三角都会区》第 162 页。
[2] 曾荫权《香港、澳门新方向——二零零七至零八年施政报告》第 3 页。

密经贸关系的安排》《内地与澳门关于建立更紧密经贸关系的安排》（CEPA），是内地与香港、澳门作为三个单独关税区、依世贸组织多边贸易协定的规定签订的一项自由贸易协定。CEPA 的签订标志着三地新型的、更密切的经贸关系的开始，为促进三地经贸关系，保障香港、澳门长期的繁荣稳定发挥了重要作用。

自由贸易协定是区域贸易协定中的一种。区域贸易协定是指由两个或以上的国家（或地区）签订的，相互承诺给产自于成员间的有关产品比产自于区域外的相同产品以更优惠贸易待遇的一种协议。由于此类协定大多是由地理位置邻近的国家签订的，因此得名为区域贸易协定。区域贸易协定依其经济整合程度的不同，一般可被区分为自由贸易协定、关税同盟、共同市场和经济同盟四种。[1]自由贸易协定成员同意取消相互间贸易的关税及非关税壁垒，但各个成员仍保留各自对外的关税及贸易政策，即自由贸易区组成成员间实行自由贸易，但对非成员不实行共同的关税及贸易政策。这是最常见的一种区域贸易协定，占到总数的 72%。[2]关税同盟是其成员除相互同意消除彼此间贸易的关税及非关税壁垒外，还相互协议采取共同的关税及贸易政策，从而在成员之间形成了一个统一的关税区。共同市场是其成员除彼此实行自由贸易、采取统一的关税及其他贸易政策外，还允许其他生产要素，如人员、资金、劳务等在成员之间自由流动，因而其自由化程度比关税同盟更高。经济同盟是其成员国除达到上述共同市场的要求，取消各种贸易壁垒、允许生产要素自由流动外，还通过谈判设立单一货币，实行共同的货币政策和经济政策。经济同盟是目前经济整合程度最高的一种区域贸易协定。

从 CEPA 的宗旨及其主要内容来看，CEPA 是一项受世贸组织多边贸易协定规制的自由贸易协定，虽然它并没有采用"自由贸易协定"这一概念。CEPA 通过消除内地与香港、澳门之间存在的关税、非关税壁垒及市场准入的限制性规定，实现内地与香港、澳门贸易的自由化，从而促进内地与香港、澳门的共同繁荣与发展，加强内地、香港、澳门与其他国家或地区的经贸联系。根据 CEPA 第 1 条的规定，其规范和调整内地与香港、澳门之间的货物

---

[1] IMF, "International Trade Policies: The Uruguay Round and Beyond", Vol. 2, *Background Papers*, 1995, p. 90.

[2] WTO Secretariat, "Regional Trade Integration under Transformation", *Geneva*, 2002, para. 9.

贸易、服务贸易及贸易投资便利化关系，与其他自由贸易协定的内容表现出一致性。但是，CEPA仅仅只是调整内地与香港、澳门之间货物贸易的关税、非关税壁垒及服务贸易的市场准入限制及投资自由化，彼此间没有采取共同的关税及贸易政策，不允许有关生产要素的自由流动，更没有实行共同的货币政策和经济政策，因而CEPA只是一项自由贸易协定，不是关税同盟、共同市场，更不是经济同盟。

作为一项自由贸易协定，CEPA对促进香港、澳门与内地特别是广东省的经济融合发挥了重要作用。

1. 为内地与香港、澳门相互间给予更优惠贸易待遇确立了坚实的法律基础

CEPA的最大价值，体现在从法律上保障了香港、澳门和内地的经济联系，解决了香港、澳门的经济定位问题。回归以前香港、澳门的发展，取决于香港、澳门在国际经济和政治中的战略定位。但回归以后，面对中国沿海地区的飞速发展，香港、澳门的定位出现了困惑。"一国两制"只是从政治方面解决了香港、澳门的定位，但并未从制度上涉及香港、澳门经济的定位，而CEPA则填补了这一个空档。在CEPA的框架之下，香港、澳门和内地之间建立起了超越世贸组织一般规则的更紧密的经贸关系，在国际经济中为香港、澳门经济确立了新的定位。内地加入世贸组织之前，内地在贸易、投资等方面均给予香港、澳门以特别优惠的待遇，使香港、澳门厂商在内地市场与外国厂商进行竞争时处于优势地位。但内地自2001年11月获得世贸组织成员资格后，内地与香港、澳门之间在经贸关系问题上形成了一种独特的现象：一方面，内地与香港、澳门同属一个主权国家，应当可以实行自由贸易；另一方面，内地与香港、澳门又是世贸组织中两个相互独立的成员，相互间的经贸合作受最惠国待遇原则的约束，内地无法再继续给予香港、澳门此种特殊待遇。在中国加入世贸组织的议定书第5条中，世贸组织的其他成员也明确要求中国自加入时起，应取消与第三国和单独关税区之间的、与《世界贸易组织协定》不符的所有特殊贸易安排，或使其符合《世界贸易组织协定》。这意味着中国政府在加入世贸组织之前给予香港、澳门的特殊贸易待遇，或者取消，或者依最惠国待遇原则给予世贸组织的所有其他成员，这都是中国政府所不愿采取的。而世贸组织的多边贸易协议也给中国政府提供了摆脱上述尴尬处境的途径，即依照1994年《关贸总协定》第24条、《服务贸

易总协定》第 5 条的规定，在内地与香港、澳门之间签订区域贸易协定，建立自由贸易区。CEPA 的签署与生效，是内地与香港、澳门作为世贸组织成员行使其合法权利的具体表现，为双方在经贸领域的密切合作提供了明确的法律依据。

2. 实行贸易自由化，有效扩大双边贸易

在 CEPA 出台之前，内地已成为香港、澳门的第一大贸易伙伴，香港也是内地的第四大贸易伙伴，双方贸易关系紧密。CEPA 出台之后，内地将依相关规定，对所有原产香港、澳门的货物实行零关税，同时双方还承诺互不采取反倾销、反补贴措施。内地与香港、澳门之间关税壁垒和非关税壁垒的拆除，必将促进香港、澳门对内地的出口；而 CEPA 实行特定的原产地规则后，港产、澳产货物为取得原产资格，会从内地进口更多的原材料及半成品。因此，CEPA 的实施，将使三地货物贸易的规模进一步扩大。根据 CEPA 的规定，内地承诺大幅度地开放服务业市场，降低市场准入的条件。迄今为止，内地与香港、澳门通过多次磋商，就扩大服务业市场准入范围签订了多份补充协议。在 CEPA 框架下，香港、澳门服务提供者可在多个服务领域以优惠待遇在内地开设业务，让香港、澳门服务提供者以优惠条件进入内地市场，包括允许独资经营、减少持股限制、降低股本的要求、降低地域及服务范围限制等。

3. 有利于建立统一大市场，增加对外国直接投资吸引力

CEPA 的实施为内地与香港、澳门吸引外资提供了新的机遇。由于双方扩大了服务业领域的投资，减少了对投资方式、投资地域的限制。2015 年、2017 年，双方通过签订服务贸易协议和投资协议，进一步扩大服务贸易和投资自由化，而且双方还加强合作，推动贸易投资便利化，三地之间的双向投资必然增加。零关税的实现，将为香港、澳门产品提供巨大的内地市场，一些意图进入内地市场的高增值行业，将可能通过进入香港、澳门市场转而开辟中国内地市场，为获得"香港、澳门制造"的待遇而投资于香港、澳门。内地服务业市场的开放，更是吸引那些欲进入内地服务业市场的大型跨国公司投资香港、澳门，获得"香港、澳门公司"的资格，以享受 CEPA 所提供的贸易优惠。根据香港、澳门投资推广署的资料，CEPA 亦对吸引内地和外来投资起了正面作用。

CEPA 为粤港澳经济整合提供了一个开放式的合作平台，在合作内容上涉

及了众多领域，并且可以根据实际需要不断增加新的内容。由于粤港澳特殊的地理位置，珠三角在 CEPA 的实施中获得了得天独厚的优越地位，可以说内地对香港、澳门服务业的开放，首先是广东、珠三角对香港、澳门服务业的开放。内地与香港、澳门通过多次磋商，就扩大服务贸易市场准入问题签订了 8 份补充协议，内地不断扩大其市场准入范围。就粤港澳经济整合而言，CEPA 极大地拓宽了合作范围，除了制造业之外，服务业、基础设施、口岸和海关、要素流动、行政管理等领域均具有了更大的合作空间。CEPA 签订后的粤港澳经济整合是全方位、多层次的整合，是在产业发展、城市功能和制度衔接层面不断扩展和逐渐深化的整合，粤港澳经济由此进入制度整合阶段。

（二）CEPA 规则存在的不足

CEPA 生效实施之后，为加强内地与香港、澳门更紧密经贸关系发挥了重要作用，由于香港、澳门紧邻广东，更为粤港澳合作提供了一个高效平台。事实上，CEPA 中的许多措施都在广东先行先试。但是，到目前为止，CEPA 在运行近 8 年之后所取得的成就并没有达到理想，这主要是由于现行规则存在不足所致。

1. 原产地规则

原产地规则是区域贸易协定实行贸易自由化的基础，是建立自由贸易区必不可少的法律制度，具有确认产品身份、防止贸易偏移、实施贸易保护等重要功能。CEPA 附件二对判定香港、澳门原产货物的认定标准，采用了各国和其他区域贸易协定普遍适用的原产地认定标准，即"完全获得标准"和"实质加工标准"，其中实质加工标准具体包括制造或加工工序标准、税号改变标准、从价百分比标准、混合标准和其他标准。从总体上看，CEPA 的原产地标准既遵从了国际惯例，又根据香港、澳门的实际作出了适当调整，但该项制度仍存在一些不足。

其一，某些具体规则尚欠明确。依 CEPA 附件二的规定："'制造或加工工序'是指在一方境内进行赋予加工后，所得货物基本特征的主要制造或加工工序。"从该定义可以看出，用于判断货物原产地的制造或加工工序具有以下三个特征：第一，它必须是在一方境内进行的，而不是另一方或第三方境内进行的；第二，它必须是能赋予货物基本特征的那一道工序；第三，相对于其他的工序而言，它是主要的工序。在这三个特征中，要确定第一个特征还比较容易，但要确定第二、三个特征就比较困难了。当代社会的产品制造、产品加工日趋复杂,一项产品往往要经过多道工序才能最终完成,在众多的工序里面,要确定哪一道工序才是"赋予货物基本特征的""主要的"并不容易。此外,从价百分比的规定也不够详细。CEPA附件二规定了从价百分比的计算公式,但却没有规定如何确定公式中的各个具体参数,如公式中包括劳工价值,但哪些费用属于劳工价值,此一关健问题在现有规定中找不到答案。

其二,欠缺区域贸易协定原产地规则的一些重要制度。概括现有区域贸易协定的相关规定,原产地规则可被分为两大部分:一是"具体产品的原产地规则"(Product-Specific Rules of Origin),规定了确定一产品原产地的具体判别标准;二是"一般性制度的原产地规则"(Regime-Wide Rules of Origin),是对具体判别标准进行校正时适用的一般性制度。CEPA在此方面根据香港、澳门自身的特点,制定了较完善的具体产品的原产地规则,但一般性制度的原产地规则在CEPA中却未得到反映。根据其他区域贸易协定的实践,一般性制度的原产地规则主要包括微量标准、吸收规则、累积规则、不充分行为规则和禁止退税规则等,制定这些规则的主要目的,或曰此类规则的主要功能,就是根据区域贸易协定成员国的具体情况及需要,适当放宽或收紧具体产品的原产地规则,使区域贸易协定原产地规则能更准确地达到预定目的。CEPA此类制度的阙如,必然对其具体产品的原产地规则的有效运作造成负面影响。

其三,申领原产地证书的程序规则过于严格、复杂。为了保证CEPA框架下签发的原产地证书真实、准确,CEPA附件三规定了严格、复杂的原产地证书签发、核查程序。从正面来看,这一套程序保证了原产地证书的真实性与准确性,有利于防止不法商人利用CEPA的货物贸易优惠政策获取不法利益,损害内地经济。但另一方面,严格、复杂的原产地证书的申领程序,增加了合法贸易商的贸易成本,降低了优惠关税的利用率。由于程序本身比较复杂,需要多个工作日才能完成申请工作,还需要由指定律师机构验证,所需时间过长,手续费不菲,从而增加了贸易商申领证书的成本,降低了零关税的利用率。

2. 服务贸易规则

其一,CEPA关于服务提供者的定义过于严格。在区域贸易协定中,服务提供者的定义是一项非常重要的法律制度,"服务提供者"的定义是否科学、合理,对区域贸易协定的运行将会产生重大影响。如果对"香港、澳门服务提供者"的定义过于宽松,则会使外国服务提供者可以香港、澳门服务提供者的名义，突破我国在入世议定书附件9《服务贸易具体承诺减让表》中的承诺，享受内地提供的优惠条件进入内地服务市场，对我国成长中的服务业造成巨大冲击；如果对"香港、澳门服务提供者"的定义过于严格，虽然达到了防止外国服务提供者利用"安排"享受优惠的目的，但不利于香港、澳门吸收外国直接投资，这会对香港、澳门经济的发展造成消极影响。因此，CEPA关于"香港、澳门服务提供者"的定义，既要考虑内地是否会受到过度开放的冲击，又要考虑是否会对香港、澳门经济发展造成不利影响。

CEPA服务提供者定义过于严格，主要表现在对提供服务的"香港、澳门法人"的定义过于严格。与世贸组织和其他区域贸易协定的相关规定相比，"安排"对"香港、澳门法人"的定义是非常严格的：第一，CEPA没有对"通过商业存在提供服务的情况"时的"香港、澳门法人"进行界定；第二，CEPA对"香港、澳门法人"要求同时满足，依香港、澳门相关法律设立与在香港、澳门从事实质性商业经营两项条件；第三，CEPA对"实质性商业经营"进行了非常严格的限定，对实质性商业经营还提出了业务范围相同、经营年限和雇用员工方面的要求。[1]

对"香港、澳门法人"进行严格定义，在CEPA实施的初期是必要的，可以较好地防止外国公司通过在香港、澳门设立空壳公司，享受CEPA提供的优惠待遇。但过于严格的定义，同时也限制了香港、澳门吸引外国直接投资的能力，而吸引外国服务业直接投资也是促进香港、澳门经济健康发展的手段之一。因此，在CEPA运行一段时间后，随着内地服务业竞争力的增强，可考虑借鉴《日本新加坡新时代经济伙伴关系协定》的做法，适当放宽"香港、澳门法人"的定义，以刺激香港、澳门经济的发展。

3. 机构设置不够合理

CEPA关于机构设置及其运作机制的规定非常简单，只在第19条"机构安排"中对相关问题作了简略规定。依CEPA第19条第1、2款，双方成立

---

[1] 令人惊喜的是，在本文写作过程中，内地与香港、澳门于2011年12月13日签署了《〈内地与香港建立更紧密经贸关系的安排〉补充协议八》《〈内地与澳门建立更紧密贸易关系的安排〉补充协议八》（统称《〈安排〉补充协议》），即放宽了"香港、澳门服务提供者"的定义，把安排附件5下第3条的条文，即"在香港、澳门提供服务的性质和范围，应包含其拟在内地提供服务的性质和范围"，修改为"拟在内地提供服务的'香港、澳门服务提供者'在香港、澳门提供服务的性质和范围，应符合附件4、本附件的规定，内地法律法规和行政规章对外商投资主体的业务性质和范围有限制性规定的从其规定"。这印证了笔者的观察。参见《〈安排〉补充协议八》第2条。

联合指导委员会,在联合指导委员会之下设联络办公室,并可根据需要设立工作组。与其他的区域贸易协定相比,CEPA 弱机构设置的特征表现得非常明显。机构设置不合理,必然会给 CEPA 的良好运行带来负面影响。CEPA 机构设置主要存在以下缺陷:

第一,机构设置不完整,出现断层。在现已设立的三大机构中,根据 CEPA 第 19 条第 3 款对联合指导委员会职能的规定,该委员会应属于 CEPA 的最高权力机构,对 CEPA 运行中出现的重大问题作出决策。CEPA 虽然未对联络办公室的职责作出明确规定,但从其名称可以看出,该机构只负责联络工作,诸如交换资料、进行信息沟通等,实质上相当于一些区域贸易协定中设立的"咨询点"。而工作组由联合指导委员会根据需要设立,目前已在贸易投资便利化领域设立了贸易投资促进工作组、电子商务工作组和法律法规透明度工作组三个工作组。从设立工作组的情况看,工作组是一个只负责具体技术性工作的机构。按目前机构设置的框架结构来看,这三个工作组直接对联合指导委员会负责,这意味着联合指导委员会除应从宏观上负责 CEPA 的运行外,还要负责处理 CEPA 运行中微观层次的工作。因此,在委员会与工作组之间出现了断层,它们中间应有一个过渡机构,这一过渡机构或曰中间机构,在北美自由贸易协定中是专门委员会,在日本新加坡新时代经济伙伴关系协定中是联合委员会。

第二,联合指导委员会设置不够合理。一方面,从机构的性质来看,联合指导委员会是 CEPA 的最高权力机构,它应当只负责就 CEPA 运行中出现的重大问题作出决策,其职能不应涉及技术性工作,但由于工作组直接向联合指导委员会负责,委员会必须就技术性问题作出决定,其负担过重。另一方面,依安排规定,联合指导委员会完全由双方高层代表或指定的官员组成,不包括专业人士,纯粹是一个政治机构,这不利于委员会开展工作。依 CEPA 第 19 条第 3 款的规定,委员会的职能包括解释安排的规定、解决安排执行过程中可能产生的争端和拟订安排内容的增补及修正,这些都是专业性非常强的工作,政府官员往往难以胜任。如关于争端解决,安排在执行过程中可能产生的争议包括关于安排条文解释、适用发生的争端和关于一方行为是否符合安排规定的争端。前一类争议端由联合指导委员会负责处理较为合理,但后一类争端由委员会负责处理则不太恰当。此类争端的解决需要专业经验,且此类争端的解决往往迁延时日,需较长时间才能得到处理,而委员会作为由官员组成的非常设机构,明显不宜担当此类工作。

第三,联络办公室设置不合理。如上分析,联络办公室从其职能来看,只是在内地政府与香港、澳门特别行政区政府之间起交换资料、沟通信息的作用,其功能仅相当于"咨询点"。但CEPA在执行过程中可能会产生许多问题,这些问题需要有一个常设机构负责处理,且联合指导委员会在讨论决策重大问题时,也需要有一个机构提供相关的行政协助,这些职能是现有联络办公室所不具备的。因此,对CEPA而言,仅仅只设联络办公室是不够的,还需要另设其他机构或增加其职能。

### 四、完善CEPA,推进粤港澳深度合作

为适应纲要对粤港澳合作提出的新要求,使CEPA能为推动三地经济发展发挥更大的作用,需要结合纲要的具体规定,针对CEPA存在的上述不足,通过后续签署的补充协议进行修改完善。

#### (一) CEPA原产地规则的完善

为了进一步完善更紧密经贸关系安排的原产地规则,充分实现更紧密经贸关系安排原产地规则的各项功能,促进内地与香港、澳门之间货物贸易自由化的发展,维护内地与香港、澳门的正当经济利益,本文建议在未来的磋商中对现有原产地规则作出适当补充与修正。

1. 制定累积规则

累积规则允许区域贸易协定的成员使用来自其他成员或另一区域贸易协定成员的非原产地原材料,而最终产品并不丧失其原产地资格,从而可以享受优惠关税,包括双边累积、对角累积(diagonal cumulation)和完全累积。累积规则是区域贸易协定原产地规则中非常重要的一项制度,其作用是刺激区域内的制造商尽量使用原产区域内的原材料和中间产品,扩大相互间的贸易。值得注意的是,2011年11月达成的《〈安排〉补充协议八》对其原产地规则作出了修改,允许香港、澳门生产企业把原产于内地的原料和组合零件计算在"从价百分比"内,有助于进一步完善CEPA原产地标准,使更多香港、澳门产品得以享受零关税优惠进入内地市场,增加产品于内地市场的竞争力,有助于吸引和鼓励制造业多元化和持续发展。[1]笔者建议今后对CEPA再修改

---

[1] 参见内地与香港、澳门于2011年12月13日签订的《〈安排〉补充协议八》第1条。

时,可实行对角累积规则,将澳门、东盟等地区也纳入累积范围。

2. 制定微量标准和吸收规则

微量标准是指在一产品中允许使用的、不影响产品原产地的非原产地原材料的特定最高百分比,在税则改变和技术测试标准中,使含有非原产地原材料、中间产品的货物更容易获得原产地资格,增加了原产地规则的宽容性,有利于香港、澳门吸引海外直接投资。从目前世界区域贸易协定的实践看,大多数区域贸易协定原产地规则都制定了微量标准,其百分比大多在7%~10%之间。但考虑到CEPA原产地规则规定的增值百分比偏低,只有30%,因而微量标准可借鉴澳大利亚与新西兰更紧密经济关系贸易协定,规定2%~3%这一较严格的微量标准。

吸收规则是指当非原产地原材料在满足了相应的加工工序要求并入最终产品并取得原产地资格后,该产品即被认为是百分之百地原产于该国而不再计算其中使用的非原产地材料的含量。世贸组织的相关统计显示,除少数区域贸易协定未规定吸收规则外,其他区域贸易协定均在其原产地规则中制定有吸收规则。[1]CEPA制定吸收规则,更有利于香港、澳门制造商满足增值百分比的要求。

3. 使CEPA原产地规则更具可操作性

明确在实际生产中哪些费用属于劳动价值,以及对于一个拥有多种产品的制造商来说,其生产的某一产品的劳工价值是包括维持该制造商运营的所有劳动力价值,还是仅仅限于与生产该产品有关的劳动力价值。[2]在产品的具体原产地规则中,明确规定赋予货物基本特征的具体工序,明确判断的具体标准。

4. 降低原产地证书的签发成本

按现行规定,一份原产地证书只能针对当次出口有效,出口商每次出口货物都要申领原产地证书,而申领原产地证书本身又非常繁琐。本文建议取消原产地证书一次性有效的规定,实行每份原产地证书在半年甚至一年内有效。如此,香港、澳门出口商每年只需申领一次或两次原产地证书,可以提

---

[1] Antoni Estevadeordal and Kati Suominen, "Rules of Origin in the World Trading System", *Paper Prepared for the Seminar on Regional Trade Agreements*, p. 21.

[2] 慕亚平、林健聪:"CEPA协议中原产地认定标准刍议",载慕亚平、李伯桥主编:《区域经济一体化与CEPA的法律问题研究》,法律出版社2005年版,第158页。

高效率,减轻香港、澳门出口商的负担,提高港商利用CEPA零关税此一优惠贸易安排的积极性。

(二) CEPA服务贸易制度的完善

服务贸易是CEPA的重中之重,每次修订、补充都会涉及服务贸易。已有的八次修改、补充主要是通过后续谈判不断扩大内地服务业的开放范围,这当然非常重要,但不应是唯一。CEPA需要补充一些重要规则,以完善其服务贸易制度。

1. 制定保障国际收支平衡的限制条款

考虑到开放服务贸易可能给成员的国际收支带来压力,区域贸易协定通常允许其成员在发生严重国际收支和对外财政困难或其威胁时,对已作出具体承诺的服务贸易,包括与此类承诺有关的交易的支付与转移采取或维持限制。为了防止开放服务贸易对双方国际收支造成不利影响,本文建议在更紧密经贸关系安排中,也增设保障国际收支平衡的限制条款,以维护其经济安全。CEPA对适用此一限制措施的实质要件可作如下规定:①不得在相互间造成歧视;②应与《国际货币基金组织协定》的相关规定保持一致;③应确保享有与其他国家或地区相同的优惠待遇;④应避免对对方的商业、经济和财政利益造成不必要的损害;⑤不得超过为维持国际收支平衡所必需的限度;⑥应是暂时的,并随着国际收支状况的改善,逐步取消相关限制措施;⑦不得为保护某一特定的服务部门而采取或维持限制措施。在程序要件方面,应规定采取限制措施的一方立即通知对方,并根据对方的要求展开磋商,以便对该方采取措施的合法性与合理性进行审查。

2. 设立利益否定(Denial of Benefits)条款

为了防止服务贸易自由化的利益过度外溢,一些区域贸易协定,甚至世贸组织的服务贸易总协定都制定有利益否定条款,对服务贸易自由化受益者的范围作适当限制。香港、澳门均是自由港,香港、澳门公司法对于设立公司(注册公司)的要求非常宽松,在公司资本上采用授权资本制和认缴制,没有法定最低资本额的要求,注册便捷,仅需历时14天,可选择空壳公司。[1]因此,外国投资者较易满足"香港、澳门公司"的定义,从而享受更紧密经贸

---

[1] 慕亚平、林昊:"防范'溢出效应'——探析CEPA中'香港公司'定义难题",载《国际贸易》2003年第11期。

关系安排框架下服务贸易自由化所带来的利益。为防止服务贸易自由化利益的过度外溢，保护内地的经济利益，借鉴其他区域贸易协定和服务贸易总协定的经验，制定利益否定条款是非常必要的。在以下情况下，内地或香港、澳门可拒绝给予更紧密经贸关系安排框架下的贸易利益：①对于服务的提供而言，如果该服务是由自或在内地与香港、澳门之外的其他地方提供的；②对于海运服务而言，如果该服务是由一艘依内地或香港、澳门之外的法律登记的船舶提供的，且由一经营和/或使用全部或部分船只的人提供，而该人非中华人民共和国国民或香港、澳门的永久居民；③对于法人服务提供者而言，如确定其非对方的服务提供者。

（三）CEPA 机构设置的完善

针对前述在机构设置方面存在的问题，CEPA 可首先采取两项措施，提高 CEPA 的实施效率。

1. 设立专门委员会，独立处理某一贸易部门的事务

具体而言，当前更紧密经贸关系安排涉及货物贸易、服务贸易和贸易投资便利化三大领域，可相应设立货物贸易委员会、服务贸易委员会和贸易投资便利化委员会。如果更紧密经贸关系安排将来所涉部门扩展，也可再设立相应的机构，如知识产权委员会、投资委员会等。此类机构对上向联合指导委员会负责，对下要求工作组对其负责，这样可以减轻联合指导委员会的负担，提高其工作效率，符合其非常设机构的特点。

2. 将联络办公室升格为秘书处

由于联络办公室难以发挥秘书处的功能，只设联络办公室不能满足更紧密经贸关系安排运行的要求，因此建议将联络办公室升级为秘书处，保留原联络办公室的功能，增加秘书处的其他职能。可考虑借鉴北美自由贸易协定的做法，将秘书处作为常设机构，其主要职能包括为联合指导委员会、各专门委员会、各工作组及仲裁庭提供各种行政协助，并尽一切可能便利更紧密经贸关系安排的运作。秘书处应为常设机构，可与原联络办公室一样，分别设在中央人民政府商务部及香港、澳门特别行政区工商及科技局，费用由双方各自承担并负责各自的行政及管理工作。

（四）赋予广东更大的 CEPA 先行先试权，构建粤港澳紧密合作区

鉴于广东与香港、澳门的特殊地理关系，建立内地与香港、澳门更紧密经贸关系，首先是要建立广东与香港、澳门的更紧密经贸关系。事实上，

CEPA为便利广东充分利用紧邻香港、澳门的优势，制定了许多贸易规则，赋予广东以先行先试权，并已取得了良好的效果。2008年6月，中共广东省委、省政府提出了构建"粤港澳紧密合作区"的倡议，提出加大CEPA在广东先行先试的力度，构建粤港澳紧密合作区，全面推进粤港澳紧密合作。[1]

笔者认为，欲构建粤港澳紧密合作区，CEPA必须在以下两方面赋予广东更大的先行先试权。

一方面，制定特殊规则，推动粤港澳人员便利通关。在所有要素流动中，人的要素流动是最关键的。但在粤港澳之间，由于受"一国两制"的制约，两者间却还存在着通关问题。因此，有必要在加强通关的基础设施、硬件建设的同时，改善通关的"软件"，即推动粤港澳之间人员的简便通关，提高通关效率。

在办理赴港澳的签注方面，目前仍然存在诸多不便，对申请办理人员的户口还有特殊要求（必须到户口所在地办理签注），商业签注门槛较高，签注周期较长，多次往返的需求得不到满足。对于企业而言，这种缺陷表现得尤为突出。企业赴港从事商务活动人员只能申请办理个人自由行签证，由于大部分员工并不具有珠三角本地户籍，因此难以在广东办理签证。而且，个人自由行签证并未对所有国内居民开放，部分企业员工很难赴港从事商务活动，赴港从事商务活动时间上具有很大的机动性。深圳的企业通常需要频繁地往来于深圳与香港、澳门之间，但因为签证的问题限制，无法实现多次往返。

在通关方面，还存在手续繁琐、通关时间长等问题。来自企业的普遍看法是，在一国之内存在如此高门槛的通关手续实属罕见，欧盟各国之间都已经实现完全无障碍通关，而目前粤港澳的通关门槛甚至比国与国之间还高。每次通关通常都需要花费数十分钟甚至一小时以上，节假日或者特殊时段时间更长。现在科技已经如此发达，还采用落后的纸质通关手续，有必要利用现代科技，采取电子通行证通关等比较先进的方式。

在便利人员通关方面，可采取如下措施进一步完善CEPA制度：第一，逐步放开在广东居住的居民的户籍限制，可以凭身份证在当地办理旅游和商务签证，为方便管理，可以对签证申请进行必要的资格审查。第二，电子通行证通关不仅既便捷，又安全，还节约资源，应该成为全国与港澳通关的主

---

[1] 参见《中共广东省委、广东省人民政府关于争当实践科学发展观排头兵的决定》。

导方式，应在粤港澳之间先行试点，成熟完善后推广到全国。第三，逐步放开对广东居民赴港的限制，有条件、分步骤地实现粤港澳之间的人员双向便捷进出，改变粤港澳之间人员流动的单向形态。第四，适应通关人流和车流的变化和需求，加快跨境基础设施规划与建设，构建以轨道交通为主的跨境公共交通工具体系，通过提供综合交通工具实现通行的便利化，使通关通行更加便利。第五，通过减免粤港澳地区内的路桥收费，降低车辆和人员通行成本，同时运用技术手段实现口岸通关的高效率化。

另一方面，突破经贸合作的范畴，制定环境保护规则，促进三地经济的可持续发展。随着人类社会的不断发展，人们越来越注意到贸易与环境保护之间的密切关系，各国也开始谋求通过多边、区域、双边的协作，在保护环境的前提下推动贸易的自由化。在多边领域最突出的表现，就是世贸组织将环境保护议题纳入多回合的贸易谈判之中，探讨多边环境协议里面的具体贸易义务与WTO规则的关系、多边环境协定秘书处与WTO相关委员会信息交流的程序和授予观察员地位及环境产品和服务自由化等问题。在区域贸易协定领域，自NAFTA起，越来越多的国家在其签订的区域贸易协定中制定环境保护条款，协调成员间的环境政策。

粤港澳的特殊地理位置决定了环境保护对两者经济的可持续发展具有更重大的意义，正因为如此，广东与香港、澳门在2008年8月举行的粤港澳合作联席会议上，即确定了"绿色大珠三角地区优质生活圈"的合作构想，并在其后签订的《粤港澳合作框架协议》中提出粤港澳之间应"完善生态建设和环境保护合作机制，保护区域环境和自然生态，促进社会资源开放共享，共同建设大珠江三角洲地区优质生活圈，打造更适宜人居的自然和社会生活环境"。[1]在CEPA中制定环境保护规则，符合当代区域贸易协定的发展潮流。

根据粤港澳环保与生态合作的进展，三地在生态层面的合作理念和工作内容方面，存在着很大的拓展空间，在合作细节方面须加以丰富和深化。笔者建议在CEPA中制定相关规则，促使粤港澳在以下五大方面进行合作：

（1）制定区域环境合作蓝图和生态发展规划。以往粤港澳环保合作，不少环保项目是应急型解决方案，较少考虑长远性、战略性合作。令合作项目

---

[1] 参见《粤港合作框架协议》第六章"优质生活圈"序言。

较易出现分割式合作,而非整合至一个共同平台之上。生态合作涉及经济、社会、民生发展的各个层面,不是单个环保部门就可解决的,而必须进行跨部门的协同合作。区域环境合作蓝图的制定,可将生态保护提升至区域发展的基本原则层面,令各个部门在日后订立其工作目标时有所参考,避免出现不必要的矛盾。这不单展示出了三地政府在区域生态保护方面的决心,在蓝图的制定过程中,亦可广纳民间智慧,令发展规划既包含由下而上的来自社会各界的意愿,同时也体现出来自政府由上而下的施政意志和财政资源配合。

(2) 转变区域生态合作概念,从"环境治理"走向"绿色生活",实现"生产"和"生活"的对接。当前流行于内地和粤港澳的循环经济、循环产业和清洁生产,往往是从生产和环境治理角度出发。这种发展理念仍从属于工业化理念,考虑重点为较多照顾经济利益。可是,生态兼顾"生活"和"生产"两大部分。若纯粹从产业发展和经济效益的层面推动生态合作,不仅没有考虑"生活"的社会性、健康性因素,也没有与"自然"的绿色概念之共生共存。故此,粤港澳生态合作应以"绿色生活"为前提,推动区域的可持续发展。

香港、澳门作为一个消费型、生活型的城市,每天会产生不少消费型废物,例如电子垃圾和玻璃瓶。其实,这些废品可以利用高科技手段,辅以劳动密集支持,进行回收后,重新投送至生产程序。由于香港、澳门基本不存在工业活动,而废物回收须在一定的营运规模内方能获益,而内地的防止垃圾进口政策,令一些可以回收的废品被迫送至堆填区埋送,造成资源浪费。粤港澳三地可考虑就部分可回收生活和商业废品,进行跨区域合作。例如,由三地政府认证的企业集中处理有关物料,在指定的地区进行规范性回收工作。政府亦可对该类企业进行一定的扶持,以体现出两地政府对区域生态发展的支持,具体措施包括政府采购和税务优惠等。

(3) 区域环境标准的统一和协调。目前存在于粤港澳环保合作中的障碍,不少来自于环境标准不一致,由此造成珠三角的港商企业之经营困扰。粤港澳作为全国的先进发展地区,应以国际最先进环境水准作为发展目标,香港、澳门更应如此。在检测企业环境指标时,三地政府可考虑接纳对方的化验报告,并定期交流最新检测进展,对环境标准作出适时修正和提高。

(4) 区域污染产业的统筹管理。部分珠三角地区的污染产业由香港、澳门居民投资,如电镀产业。可是,这些产业是珠三角产业体系的必要的配套部分。完全禁止或取缔这些产业的经营，会冲击珠三角产业体系的完整性，加大企业的生产成本，拖慢生产速度，最终顺着产业价值链体系影响珠三角产业的总体效益。

粤港澳政府应积极参考日本和欧盟地区对污染产业的监管模式，一方面提高监测标准，加大惩罚性力度；另一方面集中有关企业在指定地区进行统一管理。事实上，排废品中，部分原料是可以回收的，政府可以利用市场机制，鼓励环保企业就地集中处理污水，同时经营物料回收，创造更大经济效率。此举也可避免不规范中小企业在珠三角进行零散式回收，并较隐蔽地任意排废。

粤港澳政府应在污染产业的监管方面，密切地互通讯息，以此加大区域污染产业的管理力度，防止污染产业和污染产品的输入。

（5）加强生态发展的"绿色生活"。"绿色生活"可以延展至两大部分，食物和居住建筑。食物主要是保障区域食物安全、绿色或有机食物的供应。居住建筑则是加强区域建筑物的节能减排指标，推动绿色建材和物料的发展，实现"优质生活"。

总的说来，珠三角都会区需要本着"从发展中维护环境，从环境保护中寻求发展"的理念，将环保作为一项发展策略及投资策略，提升三地的经济竞争力，并配合国家"十二五"规划的环保发展方向，将珠三角区域环保合作塑造成国家的先进典范，令整个大珠三角区域成为全国实现"生态文明"发展目标的排头兵，将粤港澳地区打造成具有国际水平的优质生活圈，完成经济发展和生活模式的双转变。

# 论粤港澳大湾区投资合作的法律机制构建

柯静嘉[*]

【摘　要】《深化粤港澳合作　推进大湾区建设框架协议》（以下简称《框架协议》）以推进粤港澳大湾区建设的合作为宗旨，实现区域内"人流、物流、资金流、信息流"四要素的自由流动。粤港澳大湾区是"一国两制"溢出的制度红利，也是特别行政区、经济特区、自由贸易试验区、单独关税区等制度的叠加，其必然产生许多新的法律问题。在《框架协议》下，除了破除各种有形和无形的法律制度壁垒，也需要发挥"先行先试"促进区域内投资合作法律机制的形成。本文从粤港澳大湾区《框架协议》的国内法和国际法法律基础出发，进一步探讨在大湾区《框架协议》下粤港澳三地进行投资合作的法律性质、适宪性和适法性。从而提出破除现存授权不明和法律依据缺失的途径是敦促粤港澳三地政府制定实现平等合作旨在推动区域经济一体化的区域合作协议，以及形成以三地平等、自愿和协商理念为核心的软法法律机制。在此基础上，结合现有《内地与澳门关于建立更紧密经贸关系的安排》（CEPA）《CEPA投资协议》等法律文件和广东自贸区的投资法律措施，分析在大湾区进行投资合作中可能面临的主要法律问题，进而提出明确大湾区投资合作法律基础，细化投资"负面清单"内容，健全多元化区域政府合作投资纠纷解决机制下的粤港澳大湾区投资合作法律模式。

【关键词】粤港澳大湾区　CEPA　广东自由贸易试验区　框架协议　负面清单

---

[*] 柯静嘉，广东财经大学法学院讲师，广东财经大学粤港澳大湾区法律研究中心执行主任，香港大学国际经济法专业哲学博士。主要研究领域：粤港澳大湾区贸易法、中国-东盟自由贸易区贸易法律制度、东盟一体化贸易法律制度。

本文是广东省扶持哲学社会科学优势重点学科建设项目"粤港澳大湾区投资促进法律机制建构"（批准号GDXK201736）的阶段性成果。

## 一、粤港澳大湾区法律制度的演变与形成

粤港澳大湾区包含广州、佛山、肇庆、深圳、东莞、惠州、珠海、中山、江门九市和香港、澳门两个特别行政区形成的城市群，是以"9+2"泛珠江三角区域合作为基础，拥有6765万人口和13%全国经济总量，并致力通过推动粤港澳企业联合"走出去"打造世界第四大湾区和"一带一路"的建设的重要支撑区。[1]

在十三届全国人大一次会议广东代表团审议中，习近平总书记强调广东要抓住粤港澳大湾区重大机遇，携手港澳推进工作。[2]在2018年政府工作报告及答中外记者问中，李克强总理再次强调坚持"一国两制""港人治港，澳人治澳"的高度自治方针，发挥三地互补优势，通过粤港澳大湾区发展规划的出台实施，全面推进内地同香港、澳门互利合作。[3]

粤港澳大湾区的政策与研究经历着从"珠江三角洲地区""大珠三角优质生活圈""粤港澳紧密合作区"，到最终上升为国家战略的"粤港澳大湾区"，其法律基础的政策文件的演进也经历了概念的提出、外延的拓展和明确发展方向的逐渐深化。粤港澳合作最早可追溯至国务院2008年公布的《珠江三角洲地区改革发展规划纲要（2008-2020年）》（以下简称《规划纲要》），将粤港澳紧密合作纳入珠江三角洲九市规划至2020年，为三地合作的基础设施、产业结构、共同生活圈及合作方式作出了国家的整体规划和指引。[4]2009年广东省委和省政府出台《关于推进与港澳更紧密合作的决定》，提出从服务业、在粤港澳企业转型升级、与港澳自主创新合作、与港澳重大基础设施对接、大珠三角优质生活圈、与港澳更紧密合作的保障等八个方面全面

---

[1] 艾媒咨询："2017-2018年中国粤港澳大湾区专题研究报告"，载http://www.sz.gov.cn/szs-fzyjzx/ztxx/ygadwq/201708/t20170811_8103083.htm，2017年8月11日最后访问。

[2] 南方日报网络版：http://www.pprd.org.cn/news/syjd/201803/t20180309_478148.htm，2018年3月8日最后访问。

[3] "政府工作报告"，载http://www.xinhuanet.com/politics/2018lh/2018-03/22/c_1122575588.htm，2018年3月22日最后访问。

[4] 国务院新闻办公室网站：http://www.scio.gov.cn/xwfbh/xwbfbh/wqfbh/2014/20140610/xgzc31037/Document/1372733/1372733.htm，2018年3月26日最后访问。纲要中提及的珠江三角洲重点发展城市是粤港澳大湾区涵盖的范围，"以广东省的广州、深圳、珠海、佛山、江门、东莞、中山、惠州和肇庆市为主体，辐射泛珠江三角洲区域，并将与港澳紧密合作的相关内容纳入规划。规划期至2020年。"

落实《规划纲要》的具体实施。[1]为了进一步促进粤港澳合作，2010年广东省人民政府分别同香港及澳门特别行政区政府在《内地与香港关于建立更紧密经贸关系的安排》（CEPA）的基础上协商签订了《粤港合作框架协议》《粤澳合作框架协议》。[2]这两份法律文件是国内第一份普通行政区与特别行政区之间签署的，不同法域地方政府之间缔结的合作协议，其主要特征是国内一般地方与特别地方之间平等的、互不隶属、互不干涉的行政协议。[3]2015年3月，国家发展改革委、外交部、商务部联合发布《推动共建丝绸之路经济带和21世纪海上丝绸之路的愿景和行动》，首次提出了深化与港澳台合作，打造粤港澳大湾区的计划。2016年3月，"支持港澳在泛珠三角合作中发挥重要作用，推动粤港澳大湾区和跨省区重大合作平台建设"被写入《国家"十三五"规划纲要》。2017年3月，政府工作报告将粤港澳大湾区的设想从区域经济合作上升为国家战略顶层设计。[4]最终在2017年7月1日，国家发展和改革委员会主任何立峰、广东省省长马兴瑞、香港特别行政区行政长官林郑月娥、澳门特别行政区行政长官崔世安共同签署了《深化粤港澳合作 推进大湾区建设框架协议》，明确贯彻"一国两制"方针，完善创新合作机制，建立互利共赢合作关系，共同推进粤港澳大湾区建设的合作宗旨，为港澳发展注入新动能，保持港澳的长期繁荣稳定。[5]

世界级大湾区共建时代，除了形成"经济利益共同体"，实现区域内"人流、物流、资金流、信息流"四要素的自由流动，更要破除各种有形和无形的法律制度壁垒，促进区域内合作法律保障机制的形成。现在大湾区最直接的挑战是湾区里法律体系碎片化，如内地与香港一直通过抽象的行政框架协

---

[1] 广东省人民政府：http://www.gd.gov.cn/gdgk/gdyw/200908/t20090820_100783.htm，2018年4月2日最后访问。

[2] "粤港合作框架协议"，载http://www.hmo.gd.gov.cn/zwgk/ztzl/ygyakjxy/kjxy/201701/t20170117_442569.htm，2018年4月7日最后访问。"粤澳合作框架协议"，载http://www.gd.gov.cn/gdgk/gdyw/201103/t20110307_138907.htm，2018年3月6日最后访问。

[3] 参见张亮、敖颖怡："粤港澳大湾区紧密合作的法律基础研究"，载慕亚平等编撰：《区域经济一体化中的法律问题研究——以粤港澳大湾区为例》，社会科学文献出版社2017年版，第57页。

[4] 中国青年网："纳入国家战略后的粤港澳大湾区：香港、澳门发展新引擎"，载http://www.xinhuanet.com/gangao/2017-12/29/c_129778828.htm，2017年12月29日最后访问。

[5] "深化粤港澳合作 推进大湾区建设框架协议"，载http://www.pprd.org.cn/fzgk/hzgh/201707/t20170704_460601.htm，2018年4月4日最后访问。

议形式推进合作,故两地可在软法合作基础上根据各自立法优势制定实施细则。[1]蔡镇顺教授指出粤港澳经贸合作的法律基础,既不完全是国内法,也不完全是国际法或国际条约,而是综合性的法律基础,其中包括宪法及港澳基本法、WTO协议、CEPA协议、区域合作的各种安排及协定等,本质上是粤港澳府际协议。[2]

粤港澳深度合作的法律基础存在障碍,主要归因于CEPA协议缺乏国内法意义上的法律依据,现有行政法规主导的指导性文件缺乏按照《立法法》设置的明确法律授权以及粤港澳合作联席会议缺乏宪法依据。[3]慕亚平等学者也指出内地与港澳经济一体化合作属于特殊的府际合作行为,因缺乏法律依据,并非法律行为。[4]陈广汉等学者认为在粤港澳经贸合作中,由于香港和澳门是国家的特别行政区,因此存在三地主体地位不对称,造成粤港澳经贸合作缺乏,从三地互惠出发真正推动三地融合的问题,签订的合作文件只是流于形式。即港澳往往采取绕过广东省,与中央政府直接对话的形式寻求利益诉求,实践中曾出现中央政府为维护港澳稳定给予最大支持,而广东省处于"被动接招"地位的情形。[5]

自2003年以来,内地与港澳就CEPA已签署10个补充协议,完成从服务贸易合作到投资领域自由化的逐渐开放和体制完善的转变。但仍然存在阻碍港澳服务提供者进入内地市场的制度局限和市场局限,CEPA因缺乏具体实施细则、政策指引和法律解释而使得"政出多门"等问题不断出现。[6]深入粤港澳合作是CEPA以及广东自由贸易试验区(以下简称"广东自贸区")的共同目标,而内地分别与港澳通过签署CEPA服务协议,分别适用内地与港澳的"负面清单",和广东自贸区内实施的《自由贸易试验区外商投资准入特

---

[1] 大公报:"粤港澳大湾区发展理论研讨会",2017年8月。

[2] 蔡镇顺:"粤港澳经贸合作的法律基础",载《广东外语外贸大学学报》2013年第3期。

[3] 蔡镇顺:"粤港澳合作的法律基础",载周华等编:《粤港澳合作与广东新一轮发展》,社会科学文献出版社2015年版,第226~229页。

[4] 慕亚平、朱颖俐、慕子怡:"内地与港澳区域经济一体化法律性质探析",载慕亚平等编:《区域经济一体化中的法律问题研究——以粤港澳大湾区为例》,社会科学文献出版社2017年版,第7页。

[5] 陈广汉、杨柱、谭颖:《区域经济一体化——以粤港澳大湾区为例》,社会科学文献出版社2017年版,第23~24页,第356页。

[6] 陈广汉、杨柱、谭颖:《区域经济一体化——以粤港澳大湾区为例》,社会科学文献出版社2017年版,第69~71页。

别管理措施》中的"负面清单"。即在大湾区中存在两张"负面清单",张光南指出这些"负面清单"的共同问题是,法律地位模糊不清和缺乏从制度到组织机构等配套的建立。[1]

粤港澳大湾区是"一国两制"溢出的制度红利,也是特别行政区、经济特区、自由贸易试验区、单独关税区等制度的叠加,其必然会产生法律冲突和新的法律问题。因此,本文从粤港澳大湾区法律基础出发,探讨以《基本法》、CEPA、广东自贸区法律制度以及《框架协议》作为大湾区法律依据的可行性,进而探究破解 CEPA、《框架协议》等在法理上瑕疵的法律保障路径。在明确大湾区法律文件效力级别、适宪性和适法性的基础上,结合现有 CEPA 和广东自贸区投资领域的法律措施,讨论大湾区深度投资合作中的"负面清单"法律制度的形式、机构和具体实施措施。

## 二、粤港澳大湾区投资合作的法律基础

国家发展和改革委员会、广东省人民政府、香港特别行政区政府、澳门特别行政区政府(以下称"四方")签订的《框架协议》确立了"大湾区"的合作重点是进一步提升市场一体化水平,落实 CEPA 及其协议,促进要素的便捷流动,推动扩大内地与港澳企业相互投资。《框架协议》是粤港澳大湾区投资合作的基础性法律文件,是由国内法和国际法构成的综合法律体系,其中包含宪法及具有宪法性质的港澳基本法、WTO 协议、CEPA 以及政府间区域合作协议及安排等。[2]《框架协议》的国内法和国际法律基础以及其形成的法律依据,是判断《框架协议》及"大湾区"投资法律文件性质的根本标准以及粤港澳投资合作的基本法律保障,而《框架协议》的国内效力也是粤港澳投资合作的根本来源。

(一)粤港澳大湾区投资合作的国内法基础

1. 粤港澳大湾区投资合作的法律依据

(1)以《宪法》和《基本法》为基础。广东省和港澳特别行政区是中国的地方行政区域,其权力来源于国内法。广东省为《宪法》第 30 条下的普通

---

[1] 张光南:《粤港澳合作:政商手册——服务贸易"负面清单"》,中国社会科学出版社 2016 年版,第 29、94 页。

[2] 索光举:"CEPA 条件下'大湾区'经济合作的法律框架建构",载《嘉应学院学报》2017 年第 4 期。

行政区，其与中央的关系制度的处理应遵守《宪法》第 3 条第 4 款"在中央的统一领导之下，充分发挥地方的主动性、积极性"。而《宪法》第 107 条进一步明确了普通行政区政府的职权范围："县级以上地方各级人民政府依照法律规定的权限，管理本行政区域内的经济、教育、科学……行政工作。"也就是地方政府可以根据本地区发展的实际情况和需要，自主管理地方经济行政工作以及制定对本地区的行政工作有重要意义的法规、规章。[1] 具体表现为《立法法》第 63 条规定的省自治区人大及其常委会在不同宪法、法律、行政法规相抵触的前提下，可根据具体情况和需求制定"地方性法规"。

港澳特别行政区的权力效力源于国内，而非《中英联合声明》，[2] 也就是《宪法》第 31 条"国家在必要时得设立特别行政区。在特别行政区内实行的制度按照具体情况由全国人民代表大会以法律的形式规定"。香港和澳门《基本法》第 2 条皆赋予了特别行政区行政管理、立法、独立司法和终审的高度自治权，属于法律上（de jure）的自治权，来自于中央政府的授权，主权和最终权力仍保留在中央人民政府。

特别行政区的授权与普通行政区授权在所涉范围和分类上迥异。特别行政区的高度自治的授权可以分为三类：[3] ①权力种类明确规定在《基本法》中，特区可根据《基本法》规定直接行使的权力，无需中央进一步授权的权力。如《香港基本法》第 151 条规定："香港特别行政区可在经济、贸易、金融、航运、通讯、旅游、文化、体育等领域以'中国香港'的名义，单独地同世界各国、各地区及有关国际组织保持和发展关系，签订和履行有关协议。"[4] 这种高度自治权规定了特区对外事务权的范围，按授权方式来说，

---

[1] 张亮、敖颖怡："粤港澳大湾区紧密经贸合作的法律基础研究"，载慕亚平等编：《区域经济一体化中的法律问题研究——以粤港澳大湾区为例》，社会科学文献出版社 2017 年版，第 48~49 页。

[2] 饶戈平："香港特区对外事务权的法律性质和地位"，载饶戈平主编：《燕园论道看港澳——香港特区对外事务的国际法视角，澳门特区的政制发展于法律改革》，北京大学出版社 2014 年版，第 12 页。

[3] 郭天武、陈雪珍："论中央授权与香港特区高度自治"，载蔡镇顺、徐彪主编：《粤港澳紧密合作中的法律问题》，中国法制出版社 2011 年版，第 53~54 页。

[4]《澳门基本法》第 136 条："澳门特别行政区可在经济、贸易、金融、航运、通讯、旅游、文化、体育等适当领域以'中国澳门'的名义，单独地同世界各国、各地区及有关国际组织保持和发展关系，签订和履行有关协议。"

这是一次性授权。[1]②特区原则上享有这些自治权，但需得到中央具体授权。如司法互助、船舶登记、民用航空协议签订和签发执照和许可证，人大常委授权香港法院在审理案件时，对《香港基本法》关于香港特别行政区自治范围内的条款自行解释。如《香港基本法》96条规定的，在中央协助或授权下，香港特区政府可与外国就司法互助关系作出适当安排。③基本法没有具体规定，中央可能授予特别行政区的其他自治权。[2]《香港基本法》和《澳门基本法》第20条规定，香港特别行政区可享有全国人民代表大会和全国人民代表大会常务委员会及中央人民政府授予的其他权力。如根据2006年《全国人民代表大会常务委员会关于授权香港特别行政区对深圳湾口岸区实施管辖的决定》，为了适应深圳市与香港特别行政区之间交通运输和便利通关的客观要求，促进内地和香港特别行政区之间的人员交流和经贸往来，全国人大常委授权香港自深圳湾口岸启用之日起，对该口岸所设港方口岸区依照香港特别行政区法律实施管辖。[3]也就是今天在香港实施"一地两检"政策的授权来源应该是《香港基本法》《澳门基本法》第20条，并且也有人大常委授权实施的先例，从法律属性来看，这是一种国内授权，属于香港高度自治权的一个组成部分。

因此，在单一制国家，地方权力都是由中央授予的，中央保留一切"剩余权力"。《框架协议》中粤港澳合作的权力最终来源于国内的宪法以及港澳基本法，也是港澳高度自治权中的重要组成部分。但是，粤港澳签署的《框架协议》究竟是来自于《香港基本法》第151条和《澳门基本法》第136条中的港澳可以自己的名义同"各地区"签订和履行有关协议，还是《香港基本法》《澳门基本法》第20条中的可能授权的其他自治权范围，这一点并不明确。首先，这里的"各地区"应当包括广东省。而粤港澳签订区域协议的缔约权力，早已被预设在宪法和港澳基本法之中。其次，《框架

---

[1] 参见周露露："国家外交权与香港对外事务权关系浅析"，载饶戈平主编：《燕园论道看港澳——香港特区对外事务的国际法视角，澳门特区的政制发展于法律改革》，北京大学出版社2014年版，第31页。

[2] 王振民：《中央与特别行政区关系：一种法治结构的解析》，清华大学出版社2002年版，第174~176页。

[3] 中国人大网：http://www.npc.gov.cn/wxzl/gongbao/2006-12/05/content_5354935.htm，2018年5月1日最后访问。

协议》是由三地政府和国家发改委共同签署的，港澳没有使用"中国香港"的表述，而是使用"香港特别行政区政府"这样的表述。显然，与《香港基本法》第151条的要求不同，港澳与广东省的经贸合作本质上是特区依法处理的内地事务而非对外事务，对此基本法并没有对应的规定，因此是需要中央进一步授权的。而根据我国《地方各级人民代表大会和地方各级人民政府组织法》第59条的规定，内地行政区可制定国民经济社会发展计划、管理本行政区内的经济、教育……环境和资源保护等行政工作。现有地方政府职权中也无明确普通行政区与特别行政区缔结协议的权限、程序及法律效力。[1]

虽然《框架协议》无法律依据，但并不代表政府间合作协议完全无法律约束力，其性质与《粤港合作框架协议》《粤澳合作框架协议》较为相似，是一种政策性、指导性的文件。从内容上看，现有粤港澳大湾区合作的授权应属于《香港基本法》《澳门基本法》第20条的中央可能授予的其他权力，但《宪法》和《地方人大及地方政府组织法》等法律规定未对港澳政府能否与内地各省之间缔结区际合协议作出明确的规定。也就是《框架协议》并没有得到宪法上明确的授权，但从《框架协议》的四个签署方、获准通过、签署现场的见证人来看，粤港澳大湾区经贸往来得到了中央事实上的授权。从签署方来看，粤港澳《框架协议》除了粤港澳政府外还有国家发展和改革委员会四方签署，以及习近平总书记出席签署仪式等，以上皆说明大湾区《框架协议》是得到了中央政府事实上的授权，具有事实上的约束力。

（2）国务院及广东省规范性文件作为深化粤港澳投资合作的补充性法律文件。国家发改委公布的《规划纲要》将粤港澳紧密合作纳入规划，成为推动粤港澳经贸合作的法律基础。[2] 按照《立法法》第2条、第6条和第76条的规定，《规划纲要》并未规定公民、法人和其他组织的权利与义务，国家

---

[1] 慕亚平、钟燕莲："内地与港澳区域经济一体化及相关文件的性质、定性和作用"，载慕亚平等编：《区域经济一体化中的法律问题研究——以粤港澳大湾区为例》，社会科学文献出版社2017年版，第33页。

[2] 蔡镇顺："粤港澳经贸合作的法律基础"，载《广东外语外贸大学学报》2013年第3期。

机关的权利与责任，也非由部门首长签署予以公布，应定性为行政指导性文件。[1] 2009年广东省委和广东省人民政府出台了《关于推进与港澳更紧密合作的决定》，其是贯彻和落实《规划纲要》的体现，决定提出了八个合作方面，是确立粤港澳大湾区建设范围的主要法律文件，其本质上也是地方的行政指导性文件，非由地方人大制定的地方性法规，不属于《立法法》确定的法律渊源。[2]

（3）粤港澳府际合作协议实践运用。粤港澳府际协议是由粤港澳地区的行政机关，即香港特别行政区政府、澳门特别行政区政府和广东省、市人民政府或职能部门就各合作事项签署的协议。[3] 这里包含《粤港共同落实CEPA及在广东先行先试政策措施的合作协议》《粤港合作框架协议》《粤澳合作框架协议》《粤港环保合作协议》《粤澳文化合作项目协议》《粤澳旅游合作协议》《香港深圳法律服务合作协议书》《粤澳合作开展社会福利服务工作备忘录》《粤澳科技合作协议》。[4]

尽管粤港澳经贸合作的文件不是严格按照《宪法》和《立法法》制定的，也缺乏明确的法律依据，但是粤港澳经贸合作系列法律文件实际上获得了中央的明确认可，也是为了减少区域合作中的障碍而制定的政策，其本质上是区域一体化下的行政协议。如《粤港合作框架协议》《粤澳合作框架协议》，其获准通过、签署现场的见证是在国务院批准和见证下签署的，因而得到了中央的事实上的授权。在经贸往来方面，根据《宪法》第107条的规定，地方政府享有管理本行政区内的经济、教育、科学、司法行政等工作的职权。特别行政区与普通行政区的缔约权则来源于《香港基本法》《澳门基本法》第20条下的高度自治权范围。从主体上来说，粤港澳三地关系是互不隶属、

---

[1] 行政指导是指行政主体基于国家的法律、政策的规定而作出的，旨在引导行政相对人自愿采取一定的作为或者不作为，以实现行政管理目的的一种非职权行为，对行政相对人没有强制力。行政相对人不仅包括公民、法人也包括国家机关，但不包括行政处罚措施。参见姜明安：《行政法与行政诉讼法》，北京大学出版社、高等教育出版社1999年版，第251页。慕亚平、钟燕莲："内地与港澳区域经济一体化及相关文件的性质、定性和作用"，载慕亚平等编：《区域经济一体化中的法律问题研究——以粤港澳大湾区为例》，社会科学文献出版社2017年版，第28~29页。

[2] 朱颖俐、慕子怡："粤港深度合作的法律依据问题及对策探讨"，载《暨南学报（哲学社会科学版）》2011年第2期。

[3] 蔡镇顺："粤港澳经贸合作的法律基础"，载《广东外语外贸大学学报》2013年第3期。

[4] 叶必丰等：《行政协议——区际政府间合作机制研究》，法律出版社2010年版，第47~57页。

互不干涉、平等协作的关系。[1]从事实上来说，在单一制下，粤港澳政府通过缔结行政协议展开区域合作，遵从中央与地方政府的权力次序规则，并没有突破中央与地方政府的法定权限划分。[2]

府际合作是区域经济一体化的客观要求，是解决区域经济一体化进程中难题的必然选择。行政区的"自利性"构成区域经济一体化的障碍。区域一体化要求突破行政区划的刚性束缚，实现区域内经济交流与生产要素的自由流动，其目标是实现区域间经济效益最大化，形成区域统一大市场和经济利益上的互惠共荣。[3]这种府际协议可以克服区域行政管理的刚性束缚，寻求超越行政区划限制的政府间的理性合作，在当前的社会转型时期，各种关系都亟待法律调整，而硬法供应不足，软法应运而生。

经过协商、论证与合意形成的软法能够回应多元利益诉求，其实施并不依赖于国家的强制力保证，而主要运用自律机制，与传统的命令强制及被迫服从的单向统治模式不同，是向平等协商、互信互利、自愿遵从的双向互动的治理模式的转变，体现出了治理模式上的转型，实质上是软法治理。[4]叶必丰教授强调区域一体化的法律治理是国家对市场经济的调控，其合法依据是《宪法》第15条的宏观调控，内容的合法性在于遵循区域平等原则。尤其是在改革中，创新举措层出不穷，只要这类改革举措具有正当性并符合宪法，则不能一味地要求每一次改革的举措都必须有直接的法律依据，而应该去解释和论证，在实践和发展中完善法治。[5]

2.《框架协议》的国内法性质

首先，就《框架协议》本身和权力的效力来源来说，其法律性质是国内法的区域合作协议，其法律依据和权力的效力来源是《宪法》和香港与澳门的基本法。粤港澳三地缔结合作协议的总原则是《宪法》第3条"中央和地

---

[1] 张亮、敖颖怡："粤港澳大湾区紧密经贸合作的法律基础研究"，载慕亚平等编：《区域经济一体化中的法律问题研究——以粤港澳大湾区为例》，社会科学文献出版社2017年，第55~57页。

[2] 叶必丰等：《行政协议——区际政府间合作机制研究》，法律出版社2010年版，第155页。

[3] 石佑启："论我国区域府际合作的法律治理模式与机制构建"，载周佑勇主编：《区域政府间合作的法治原理与机制》，法律出版社2016年版，第29~32页。

[4] 石佑启："论我国区域府际合作的法律治理模式与机制构建"，载周佑勇主编：《区域政府间合作的法治原理与机制》，法律出版社2016年版，第39页。

[5] 叶必丰："区域经济一体化的法律治理"，载周佑勇主编：《区域政府间合作的法治原理与机制》，法律出版社2016年版，第27~28页。

方的国家机构职权的划分,遵循在中央的统一领导下,充分发挥地方的主动性、积极性的原则"。《框架协议》是粤港澳三地政府为了促进粤港澳大湾区建设的协调发展而制定的,也是三地政府实现平等合作,旨在推动区域经济一体化的区域合作协议。这类协议是行政协议,不同于单方的决定,不是以命令与服从为理念,而是一种以平等、自愿和协商为理念形成的法律机制,类似于美国的州际协定,其效力低于宪法、法律和行政法规。[1]

叶必丰教授提到,这种行政协议包括了中央政府及主管部门和香港签订的《内地与香港关于建立更紧密经贸关系的安排》《内地与澳门关于成立科技合作委员会的协议》,在区域实践中应鼓励区域地方政府缔结行政协议,解决共同事务,不必依靠中央和上级政府的介入。[2]地方职能部门为促进区域经济一体化,协调共同的区域问题,缔结行政协议,在主体上无瑕疵,且这些协议不能被简单地视为违法。[3]而地方立法机关也不是该区域合作协议的适格的缔结主体,同时,立法权和行政权的区分也决定了具有行政指导文件性质的《框架协议》并不能当然地被认为无法律效力。《框架协议》的签订主体是三地政府,且是在互不隶属的普通行政区和特别行政区之间签订的,无论地域大小、经济发展水平高低和政治体制之差别,三地政府的法律地位是平等的。只有在这种法律地位平等的基础上,三地才可通过友好协商、互惠互利的契约方式来处理贸易自由、投资促进和服务便利化等区域经济一体化中的问题。

其次,从理论上来看,《框架协议》的签署开创了区域协议治理的软法模式。区际一体化的法律治理模式概括起来有三种:硬法模式、软法模式和混合治理模式。[4]而由于两地法系不同,法律理念、法律价值、法律性质和法

---

[1] 叶必丰:"我国区域经济一体化背景下的行政协议",载《法学研究》2006年第2期。我国最早实施行政协议的是长三角区域政府,通过推动和促进区域经济一体化的协商对话并缔结协议的联席会议来破除行政上的障碍,并为泛珠三角区域政府、环渤海区域政府和其他区域政府所效仿。以及叶必丰等:《行政协议——区际政府间合作机制研究》,法律出版社2010年版,第199页。

[2] 叶必丰:"区域经济一体化的法律治理",载周佑勇主编:《区域政府间合作的法治原理与机制》,法律出版社2016年版,第21~22页,第94页。

[3] 叶必丰:《行政法与行政诉讼法》,高等教育出版社2007年版,第154页。

[4] 朱最新:"区域一体化法律治理模式初探",载《广东行政学院学报》2011年第3期。硬法模式指享有国家立法权的国家机关制定法律规范,并以司法作为最后保障机制来进行公共治理。软法治理模式,是指通过社会公权力主体制定,并由社会公权力主体运用社会自治权保证实施的行为规则或国家公权力通过平等协商制定的规则。混合治理模式则通过软硬兼施的混合法律机制来进行公共治理。

律渊源存在巨大差异，区域立法制定硬法存在制度性障碍。而软法强调多元化主体自我决策，平等协商、自律互律、自我治理的模式能及时回应粤港合作中的不足，以及有利于市场竞争中的新问题的解决。[1] 处于转型时期的粤港澳大湾区，各种新的市场关系都迫切需要法律来规范。为了消弭硬法带来的冲突和填补空白，经过多方协商、论证与合意的软法模式应在大湾区建设中发挥重要的作用，这也有利于建立利益平衡下和谐共治的秩序、优化资源配置和完善社会自治。[2] 而《框架协议》的前言部分"国家发展和改革委员会、广东省人民政府、香港特别行政区政府、澳门特别行政区政府经协商一致，制定本协议"，以及合作宗旨"全面准确贯彻'一国两制'方针，完善创新合作机制，建立互利共赢合作关系"，也全面显示了平等协商、互利共赢、强调沟通与区域公共治理的软法治理模式的特质。

最后，实践上粤港澳三地政府可就经济事务充分享有区域合作的缔结权。虽然我国宪法和组织法中都无明确关于区域政府合作协议缔结权的规范，但并无阻粤港澳三地就区域合作中的问题进行协商和签订协议。粤港澳政府合作协议形式多样，以"安排""框架""宣言""协议""合作备忘录""会议纪要"等名称出现。如粤港澳三地在2004年《泛珠三角区域合作框架协议》、2005年《穗港关于联合投资推广的合作协议》、2006年《粤港澳签突发公共卫生事件应急合作协议》、2010年《粤港合作框架协议》和《粤澳合作框架协议》《粤港保护知识产权合作协议（2015-2016年）》到2014年《内地与香港CEPA关于内地在广东与香港基本实现服务贸易自由化的协议》（以下简称《内港广东协议》）以及2017年《内地与香港特别行政区签署关于在广深港高铁西九龙站设立口岸实施"一地两检"的合作安排》（以下简称《合作安排》）。[3]

---

[1] 刘云普、朱最新："区域一体化下粤港合作法律治理模式的困境与出路"，载周佑勇主编：《区域政府间合作的法治原理与机制》，法律出版社2016年版，第88～89页。
[2] 石佑启："论我国区域府际合作的法律治理模式与机制构建"，载周佑勇主编：《区域政府间合作的法治原理与机制》，法律出版社2016年版，第39页。
[3] 2017年1月18日，广东省省长马兴瑞与香港特别行政区行政长官林郑月娥，在香港签署了《内地与香港特别行政区关于在广深港高铁西九龙站设立口岸实施"一地两检"的合作安排》，在广深港高铁西九龙站设立口岸实施"一地两检"，是两地为配合广深港高铁香港段2018年第三季度建成通车，根据"一国两制"方针和香港特别行政区基本法以及各自权限，经反复协商、充分论证后作出的安排。"内地与香港特别行政区签署关于在广深港高铁西九龙站设立口岸实施'一地两检'的合作安排"，载新华网：http://www.xinhuanet.com/2017-11/18/c_1121975771.htm，2018年4月5日最后访问。

《内港广东协议》由商务部副部长高燕与香港特区政府财政司司长曾俊华在香港签署,广东省副省长招玉芳出席并签署。在投资领域,《内港广东协议》是内地首次以准入前国民待遇加负面清单的方式签署的自由贸易协议,是广东率先与香港基本实现服务贸易自由化先行先试的经验积累。其对适用范围、国民待遇、保留限制性措施、金融审慎原则、电信文化专章、跨境服务、最惠待遇、一般例外与安全例外、政府采购、保障措施、投资便利化等问题分别作出了原则性的规定。《内港广东协议》以混合模式规定开放和限制的服务领域,即商业存在方式下,以负面清单形式和正面清单的方式列明了新增开放措施。[1]

粤港澳合作从深度到广度已全部铺开,如果过于强调其法律依据和渊源,则摆脱不了事事都需中央授权的局面,难以发挥地方自治和推进区域一体化。此外,全国人大常委会关于批准《〈内地与香港特别行政区关于在广深港高铁西九龙站设立口岸实施"一地两检"的合作安排〉的决定》的"三步走"的法律模式是解决粤港两地复杂法律问题的途径,也可为今后深化粤港澳大湾区合作所借鉴。即:第一步,经国务院授权广东省和香港签署《合作安排》;第二步,由国务院提请全国人大常委会批准《合作安排》;第三步,双方通过各自法律程序落实《合作安排》,即香港立法机关通过安排的法例,同时,内地有关部门进行内地法律程序,安排出入境和海关人员在西九龙站的内地口岸执行职务。在"三步走"方案中,充分体现了《香港基本法》第 2 条中的高度自治权,签署《合作安排》不影响香港特别行政区依法享有的高度自治。[2]

(二) 粤港澳大湾区投资合作的国际法基础

1. 大湾区三地相互投资的国际法依据

粤港澳大湾区投资合作,从国际法角度来看,是隶属于同一主权国家的非主权实体之间缔结的国内的区际协议。其基本法律依据是 WTO 系列协议和

---

[1] 商务部台港澳司:http://tga.mofcom.gov.cn/article/zt_cepanew/xfwmyzyh/201412/20141200838350.shtml,2018 年 4 月 5 日最后访问。

[2] 张晓明:"关于对《关于批准〈内地与香港特别行政区关于在广深港高铁西九龙站设立口岸实施'一地两检'的合作安排〉的决定(草案)》的说明",载 http://www.xinhuanet.com/politics/2017-12/28/c_1122176552.htm,2017 年 12 月 28 日最后访问。

CEPA 系列协议。[1]粤港澳大湾区涉及三个不同的关税领土，内地关税领土与"中国香港"和"中国澳门"分别代表 WTO 法律体系下的三个成员。从调整对象来看，《框架协议》与 CEPA 相似，涉及调整一国国内不同关税区之间的经贸关系，主要适用或涉及国内法。此外，曾华群教授提到需严格区分 WTO 规则调整范围"之内"与调整范围"之外"，即内地与香港之经贸关系中不属于 WTO 规则调整的，是纯粹一国国内不同关税区之间的经贸关系，是区域经济一体化安排的通常实践，因而可不受 WTO 规则或其他国际法规范的约束，比如 CEPA 第五章贸易投资便利化，争端解决机制安排。[2]

粤港澳大湾区由广东、香港、澳门三者组成，而广东是中国内地关税领土中的一个组成部分，而非一个单独关税区，仅为关税领土中的普通行政区域。在 WTO 体制下，成员之间的经贸关系是与其他非 WTO 成员比较而言的。这意味着无论是通行于全国的 CEPA，还是通行于粤港澳三地适用的法律，都必须遵守 WTO 规则。具体表现为《中国加入世界贸易组织议定书》（以下简称《议定书》）第 4 条："自加入时起，中国应取消与……单独关税区之间的，与《WTO 协定》不符的所有特殊贸易安排……使其符合《WTO 协定》。"WTO 成员之间需要寻求适用非歧视待遇原则的例外，才能建立符合 WTO 规则的粤港澳大湾区投资合作关系。也就是严格遵照 GATT 第 24 条第 5 款和《第 24 条谅解》建立的自由贸易区，必须遵循不得对其他成员实施高于或者严于形成自贸区或临时协定之前的关税和贸易管制。

中国加入 WTO 的《议定书》总则第 2 条中，中国针对"贸易制度的实施"已经作出了下列承诺："（A）1.《WTO 协定》和本议定书的规定应适用于中国的全部关税领土、包括边境贸易地区、民族自治地方、经济特区、沿海开放城市、经济技术开发区以及其他在关税、国内税和法规方面建立特殊制度的地区（统称为'特殊经济区'special economic areas）。（B）1. 中国应该将所有与其特殊经济区有关的法律、法规及其他措施通知 WTO，列明这些

---

[1] 在讨论 CEPA 性质的过程中，曾华群教授指出香港作为中国的非主权实体，与外国之间或与外国非主权实体之间缔结的协定属于国际条约，而与中国国家主体之间或中国其他非主权实体之间缔结的协定则不属于国际条约，而是一国国内的区际协定。

[2] 在讨论 CEPA 性质的过程中，曾华群教授指出香港作为中国的非主权实体，与外国之间或与外国非主权实体之间缔结的协定属于国际条约，而与中国国家主体之间或中国其他非主权实体之间缔结的协定则不属于国际条约，而是一国国内的区际协定。

地区的名称……中国应迅速，且无论如何应在60天内将特殊经济区的任何增加或改变通知WTO，包括与此有关的法律、法规及其他措施……3.除了本议定书另有规定外，在对此类特殊经济区内的企业提供优惠安排时，WTO关于非歧视和国民待遇的规定应得到全面遵守。"

就名字以及《框架协议》的签订主体来说，粤港澳大湾区并不属于GATT第24条中的"自由贸易区"和"关税同盟"，港澳在《框架协议》中也不是使用港澳在WTO中的"中国香港""中国澳门"的名称。从直观上显示，大湾区《框架协议》是区域性的协议与安排，应属于《议定书》第2条A款第一项中所指的"其他在法规方面建立特殊制度的特殊经济区"，因而大湾区中与港澳贸易相关的措施，须完全公开、透明、符合WTO规则。在"特殊经济区"内进行任何优惠安排时，其他WTO成员都可以主张非歧视和国民待遇。同时，从大湾区输往中国其他地区的产品，应适用通常的海关税费和进口限制措施，没有特别优惠。再次，大湾区的措施和法规也应当及时通知WTO。

2. 粤港澳投资合作缔约权的效力来源

现行《香港基本法》和《澳门基本法》中，无具体对粤港澳进行经贸合作所缔结协议的中央授权及程序规定。唯一可推知广东省和香港缔结投资协议的权力效力法律依据是，《香港基本法》第五章经济和第七章对外事务，分别体现在《香港基本法》第151条一次性授权香港在经济、贸易、金融、航运、通信、旅游、文化、体育等领域，可以"中国香港"名义单独地同……各地区签订和履行有关协议。也就是如果涉及以上领域，香港可以自行签订协议，无需特别授权。此外，对于其他领域的协定，如投资保护则需经过中央，逐案授权。[1]假设广东省9市及澳门属于以上条款所指的地区，粤港澳大湾区缔结协议的权力来源于港澳的对外事务权，广东省与港澳缔约的权力来源于外事权。港澳的对外事务权不涉及国家主权，仅涉及与本地发展相关的非政治性对外事务，本质上属于国内授权，是香港自治权的一个组成部分，

---

[1] 饶戈平：""香港特区对外事务权的法律性质和地位"，载饶戈平主编：《燕园论道看港澳——香港特区对外事务的国际法视角，澳门特区的政制发展于法律改革》，北京大学出版社2014年版，第6页。

表现为一种地方性职能性对外交往的能力，不具有主权性质。[1] 正是由于这种对外事务权是中央授予的，故粤港澳投资合作缔结协议的效力来源是国内法。[2]

与内地其他地方行政区域相比较，港澳享有的对外事务权在种类和范围上非常广泛。从法理上来说，广东省与港澳在投资活动中缔结协议的权力则应来源于普通行政区的对外事务权。但根据《地方各级人民代表大会和地方各级人民政府组织法》，地方人民政府的职权中并未列明对外事务权，其外事权来自于为管理本行政区域经济、教育、文化、卫生、体育、环境保护等行政工作的需要，是职务的必要，仅限于地方职权范围内的经贸领域。[3]

综上所述，粤港澳三地开展相互投资时签订的协议的权力效力来源于国内，且需中央进一步明确普通行政区与特别行政区互相签订协议时，对于是否属于对外事务权的范围而进行逐案授权。

### 三、粤港澳大湾区投资合作的主要法律内容

（一）CEPA 补充协议及《CEPA 投资协议》

粤港澳大湾区投资合作是在 CEPA 法律文件群构架的平台上深化而来的，是现有 CEPA 和广东自由贸易试验区的升级版。这些区域为"大湾区"投资合作积累了实践经验和政策支持，是投资合作法律框架中的核心内容。在"一国两制"的前提下，粤港澳三地需协调和继续发挥现有的《框架协议》和 CEPA 法律文件群，以及广东自由贸易试验区的相关法律文件的政策红利，最大限度地消除行政区划上的藩篱，促进三地人流、物流和资金流的自由往来。

---

[1] 饶戈平："香港特区对外事务权的法律性质和地位"，载饶戈平主编：《燕园论道看港澳——香港特区对外事务的国际法视角，澳门特区的政制发展于法律改革》，北京大学出版社 2014 年版，第 16 页。《基本法》赋予香港特区权力处理对外事务权……被视为功能性的，不携带主权或外交涵义。Yash Ghai, *Hong Kong's New Constitutional Order: The Resumption of Chinese Sovereignty and the Basic Law*, Hong Kong University Press, 1999.

[2] 周鲠生先生指出，"在现代（国际）公法上，国内效力也就构成国际效力的根本因素"，特别行政区的效力来源于国内，也就是中央权力机关。参见周鲠生：《国际法》，商务印书馆 1976 年版，第 605 页。

[3] 周露露："国家外交权与香港对外事务权关系浅析"，载饶戈平主编：《燕园论道看港澳——香港特区对外事务的国际法视角，澳门特区的政制发展于法律改革》，北京大学出版社 2014 年版，第 30 页。

与粤港澳投资相关的CEPA法律文件包括：2014年签署的《内地与香港关于内地在广东与香港基本实现服务贸易自由化协议》和《内地与澳门关于内地在广东与香港基本实现服务贸易自由化协议》(以下简称《广东服务协议》)、2017年12月签署的《〈内地与澳门关于建立更紧密经贸关系的安排〉投资协议》和6月签署的《〈内地与香港关于建立更紧密经贸关系的安排〉投资协议》(以下简称《CEPA投资协议》)。[1] 而由于广东自贸区中的深圳、前海和南沙也属于粤港澳大湾区中的行政管辖区域，因而《自由贸易试验区外商投资准入特别管理措施（负面清单）（2017年版）》(以下简称"2017负面清单")也适用于粤港澳大湾区内涉及广东自贸区内的所有投资。[2]

在这些法律文件中，首要解决的问题是在粤港澳大湾区中这些投资法律文件之间的关系。《CEPA投资协议》第1条则表明了《CEPA投资协议》是CEPA框架下专属投资领域的协议，而投资协议应与《CEPA服务协议》所涵盖的内容进行严格区分。在2017负面清单措施中，香港与澳门在广东自贸区投资时，如果CEPA及补充协议中对符合条件的投资者有更优惠的开放措施，应按照相关协议的规定执行。由此可推断出粤港澳大湾区内进行投资的主要法律依据是CEPA投资协议，但如果涉及与投资相关的服务领域，仍然需参照《CEPA服务协议》和《广东服务协议》。《CEPA投资协议》中如有更优惠的投资措施，如附件二"负面清单"的措施，则应优先于2017负面清单措施而适用。

相对于自贸区2017负面清单中的15个门类、40个条目、95项特别管理措施，《CEPA投资协议》只有16项。相比之下，《CEPA投资协议》及附件中涉及的门类更少，内容更为细致全面。[3]《CEPA投资协议》参照了我国与其他国家和地区签订的投资协议，国民待遇、业绩要求、最惠国待遇、不符措施、投资便利化及争端解决，并吸收了自贸区创设的准入前国民待遇加负

---

[1] CEPA法律文件可见商务部网站：http://tga.mofcom.gov.cn/article/zt_cepanew，2018年4月7日最后访问。

[2] "国务院办公厅关于印发自由贸易试验区外商投资准入特别管理措施（负面清单）（2017年版）的通知"，载http://www.gov.cn/zhengce/content/2017-06/16/content_5202973.htm，2017年6月16日最后访问。

[3] 如交通运输工具的制造中，港澳投资者投资汽车整车（乘用车和商用车）、专用车制造，内地方股比不低于50%较自贸区负面清单，"汽车整车、专用汽车制造，中方股比不低于50%"，进一步明确限制投资整车的范围。

面清单模式。[1]尤其是在第三章投资便利化及争端解决中,根据三地法域的不同要求区分了港澳在内地投资者的争端的解决方式和内地在港澳投资争端的解决方式,也明确了就投资争端解决的协调机构,即在安排联合指导委员会下设立的投资工作小组。其中针对第9条的不符措施(负面清单),[2]在《CEPA投资协议》的附件二中列出了16项内容,并细分为不可回退条款负面清单和可退回负面清单。从内容上看,不可回退负面清单的项目涉及部分采矿业(石油开采、稀土冶炼)、交通工具制造、政府授权专营共五个条目,而可回退负面清单仅涉及原子能、传统工艺美术和中药、土地三个条目。两者的区别是,针对不可回退条款负面清单中的投资行业,内地部门可以实施与国民待遇、最惠国待遇、业绩要求和高级管理人员、董事会成员与人员措施不符的限制措施,而内地对可回退条款负面清单中的投资行业,可采取维持、更新或更具限制性的不符措施。

(二)《CEPA投资协议》中赋予港澳投资者的"大礼包"

与2017版"负面清单"不同的是,《CEPA投资协议》负面清单的三项基本构成(部门、所涉义务、描述)与国际上通行的负面清单类似,包括国际投资协议中常见的类型,如国民待遇、最惠国待遇、业绩要求、高级管理人员和董事会。这也体现了我国立法技术趋向与国际接轨和逐步精细化。如美国的BIT2012范本和许多国家的自由协定中的负面清单显示,一项不符措施的内容包括至少七项规则要点:部门或事项、国内或国际产业分类编码、保留类型、政府级别、法律依据、措施的简要描述及逐步自由化的承诺,在保留类型中往往涉及国民待遇、最惠国待遇、业绩要求、高级管理人员和董事会等方面的不符措施。在交通工具制造中,《CEPA投资协议》的"负面清单"中吸收了自贸区负面清单的新内容,规定地面、水面效应飞机制造及无人机、浮空器这些新型产业的制造由内地方控股。遗憾的是,此条款并没有

---

[1] 准入前国民待遇体现在CEPA投资协议中的第5条:"一方给予另一方投资者或投资在设立、取得、扩大、管理、经营、运营和销售或其他处置其境内投资方面的待遇,不得低于在类似情形下给予其本地投资者的待遇。"由于此处给予投资者的国民待遇措施是从企业投资设立开始的,与自贸区的准入前国民待遇类似。

[2] 按照CEPA投资协议第9条"不符措施"的要求,内地和港澳将保持与国民待遇、最惠待遇、业绩要求、高级管理人员、董事会成员不相符的措施,分别在内地减让表和港澳减让表的清单中列明。

指出具体达到多少份额才能算得上是内地方控股。

此外,很多在自贸区不能实施的投资准入优惠措施在《CEPA 投资协议》下可以施行,充分发挥港澳国际金融中心的优势地位,体现在全国自由贸易区的负面清单中。外国投资者不得成为证券交易所的普通会员和期货交易所的会员,以及对境外投资者持有内资证券公司的股票份额设有严格的限制。[1]而港澳投资者却可享受在内地的交易市场、公开市场或场外交易市场自行交易或通过他人交易,或者通过其他方式在内地的金融投资。如货币市场工具,包括支票、汇票、存单、外汇、衍生产品、可转让证券、期货和期权。此外,《CEPA 投资协议》所准许的港澳投资者的范围也较广,包含参与沪港通、深港通的香港投资者的名义持有人(即香港中央结算有限公司)以及参与债券通的香港投资者的名义持有人(即香港金融管理局认可的香港地区债券登记托管结算机构),同时其也可在符合中央政府或内地有关部门规定的条件的情况下,在投资银行间债券市场进行交易。[2]

(三) CEPA 实施中存在的问题及完善

1. 改进负面清单行业分类方法以保证国内标准和国际惯例的衔接

《CEPA 投资协议》中的负面清单的行业分类即无采用 2017 自贸区的负面清单中的《国民经济行业分类》标准,也无采用国际上通行的世界贸易组织(GNS/W/120),或者联合国统计司制定的产品总分类 CPC,国际海关理事会制定的协调商品种类和编码体系(HS)、国际标准产业分类(ISIC)、缔约方国内的标准产业分类(X-SIC)以及缔约方国内的其他行业分类标准等五种中的任意一种。而 CEPA 服务协议采用的行业分类是《服务贸易总协定》的(GNS/W/120)和联合国统计司制定的产品总分类(CPC)结合使用的分类法。实践中存在着多种不同的行业分类方式,对在粤港澳大湾区内横琴、前海和南沙地区的投资者来说造成了极大的不便及困扰。因为投资者需要分别根据《CEPA 服务协议》和自贸区负面清单来衡量其申请的行业是否符合

---

[1]《2017 自贸试验区负面清单》第 27 条第 52 项:"单个境外投资者持有(包括直接持有和间接控制)上市内资证券公司股份的比例不超过 20%;全部境外投资者持有(包括直接持有和间接控制)上市内资证券公司股份的比例不超过 25%。"

[2] 参见《CEPA 投资协议》附表 1 条目 8 所有部门。银行间债券市场包括香港货币当局、国际金融组织、主权财富基金可在银行间市场投资债券现券、债券回购、债券借贷、债券远期,以及利率互换、远期利率协议等其他经中国人民银行许可的交易。

项下对投资的准入、设立和管理的要求。

因此，大湾区内所适用的"负面清单"措施需要有所突破，可以考虑以下两点：①在自贸区负面清单的行业分类基础上建立《国民经济行业分类》与CPC分类的对应关系，在我国《国民经济行业分类》后面再加上对应的CPC分类代码，使港澳投资者更好地了解中国的负面清单。②CEPA投资领域的"负面清单"应采用CEPA服务协议的国际通用的分类法，完善投资和服务开放领域的分类，以便在参与国际贸易和投资谈判时能与国际惯例更好地衔接，也体现了便于港澳投资者的总体理念。

2. CEPA框架下的某些行业开放缺乏实施细则和政策指引

只有表述规范、严谨的不符措施才能准确地界定东道国和外国投资者的权利义务，才能满足负面清单管理的透明度要求。细读《CEPA服务协议》《CEPA投资协议》《广东服务协议》和《2017自贸区负面清单》，我们不难发现其中并无国际上通行的七种负面清单的项目，而仅有部门或事项、国内产业分类编码及简单的描述，缺乏实际可操作性。

如根据《广东服务协议》的规定："在广东省前海、南沙、横琴试点与内地方以合伙方式联营，联营方式按照司法行政主管部门批准的具体规定执行。""申请设立医疗机构需经广东省卫生计生委和广东省商务主管部门按国家规定审批和登记。""由香港律师事务所向内地律师事务所派驻香港律师担任涉港或跨境法律顾问。"这里的具体规定究竟是哪些机构的哪些规定应当明确说明，如何厘定"涉港"和"跨境"的涵义？这些模糊不清、语焉不详的规定在CEPA法律文件和自贸区负面清单中也属常见，故在制定负面清单时需考虑细化这些表述不规范、不严谨的条文，以增加政府透明度，降低外国投资者识别负面清单的难度和自贸试验区管理部门的操作难度。

在CEPA实施中，由于缺乏官方部门或机构的详细解释和阐述，某些已经开放的专业服务领域，因"政出多门""大门开，小门不开"等协调问题而难以落实。比如，某香港教育机构已在广州注册企业，注册时获批的范围为"教育咨询"，但不可提供"培训"服务。该企业本想借助《CEPA补充协议九》，允许以独资、合资形式在内地经营培训机构，扩大其经验范围至"培训"类，但由于无实施细则，未能为经营性机构的经营范围做清晰的定义，而该教育机构无法获得审批。期间，该机构通过香港驻粤经济办事处向广东省教育厅、广州市教育局、广州市工商局、广州市外经贸局及广州市外国专家局查询，发现除了市外经贸局外，其他机构表示不了解或者无权执行CEPA措施中的相关内容。[1]

从限制的产业类型来说，在国际上的负面清单中的行业主要分布在第三产业，尤其是金融服务、航运服务和专业服务。在澳大利亚和新加坡的负面清单中，新加坡对第一产业没有限制，对第二产业有6条限制措施，但是对第三产业的限制措施多达97条。此外，学界多从美商签订的BIT"负面清单"来建议负面清单应包含的至少三类不符措施的产业内容。[2]①为除金融行业之外的其他领域的现行不符措施，以及此类措施的延续、更新或修订。此类措施延续、更新或修订必须遵循"棘轮机制"（现行不符措施可以延续、修订或废止，但不得加严）；②"排除产业/部门"，即政府有权增加不符措施或加严现有的不符措施，允许政府未来制定新的不符措施或加严现行不符措施的自由裁量权。③专门用于列明金融服务部门的不符措施。

而CEPA的投资和服务负面清单采用了排除部门的不符措施，而非"棘轮机制"，对于新的不符措施的态度甚为谨慎，笼统划分了采矿业、制造业和所有行业领域的准入前国民待遇。除了金融证券领域存在细化的条款外，其他产业实施的限制性措施与自贸区负面清单相比，并无实质性突破。同时CEPA下的服务协议也仅仅涉及服务领域的正面+负面混合式清单，亟待进一步对需要开放的制造业和其他产业所涉及的具体法律规范及实施细则予以清理和梳理，来增强负面清单在大湾区中的实效。

**四、粤港澳大湾区投资合作的法律模式**

（一）明确粤港澳大湾区投资合作的法律基础

粤港澳大湾区进行投资合作的法律基础性文件为《框架协议》。粤港澳大湾区先行先试需要在哪些领域突破现行法律、行政法规的规定，取决于实际需求。虽然《框架协议》得到了事实上的授权，但是从法律上来说，无论是《宪法》《地方组织法》，抑或是港澳《基本法》，皆无对普通行政区与特别行政区缔结投资协议的权力范围和缔约效力的明确规定。同时，如何通过授权

---

[1] 陈广汉等：《区域经济一体化：以粤港澳大湾区为例》，社会科学文献出版社2017年版，第23~24页，第69~71页。

[2] 梁咏、代思浓："上海自贸区热'负面清单'的冷思考"，载《金陵法律评论》2014年第2期。

形式使得《框架协议》以及将来粤港澳大湾区投资合作协议等法律文件具有合法性和合宪性，体现优势互补、互惠互利，成为粤港澳三地广泛接受的平等行政协议，将成为大湾区投资合作立法的新课题。笔者建议，可学习上海自贸试验区在设立之初突破现有国家法律行政法规的途径，来明确大湾区的法律定位。为了保证上海自贸区改革试点工作的顺利进行，2013年9月30日，全国人大常委通过授权国务院在中国（上海）自由贸易试验区内暂时调整实施《有关法律规定的行政审批的决定》来完成法律授权。从现行可循的法律文件中以及粤港澳三地政府协议的实践中也可推知，全国人大授权实施大湾区法律制度的方式是可行的。

（二）细化粤港澳大湾区投资"负面清单"的项目

粤港澳投资所依赖的CEPA投资协议及其"负面清单"存在标准不一、难以细化实施等问题。在大湾区建设的初级阶段，不宜大幅度地削减外资准入的限制措施。任何产业的开放背后都存在着一定的风险，在未对某产业是否涉及国家核心利益进行评估，并完成产业竞争力或抗压能力测试前，不宜贸然将其开放。虽然从理论上讲，作为《CEPA投资协议》下的"负面清单"可以回退，一国的重点保护产业并不是一成不变的，完全可以将以前对外资开放的产业重新作为限制或禁止外资进入的行业，但是这种回退毕竟会对外国投资者的合理预期性产生不利影响。

因此，在粤港澳大湾区中实施CEPA及广东自贸区"负面清单"时，必须把握好开放的"度"。建议可从三个层次进行划分：首先，应对各产业的重要性进行充分评估，对于涉及国计民生关键利益的行业，如重要能源、重要资源、基础设施等行业不妨予以明确排除；其次，对不涉及国计民生关键利益的行业，如制造业、批发和零售业、租赁和部分服务业等可通过产业竞争力测试或抗压力测试后，根据产业所处的发展水平，合理安排开放的具体步骤。最后，现有CEPA投资领域和与投资相关的服务领域的优惠措施是方向性的，具体实施、措施的解释和操作细节是需要粤港澳多个政府部门联合来进行拟定的。现有《CEPA投资协议》第19条所涉及的粤港澳三地联合指导委员会仅为解决内地与港澳间争议的高层代表或指定官员组成，是否能借此大湾区的机遇，就大湾区内亟须解决的金融、专业、医疗、养老和教育问题，形成更多粤港澳三地联合管理机构，有待于进一步深入研究。

### (三) 建立健全多元化区域政府合作投资纠纷解决机制

当前粤港澳合作相关的软法机制仅在上层（粤港澳）政府间进行双向沟通，对各自下层的民众是难以参与其中的，投资者往往无法预知具体制度的来源。故必须在完善粤港澳社会上层间进行双向沟通的机制基础上，引导和推动构建下层民众间的双向沟通机制，使得制度安排的出台可得到最广大民众的理解与支持，使得合作软法治理建立在雄厚民意基础上来促进其实施。[1]

随着粤港澳大湾区的推进，区域政府合作协议中产生的纠纷解决方式应趋向多元化，也就是除了CEPA中的"协商一致"外，还应该有仲裁和诉讼形式。如美国的州际协定本身产生的解释、实施和权利义务的确认等诉讼，通常是在美国联邦最高法院进行的，而州际协定诉讼涉及私有利益，则在州法院或低层联邦法院中启动诉讼。[2]此外，仲裁形式也是两个州之间不能达成一致意见时的常见的解决方式。如《蛇河协定》规定："当两个州的行政官员对有关协定的管理问题不能达成一致意见的时候，成员国可以要求美国地质调查委员会或其他有权组织任命一名联邦代表参与到争端的解决中来，争端的解决方法由三方中多数意见决定。"[3]

### 五、结语

粤港澳大湾区框架协议是粤港澳投资贸易便利化的开端，制定相关的措施更为复杂和敏感。当前，大湾区投资法律制度受阻得的主要原因并非是缺乏文本规定，而是难以使现有协议落地并得到普罗大众的全面支持。因此，大湾区投资法律的顺利实施仍需要进一步研究法律制度创新、三地联动机构改革、整合各部门信息及探索多元化多方参与的争议解决方式，最终实现粤港澳共建世界级"都市圈""产业群"和"优质生活圈"。

---

[1] 刘云普、朱最新："区域一体化下粤港合作法律治理模式的困境与出路"，载周佑勇主编：《区域政府间合作的法治原理与机制》，法律出版社2016年版，第94~95页。

[2] 参见叶必丰："我国区域经济一体化背景下的行政协议"，载《法学研究》2006年第2期。

[3] http://apps.csg.org/ncic/PDF/snake%20River%20Compact.pdf.

# 粤港澳地区商标权利保护及互认机制的建立构想

## ——以"恶意注册"为基础对突破商标权地域性壁垒的评析

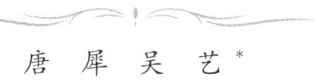

唐 犀 吴 艺[*]

【摘 要】在各国的法律当中,对于商标的权利保护分别有在先注册原则和在先使用原则两种不同的保护倾向。同时,商标的保护具有严格的地域性,在某个国家取得的商标权利只能在该国内部获得保护。因此,商标权利人只能在商标的注册地享有商标权,在域外不享有商标权。粤港澳地区尽管地理位置邻近,有紧密的政治、经济、文化合作,但属于不同的法域,亦有不同的商标注册制度,从而导致商标抢注者在三地大量出现。商标抢注者大多将买卖商标作为投资方式,赚取商标转让费与注册费之间的差额利润。在本文中,笔者将通过阐述恶意注册商标的现状、粤港澳三地对于商标登记注册以及商标保护的现状,结合现有的粤港澳三地司法互助基本框架,提出对于粤港澳三地知识产权互认机制的构想,以期对粤港澳之间的法域、地域性知识产权认可和保护机制的众多壁垒进行突破。

【关键词】恶意抢注 商标权 在先使用 地域性 区域法律互认

由于香港、澳门两个特别行政区与广州、深圳、珠海、佛山、中山等珠三角城市在地理和空间上的联通和整合,以及注册商标的地域性保护要求,大量的内地商标抢注者将业务转移至香港、澳门。特别是在 2007 年国家工商总局商标局公布《自然人办理商标注册申请注意事项》之后,内地对自然人申请注册商标的资格、范围及受让人都进行了更强的限制,要求必须以工商登记作为依托。商标抢注者在港澳抢注内地具有一定影响力商标的举动更为频繁,而将港澳知名商标注册成为内地商标的报道也屡见报端。

---

[*] 唐犀,广州商学院法学院副院长;吴艺,广东法制盛邦律师事务所专职律师。

## 一、粤港澳三地的商标抢注行为频发的原因

（一）商标权的地域性

商标的保护具有严格的地域性。《商标法》第 3 条规定："经商标局核准注册的商标为注册商标，包括商品商标、服务商标和集体商标、证明商标；商标注册人享有商标专用权，受法律保护。"商标权人要获得注册商标的专有使用权、禁止权、转让权、续展权等权利，必须进行注册手续，由商标管理机关依法授予商标注册人商标专用权，并以公权力予以保护。香港《商标条例》第 14 条第 1 款及澳门《工业产权法律制度》第 219 条亦体现了同样的要求。商标即使已获国家工商行政管理总局商标局或其他国家或地区的商标注册处注册，亦不会自动在香港及澳门受到保护。要在香港得到保护，商标必须根据《商标条例》（第 559 章）及《商标规则》（第 559A 章）注册。香港作为自由港，是内地企业将产品出口欧美，进行转口贸易的重要中转地。按照香港特别行政区法律，从香港出口商品时，需要向海关出示香港的商标授权书，如无授权书会加大产品出口的风险和成本。

澳门特别行政区政府经济局也专门释明："正因澳门特别行政区的商标注册制度具有地域性，本澳的商标法例只保护在本地区批予的商标。因此，在澳门特区以外注册的商标，欲在本澳得到保护，还必须根据澳门特区法规重新申请。"[1]

（二）抢注的低成本

港澳与粤地区相连，交通方便，贸易往来频繁，因此商标抢注者亲身到港澳地区注册极为方便。商标抢注者可以首先通过香港特别行政区知识产权署的商标检索系统（http://ipsearch.ipd.gov.hk/index.html）或澳门特别行政区经济局网站（http://www.economia.gov.mo）中的知识产权栏目，初步审查内地知名的商标是否已经被注册，再考虑注册策略。至于费用的负担，香港申办商标注册的费用为 2000 港币。每个额外货品或服务类别（如有的话）的申请费用为 1000 港币。澳门注册申请为 1000 澳门币，续期为 2000 澳门币。如果选用代理人进行注册，香港要求只要在香港有住所或业务地址的任何人

---

[1] 澳门特别行政区政府经济局：http://www.economia.gov.mo/zh_CN/web/public/pg_ip_faq?_refresh=true，2018 年 5 月 11 日最后访问。

士、合伙商行或公司，均可在商标注册处的任何法律程序中以商标代理人身份行事。澳门则要求在澳门特区律师公会注册的律师或者澳门特区居民、按澳门特别法律设立的法人，在资料齐备且无第三人提出反对注册的情况下，一般最短只需6个月左右的程序即可完成商标注册程序。由此可以看出，港澳地区不但注册商标方便，相比欧盟商标管理局高达10 000元人民币左右的注册申请费用也低廉不少。

## 二、粤港澳三地对于商标登记注册及保护的立法现状

（一）与商标权保护相关的国际条约

目前，三地共同参加的国际公约有《巴黎公约》和TRIPS协议，但香港和澳门均未加入商标国际注册马德里协定和有关议定书。马德里商标国际注册体系依托于世界知识产权组织国际局（WIPO），为缔约方到其他缔约方注册商标提供便利。任何自然人或法人，只要在一个马德里联盟的成员工商营业场所、住所或者是而与马德里联盟一成员有关系，均可使用马德里体系申请国际注册。自注册日起，国际注册具有同申请人在每一个被指定国家进行通常国内申请的同等效力。马德里协定不但费用低廉、手续简单，也便于商标信息查询和管理，更重要的是能解决多法域地区单独进行商标注册申请的麻烦。但遗憾的是，香港和澳门并没有加入马德里协定，因此无法使用该途径注册国际商标。

内地、香港及澳门均加入了《巴黎公约》。《巴黎公约》对商标权的保护主要体现在几个原则上。如第2条规定了国民待遇原则，外国国民应获得与本国国民相同的法律待遇和法律保护。第6条规定了商标独立性原则，《巴黎公约》尊重各缔约方主权，因此在一个缔约方内获得注册的商标，并不必然在其他缔约方也当然获得注册。如果在一个缔约方内没有获得商标注册，甚至被注销，不得影响其他缔约方批准注册的效力。马德里公约重视驰名商标的保护，包括未注册与非注册的驰名商标。根据该公约，成员的国内法必须禁止使用与成员中的任何已经驰名的商标相同或相似的商标，并应拒绝给这种商标注册；已经批准注册的，一经发现，应予撤销。

TRIPS协议与《巴黎公约》不同的是增加了商标的识别性，并将商标适用范围扩大到服务领域。协议还细化了驰名商标的标准及跨类保护的规定，认为驰名商标不一定需进行注册，但需满足"当顾及有关公众对其知晓程度，

包括在该成员地域内因宣传该商标而使公众知晓的程度"的要求。根据该协议第 16 条的规定，驰名商标不仅包括了在相同或类似的商品或服务上的保护，而且还扩大到了不相类似的商品或服务上。

（二）三地关于驰名商标的法律规定

商标权在突破地域权方面的表现主要集中于驰名商标的保护，因此有必要比较三地有关驰名商标权的规定。

内地构建了《商标法》《商标法实施条例》《驰名商标认定和保护规定》以及《最高人民法院关于审理涉及驰名商标保护的民事纠纷案件应用法律若干问题的解释》等包含法律、行政法规、司法解释在内的法律保护体系。《商标法》对驰名商标有明确的定义，保护注册或未注册的驰名商标，对驰名商标的认定标准也有明确规定，对于驰名商标可以采用行政及司法认定的双轨制，在司法认定中要贯彻"被动保护""个案认定"以及"按需认定"的原则。与《巴黎公约》及 TRIPS 协议比较，内地法律在认定驰名商标的要求上更注意注册商标的显著性和知名度，对驰名商标进行了跨类保护，而对未注册驰名商标则不能进行跨类保护。《商标法》第 13 条对此规定："为相关公众所熟知的商标，持有人认为其权利受到侵害时，可以依照本法规定请求驰名商标保护。就相同或者类似商品申请注册的商标是复制、模仿或者翻译他人未在中国注册的驰名商标，容易导致混淆的，不予注册并禁止使用。"

香港特区的《商标条例》第 4 条将驰名商标解释为提述驰名于香港的商标。如同其他商标一样，驰名商标也可借由注册得到保护。香港并未另设一类驰名商标注册，因此驰名内地并不等同于驰名香港。《商标条例》附表二中列举了驰名商标的决定方法中的考虑因素，包括有关的公众界别对该商标的认识或承认程度以及使用该商标历时多久、使用的范围及地域范围等五个因素。此外，根据《商标条例》第 63 条，在不抵触第 59 条（默许的效力）的规定情况下，有权根据《巴黎公约》获得作为驰名商标的保护的商标的拥有人，在有人于香港就相同或相类似的货品或服务而使用任何与他的商标相同或相类似的商标，或当中主要部分与他的商标相同或相类似的商标，而该使用相当可能会令公众产生混淆的情况下，该拥有人有权借强制令限制在香港就该等货品或服务而使用该商标。除非对该商标的真诚使用在 2003 年 4 月 4 日之前已经开始。香港法律的缺陷在于，其并未明确规定驰名商标的定义，对于考虑因素中有关的公众界别，未周延至更宽泛的领域和评判标准。最后，虽然驰名商标持有人可使用强制令限制他人在香港使用与驰名商标相同或相似的商标，但没有具体规定是否应当赔偿，以及赔偿额的计算方式。

澳门特区于1999年12月13日颁布《工业产权法律制度》，其中第211条、第214条及第230条规定了关于驰名商标的保护措施。第211条规定了对商标申请的异议程序，第214条则规定拒绝商标注册的理由，其中包括全部或部分复制或仿制他人先前已注册之商标，以用于相同或相似之产品或服务，并可能使消费者产生误解或混淆，或具有使人将其与已注册商标相联系之风险属于禁止注册的情况。第230条规定了商标注册的撤销程序，其中要求拟以保护驰名商标为理由而撤销有关商标注册之利害关系人，仅在证明已于澳门申请有关注册后，或于请求撤销之同时提出注册申请，方可参与有关程序，并要求在注册日起计5年内提出。此外，驰名商标的利害关系人认为被注册的商标违反其利益，则自注册申请通告刊登于《政府公报》日起计1个月内，可按《工业产权法律制度》第211条第1款向经济局局长提出声明异议，由经济局局长启动答辩程序。根据《工业产权法律制度》第275~283条之规定，驰名商标的利害关系人可对经济局局长的有关批示提起上诉。[1] 澳门同样没有规定驰名商标的定义，且对驰名商标的认定标准失之粗疏，无法进行量化，而主要凭借法官的判断。此外，澳门驰名商标只能以司法方式获得认定，但澳门的司法效率较低，以法院认定的方式更降低了驰名商标保护的效率。

（三）三地商标被恶意注册的反对法律程序

《商标法》规定有几种情况。针对申请中的商标，当事人可以在该商标3个月的异议公告期内以恶意或有在先相同、近似的商标提出异议。如系已注册商标，则可以依据没有正当理由连续3年不使用为由进行撤销，如能证明抢注商标属恶意注册的前提等情况，也可以直接提出无效申请。此外，由于受到《商标法》第50条冷却期的影响，商标被确认无效后1年内，不得核准相同或类似商标的申请。

香港特区对商标的异议程序置于商标注册前，先实质审查再进行公告，公告后予以注册。当事人可在商标申请公告日期起计3个月内提交反对申请通知。反对理由包括《商标条例》第11条和第12条，对于事涉抢注的问题，

---

[1] 丘志乔："澳门地区驰名商标法律保护与评析"，载《电子知识产权》2007年第8期。

可提出诸如该抢注商标的注册申请是不真诚的,该商标与其他在先商标相同或相类似,以及该抢注商标对尚未注册但在营商过程中所使用的商标构成假冒等理由。申请方可作出反陈述,异议方和申请人均应提交证据并进行质证,香港知识产权署在收到异议双方的证明材料后确定聆讯日期,听取双方及代理人的陈述后依法作出裁定,败诉方需要支付胜诉方的律师费用。如商标已经注册成功,则应根据《商标条例》第53条向商标注册处处长或法院提出宣布该商标无效的申请。

澳门特区针对商标抢注,如果商标尚在《澳门特别行政区公报》内刊登的工业产权保护通告或者印务局网页中的"商标登记的保护"的公告期内,任何人士均可在2个月就该商标的注册申请,以书面方式向知识产权厅提出声明异议。申请人得于接获通知起计之1个月内在答辩书内作出答复,由经济司作出判断。如果商标已经注册,仍得根据《工业产权法律制度》第230条对商标注册予以撤销。

### 三、粤港澳三地司法建立互助框架的建议

(一) 先行先试政策奠定基础

在全面深化改革的背景下,如何处理好改革、发展和稳定三者的关系成了改革者面临的重要问题。先行先试的含义为在某一地区或行业为制定新政策、测试政策的有效性、对比完善政策内容,并最终形成示范效应所进行的风险可控的先行探索和实验。[1]先行先试的办法既可保证改革与发展的顺利推行,又可以把改革的成本和风险控制在能接受的范围,而不至于引起社会的波动,在探索重点领域和关键环节的新立法中可起到积极作用。2015年,中共中央办公厅、国务院办公厅印发了《关于在部分区域系统推进全面创新改革试验的总体方案》,其中广东地区作为八个改革试验区之一,需积极探索粤港澳创新合作,"以制度创新为核心"。粤港澳地区具有建立区域内知识产权统一市场的需求,以便促进区域内投资和贸易的便利化。内地与港澳地区的商标权冲突,无疑是区域合作的绊脚石。因此,粤港澳地区应建立起良好的商标权互认机制,先试先行,以区域间更紧密合作为试点,逐步解决问题。

---

〔1〕 石晋昕:"公共政策'先行先试'各要素类型分析",载《经济师》2016年第1期。

## (二) 建立统一协调部门

在 CEPA 框架之下，粤港澳地区的知识产权保护其实已经起到一些作用。比如，粤港两地早在 2003 年 8 月第六次粤港合作联席会议后成立粤港保护知识产权合作专责小组，旨在加强粤港两地在知识产权不同范畴的交流和合作，包括推广和教育、培训、执法、调查研究以及资讯发布等方面。珠海横琴工商局与香港中小型企业联合会和澳门连锁加盟商会分别签订了商标知识产权跨境保护与服务合作协议，建立了商标保护机制及行政执法部门协同监管执法机制。在商标法制保障环节，香港与横琴国际仲裁院签订了商标纠纷快速调解仲裁协议，启动商标纠纷快速调解仲裁机制。与珠海横琴公证处建立了公证服务商标知识产权的合作机制。[1]但这些协作及联盟仍属于较为松散的框架性合作，且协作的行政级别较低，无法从根本上解决商标抢注的问题。笔者认为，三地应成立以广东省工商行政管理局、香港特区知识产权署及澳门特区经济局官员为主，辅以经济、贸易、法律等领域专家的商标权协作小组，就商标权互认问题进行研究，就研究结果上报中央政府，由中央政府授权三地开展商标权互认的试点及合作协议签署工作。

## (三) 以 CEPA 补充协议建立商标权互认机制

CEPA (Closer Economic Partnership Arrangement)，即《关于建立更紧密经贸关系的安排》的英文简称。包括中央政府与香港特区政府签署的《内地与香港关于建立更紧密经贸关系的安排》、中央政府与澳门特区政府签署的《内地与澳门关于建立更紧密经贸关系的安排》。CEPA 既符合 WTO 规则，又符合"一国两制"的方针。CEPA 要求加强内地与香港及澳门的特别行政区的贸易和投资合作，促进双方的共同发展，逐步减少或取消所有货物贸易的关税和非关税壁垒；逐步实现服务贸易自由化，减少或取消双方之间实质上所有歧视性措施；促进贸易投资便利化。随着知识产权的跨域流动的加速，知识产权在国际贸易中的重要性日益加强，知识产权的严格地域性开始有所突破，这种突破主要表现在如下一些方面：一是通过加入国际性的知识产权公约……二是通过地区性的多边公约在某些特定地区开始突破。[2]根据知

---

[1] http://www.sohu.com/a/71689448_119556，2018 年 5 月 15 日最后访问。

[2] 易在成："粤港澳合作在知识产权地域性方面的探讨"，载《暨南学报（哲学社会科学版）》2015 年第 1 期。

产权的研究理论来看，地域性并非知识产权固有的特征和本质属性，而是外部环境施加于知识产权及其立法的，因此突破地域性并不存在理论和实务上的障碍。"后 TRIPS 时期，知识产权最积极的谈判是在大量双边自由贸易协定（FTAS）中制订详细而具体的知识产权章节，以推行超 TRIPS 知识产权保护和执法标准。"[1]

CEPA 是一个高标准的自由贸易协议，领域广泛。其第 3 条明确规定："双方将通过不断扩大相互间的开放，增加和充实 CEPA 的内容。" 因此，笔者认为，通过 CEPA 协议的补充协议来规定知识产权跨区保护的问题是完全可能的。当然，仍应注意粤港澳三方法域在政治、经济、文化、法律传统等方面的差异和商标权保护发展不均衡的现实，同时还要考虑地区进行法域合作的制度安排要兼顾各方利益的问题。

CEPA 协议对商标权互认的机制建立应按以下几个步骤完成：第一步是通过签订 CEPA 补充协议的方式，统一商标注册与登记的要求、时限等程序性要求。如上所述，粤港澳都加入了《巴黎公约》和 TRIPS 协议，在独立保护的原则基础上，三地均有自主决定商标权互认机制的对接问题，因此有必要对共同参加的国际公约或国际条约中的规定，在补充协议中予以重述和强调。第二步是在协议基础上制定统一商标的保护对象、范围、商标所有权人的权利和救济等实体法内容，将三地的立法进行趋同化。当然，也有学者建议并不需要完全统一，而是采用示范法的方式进行指导。笔者认为，两种路径的选择主要取决于前一步骤的实施情况。第三步建立起统一的商标权保护制度，并进一步推广至统一的知识产权法律制度。

## 四、三地知识产权互认机制初探

### (一) 三地知识产权法律渊源的区域互认和适用

在广东、香港、澳门三地的商标侵权纠纷以及商标权属的确权程序当中，司法机构以及行政机关适用的法律仍严格地、排他性地以各自法域的法律为依据。

笔者认为，为了更好地保护知识产权创作者的智力成果，以及更便利而

---

[1] 廖丽："后 TRIPS 时期国际知识产权执法新动向"，载《暨南学报（哲学社会科学版）》2014年第 9 期。

全面地对于争议事项进行本质认定，在粤港澳大湾区内，可以尝试在一定程度上放开对于本法域外的法律条文的直接适用，以弥补粤港澳三地因其各自的法律差异而导致对个案的认定和解决的空白和滞后性。其在类似的知识产权争议解决机构认定已经有所突破。例如，亚洲域名争议解决中心的香港秘书处，在其受理的案件当中，有相当大部分的案件申请人或被申请人或争议域名的使用地是内地。而域名的基本权利则是源自于商标权利。除了亚洲域名争议解决中心固有适用的《统一域名争议解决政策》外，这些案件的当事人有时会直接在投诉申请书中引用《商标法》《最高人民法院关于审理涉及计算机网络域名民事纠纷案件适用法律若干问题的解释》《刑法》等法律条文主张其观点和权益。[1] 而在该中心香港秘书处的 HK-1400654 号案件裁决书中，专家组仲裁员甚至在认定意见中直接引用了《刑法》第 246 条、第 286 条，以及中国人民银行就《关于防范比特币风险的通知》答记者问的内容，[2] 以论述该案中被投诉人抢注争议域名的恶意性。

具体到商标侵权案件中，内地有关商标的法律、法规并没有对"恶意"的定义。"恶意"主要是以"恶意注册"或者"不正当手段"等的表述零散地出现在《商标法》《商标法实施条例》以及最高人民法院的相关司法解释条款中。2016 年 12 月，商标局、商标评审委员会（以下简称为"商评委"）联合发布了修订后的《商标审查及审理标准》。其中第 174~179 页是关于认定《商标法》第 32 条"不正当手段抢注他人已经使用并有一定影响商标"以及第 44 条第 1 款"其他不正当手段注册"的情形。2017 年 3 月 1 日施行的《最高人民法院关于审理商标授权确权行政案件若干问题的规定》（以下简称《商标确权司法解释》）第 23 条、第 24 条，更是直接认定了"以不正当手段抢注"以及"其他不正当手段"的情形。

假如来自内地的某申请人 A，在香港抢注了在广东省广州市小有名气的某商品品牌商标 B 为注册商标，导致该品牌广州市的经营者在日后拓展香港或者澳门市场时遇到阻碍，甚至遭遇被抢注者 A 提起诉讼。在此情况下，B 商标品牌的广州在先经营者向香港的商标登记注册机构——香港知识产权

---

[1] "亚洲域名争议解决中心香港秘书处裁决案例"，载 https://www.adndrc.org/diymodule/docUDRP/HK-1400614_Decision.pdf，案号：HK-1400614，第 6 页，2018 年 5 月 15 日最后访问。

[2] "亚洲域名争议解决中心香港秘书处裁决案例"，载 https://www.adndrc.org/diymodule/docUDRP/HK-1400654_Decision.pdf，案号：HK-1400654，第 6~7 页，2018 年 5 月 15 日最后访问。

署——就 B 商标的权属提出确权争议时,是否可以援引前述的《商标审查及审理标准》以及商标确权司法解释的条文,从而认定抢注人 A 为恶意?香港知识产权署在审理此类案件时,是否可以参考并适用法域外当事人提出的法律渊源?

另外,由于历史的原因,香港特别行政区的法律属于英美法系,判例是其正式的法律渊源。粤港澳大湾区三地的法律渊源的区域互认限制的突破,对于三地的司法机关来说无疑是极大的挑战,特别是对于内地以及澳门特别行政区的司法及准司法人员来说,对判例适用的壁垒在短期内不适宜进行突破。因此,笔者认为,可以先从成文法的部分互认开始进行突破,而域外法律渊源的提供责任,则由争议案件个案中域外法律渊源适用的主张方当事人提供,司法及准司法人员并不承担主动依职权查明域外法律渊源的工作。

(二)公权力文书中的商标权事实内容的直接认定

在司法协助方面,最高人民法院分别在 1999 年、2000 年发布《关于内地与香港特别行政区法院相互委托送达民商事司法文书的安排》《关于内地与澳门特别行政区就民商事案件相互委托送达司法文书和调查取证的安排》,明确了三地的送达机关、委托送达文书的范围、送达文书的要求、送达的执行及送达的依据等问题。但粤港澳地区由于法律制度、司法体制的不同,在司法送达、裁判文书的执行方面存在较大障碍。

就商标权的保护而言,笔者认为需要建立起三地司法合作平台,通过平台审批,对公权力文书(包括但不限于判决书、仲裁裁决书等)中认定的商标权事实进行互认,相对容易实现。比如,在法院的审理过程中,不管哪个法系的法官,对在不违反中立性的基础上最大限度地还原客观事实的追求均是一致的,也都是通过一定的证据规则和自由心证来完成事实认定。如果在公权力文书中出现关于对商标侵权纠纷或者商标权属争议纠纷事实内容的记载,只要依法经过各自对于域外证据的公证认证程序,广东、香港、澳门的相关司法、准司法以及行政机构对其直接进行互认是有必要的。

(三)在先使用范围的扩大认可

商标在先使用权是指商标先使用人针对注册商标专用权人禁止权的抗辩权,即在注册商标的申请日之前,就已经在该商标注册核定使用的商品或服务或者类似商品或服务上善意连续地使用与注册商标相同或者近似的商标的,该商标使用人有权继续在原商品或者服务上使用该商标。在现有的立法框架下,由于商标权现有的保护机制一般是按照地域而遵循属地原则,基于请求权已然受制于属地原则,则在先使用抗辩权同样受制于商标保护的属地原则。但是,在全球化的大背景下,尤其是处在影响力不断扩大的互联网时代,是否仍有必要严格坚守商标权的地域性,颇值探讨。从授权角度来看,商标权的取得受到严格的地域性限制,但在确权领域,得益于全球化以及互联网的传播,商标的影响力已经极大地突破了地域范围,尤其是那些知名度较高的商标,这时如果还僵化地强调地域性要求,对于域外的在先权利人显然有失公平。[1]

《商标法》《商标法实施条例》、最高人民法院的司法解释,以及商标局和商评委内部依据的审查和审理标准,并没有对于域外在先使用做法律上的明文规定。对此,一直严格坚守在先注册为主、在先使用为辅的国家商标评审委员会,在近年来也逐渐突破了对于域外的在先使用认定的部分限制。当然,考虑到知识产权的既有属性以及各国家市场发展程度的不同,国家商标评审委员会对地域性的突破非常谨慎。笔者认为,可以从两个方面扩大在先使用范围的认可。

第一,从商标权本身的作用来看,商标是产业活动中的一种识别标志,所以商标权的作用主要在于维护产业活动中的秩序,其突破地域性的效能较强。商标权对地域性的突破在目前主要是通过国际条约下对驰名商标的跨域保护来体现的。设计商标的过程会进行创造性智力劳动,在一定条件下,商标其实有可能成为《著作权法》意义上的作品。而著作权突破地域性的能力更强,登记并非著作权保护的必要条件,作者在完成创作行为后自动享有。从这个意义上说,只要作者将符合要求的著作权产品投入产业活动,即应获得一定程度的保护。只要满足区分的要求,则不会损害商标注册人的利益。而粤港澳地区地理上联络具有紧密性,因此有必要将在先使用的范围扩大至三地。

对此,笔者认为可通过在产品或服务上分别加注(粤)(港)(澳)地域字样,在消费者能得以区分的前提下,扩大在先使用人继续使用其商标的地域范围,以便使其经营不受影响。

---

[1] 孙明娟:"恶意注册的概念、类型化及其应用",载http://home.saic.gov.cn/spw/llyj/201804/t20180408_273555.html,2018年5月11日最后访问。

第二，商标局和商标评审委员会在近期的审查实践中，考虑到地缘接近且两地经济往来频繁，根据在先权利的知名度和系争商标申请人的主观恶性程度，针对涉及第32条在先使用并有一定影响商标的判定时，个案采纳了在先权利人提交的在香港的使用证据。[1]由于粤港澳三地的法域不同，内地、澳门在商标权属方面，遵循的注册在先原则，谁先注册商标谁享有该商标的专用权。而香港则遵循使用在先原则，在先使用但没有注册为商标，其商标权利一样受到法律的保护。然而，由于地域性的限制，在先使用的范围一般仅限于该地域。如果在先使用的认可范围可以扩大至粤港澳三地直接互认，在对于打击粤港澳三地之间利用地域限制的壁垒和商标注册信息不对等，而恶意注册他人在先使用商标的情况具有重大的作用。

比如说，广东省广州市A公司创立B品牌，在广州市有一定名气。然后C再向香港知识产权署申请注册B商标。日后，A公司欲开拓B品牌在香港的市场，将会受到C在香港抢注的B商标的限制，甚至面临被C起诉商标侵权的诉讼风险。B品牌的创立人A公司，如向香港知识产权署或法院主张在先使用权，显然会受到没有在香港在先使用的地域性限制。但如果商标在先使用的认可范围得以扩大至粤港澳三地直接互认，问题将迎刃而解。此举更有利于保护商品或服务标识的原创者的智力成果和苦心经营，对于利用地域性限制而恶意注册商标，攀附他人知名品牌的不诚信行为将会是严厉的打击和遏制。

（四）在先注册的初步认定试点

《巴黎公约》第4条规定，任何人或其权利继承人，已经在本联盟某一成员方正式提出商标注册申请的，6个月内，在其他地区就同一商标在相同商品上提出的申请享有优先权。粤港澳地区均参加了《巴黎公约》，理应在协议中对该优先权进行重述。

首先，粤港澳任一地的商标注册中，可以在商标注册人提出商标注册申请时，默认其要求优先权，而无需另行提出相应的书面申明。如商标注册人在6个月内未至他地进行注册，则优先权自动失效。

其次，统一粤港澳地区商标申请书的格式，并使用中英文双语文本，避

---

[1] 孙明娟：“恶意注册的概念、类型化及其应用”，载 http://home.saic.gov.cn/spw/llyj/201804/t20180408_273555.html，2018年5月11日最后访问。

免商标申请人及主管机关的困扰。

最后,三地应进行资源互通,以减少优先权证明文件的开具。譬如粤港澳三地可建立统一的网络平台,将商标注册申请文件或在国际展览会的展出资料扫描为电子档案,并进行互通。主管机关只需在网上查阅相应的申请优先权或展会优先权即可。充分发挥大数据的优势,实现数据多走路,当事人少跑路的创新。此举也有助于三地对在先注册进行初步认定,达到充分保护商标注册人利益的要求。

(五)特定关系人使用及注册的认定

商标作为无形资产,在经济活动中的地位越来越重要,因此,恶意抢注他人商标的现象不断发生,甚至愈演愈烈,这种现象在商标代理人或代表人中时有发生。根据《商标法》第15条的规定:"未经授权,代理人或者代表人以自己的名义将被代理人或者被代表人的商标进行注册,被代理人或者被代表人提出异议的,不予注册并禁止使用。就同一种商品或者类似商品申请注册的商标与他人在先使用的未注册商标相同或者近似,申请人与该他人具有前款规定以外的合同、业务往来关系或者其他关系而明知该他人商标存在,该他人提出异议的,不予注册。"该条款主要来源于《保护工业产权巴黎公约》第6条之七的规定,如果本联盟一个成员方的商标所有人的代理人或代表人,未经所有人授权而以其自己的名义向本联盟一个或多个成员方申请商标注册,该所有人有权反对该项申请的注册或者要求予以撤销,并有权反对代理人或者代表人使用其商标。如果该成员方法律许可,还可要求将该项注册转让给自己,除非该代理人或代表人能提出其行为正当的证明。《商标法》的兜底性条款要求"其他关系而明知该他人商标存在",可适用的情况很宽泛,在无法证明恶意抢注人与商标权人的代理或代表关系的情况下,能够有效地制止商标抢注。并且,国家商标评审委员会最近对于发生在特定相对人之间的商标抢注,倾向于视相对方之间关系的密切程度而对个案的地域性限制进行突破。例如,对于定牌加工商抢注委托方商标的情形,国家商标评审委员会认为,应类推适用第15条第1款,不宜要求委托方商标在中国使用。[1]

---

[1] 孙明娟:"恶意注册的概念、类型化及其应用",载 http://home.saic.gov.cn/spw/llyj/201804/t20180408_273555.html,2018年5月11日最后访问。

鉴于粤港澳地区地理上的紧密联系，笔者认为，有必要在三地建立禁止特定关系人使用及注册的制度，放宽对于特定关系人使用及注册商标的认定标准，并通过大数据平台对申请人身份的筛查，更加有效地打击恶意抢注者。

## 五、结语

诚实信用的立法精神应贯穿于商标注册和使用的各个环节。[1]该立法精神也是知识产权法律的执行宗旨，是世界各国多年来均认可的知识产权基本精神。不论是奉行在先注册原则，还是在先使用原则的法域，均不应因法域的壁垒，而使得诚实信用的精神在商标的注册和使用中受到减损，更不能因为地域性的壁垒，而使得知识产权人的智力成果被他人通过不诚实信用的行为进行剽窃。笔者在此建议，粤港澳大湾区早日在现行的区域司法互认的框架下，建立切实可行的知识产权互认机制，以解决因全球信息化而带来的知识产权抢注的危机，保护知识产权创作人的无形资产，更好地促进粤港澳三地市场的繁荣发展。

---

[1] 段晓梅：" 《商标法》第四十四条第一款'其他不正当手段'解读"，载http://home.saic.gov.cn/spw/llyj/201803/t20180321_273190.html，2018年5月11日最后访问。

# 路径、机理与创新：粤港澳大湾区知识产权法律治理研究*

## ——以习近平关于科技创新的重要论述为中心

陈洪超 唐建宁 张春杨**

【摘 要】科技创新是推进粤港澳大湾区建设的核心动力，而科技创新最重要的制度是知识产权。新时代下，粤港澳大湾区的建设需要不断创新知识产权法律治理体系，为湾区内科技创新提供一个良好的区域创新生态系统。以习近平总书记关于科技创新的重要论述为基本逻辑起点，分析粤港澳大湾区知识产权发展现状，以及创新知识产权法律治理的重要意义，运用治理思维重新审视粤港澳大湾区知识产权发展新路径。

【关键词】粤港澳 创新驱动 治理

2017年7月1日，粤港澳与国家发改委共同签署了《深化粤港澳合作 推进大湾区建设框架协议》，标志着粤港澳大湾区建设被正式纳入国家发展战略。要把粤港澳大湾区真正建设成为向世界展示践行习近平新时代中国特色社会主义思想的重要"窗口"和"示范区"，则必须认真贯彻落实习近平总书记关于科技创新的重要论述，大力实施创新驱动战略，让科技创新成为大湾区内协调发展的刚需必配，让知识产权成为大湾区参与国际竞争的原动力。使得大湾区真正成为全国改革开放的排头兵、先行地、实验区，进一步带动

---

\* 基金项目：2017年云南省哲学社会科学规划项目"习近平新时代法治思想的理论品格及其云南实践研究（YB2017101）"阶段性成果；2017年广东理工学院科技项目"知识产权视野下的端砚产业集群发展研究（项目编号：GKJ2017035）"阶段性成果。

\*\* 陈洪超，男，山东聊城人，广东理工学院思政部，法学硕士，主要从事经济法学研究；唐建宁，女，湖南衡阳人，广东理工学院人事处，讲师，工学硕士，主要从事高等教育管理研究；张春杨，女，吉林长春人，广东理工学院人事处，法学学士，兼职律师，主要从事民商法学研究。

整个广东省实现高质量发展的目标。

## 一、实践引领：习近平科技创新思想研究

党的十八大以来，习近平总书记立足于我国供给侧结构性改革、经济发展进入新常态，与我国已经进入中国特色社会主义新时代与社会主要矛盾发生转变等重大国情判断，围绕科技创新发表了一系列重要讲话。主要包括以下几个方面：

一是，以创新驱动战略为核心。习近平总书记将科技创新摆在国家发展全局的新高度。他曾指出："创新是引领发展的第一动力，抓创新就是抓发展，谋创新就是谋未来。适应和引领我国经济发展新常态，关键是要依靠科技创新转换发展动力。"[1]之所以将科技创新放在核心地位，归根结底就在于科技仍然是现代化社会第一生产力，只有科技创新才能推动社会生产力的不断发展，进而不断地推动整个社会思想意识形态的变革与进步。[2]二是，以科技体制改革为关键。习近平总书记指出："必须深化科技体制改革，破除一切制约科技创新的思想障碍和制度藩篱，处理好政府和市场的关系，推动科技和经济社会发展深度融合。"[3]逐步实现从科技管理向科技治理的转变，从"放开"科技资源向"统筹"科技资源的转变，从"重物"向"重人"的科技思想转变，坚持市场需求导向与产业化发展方向，必须高度重视企业，尤其是科技人才在科技创新过程中的关键性作用。三是，以知识产权保护为基础。习近平总书记指出，产权保护特别是知识产权保护是塑造良好营商环境的重要方面，要完善知识产权保护相关法律法规，加快新兴领域和业态知识产权保护制度建设；要加大知识产权侵权违法行为惩治力度，让侵权者付出沉重代价；要调动拥有知识产权的自然人和法人的积极性和主动性，提升产权意识，自觉运用法律武器依法维权。[4]四是，以自主科技创新为原则。我们要坚定不移地走中国特色自主创新之路，必须清醒地意识到核心技术是用

---

[1] 中共中央文献研究室：《习近平关于科技创新论述摘编》，中央文献出版社 2015 年版，第 7 页。

[2] 韩民青："论习近平科技思想的理论创新"，载《东岳论丛》2017 年第 4 期。

[3] 中共中央文献研究室：《习近平关于科技创新论述新编》，中央文献出版社 2016 年版，第 16 页。

[4] 节选自 2017 年 7 月 17 日，习近平总书记主持召开的中央财经领导小组第十六次会议上的讲话。

金钱买不来的,靠"化缘"要不来的,以"市场换技术"换不来的,强调"我们没有别的选择,非走自主创新道路不可",必须保持创新自信,必须掌握核心科技,走出一条中国特色自主创新道路。[1]

习近平总书记关于科技创新的系列讲话深刻诠释了新时代下中国创新驱动战略的重大理论与现实问题,分析了科技创新的时代背景、价值功能与第一生产力的属性。同时也回答了科技创新进程中"依靠谁""为了谁""怎么办"等根本性问题,创造性地传承与发展了马克思主义科学技术观,是我国建设创新型国家的基本指导思想,成为习近平新时代中国特色社会主义思想的重要组成部分。

## 二、粤港澳大湾区知识产权发展现状分析

第一,广东省(主要指珠三角九市)知识产权发展现状。在习近平科技思想的指引下,广东省政府高度重视知识产权工作,2016年先后颁布《广东省建设引领型知识产权强省试点省实施方案》《广东省知识产权事业发展"十三五"规划》,广东省正为建成引领型知识产权强省而努力。因为我国知识产权种类众多,在此仅以与科技创新紧密相关的专利为例展开论述。据国家知识产权局的统计数据显示,截至2017年底,广东有效发明专利量突破20万件,达到20.85万件,有效发明专利量连续8年居全国第一。PCT国际专利申请量2.68万件,同比增长13.81%,占全国总量的56.49%,连续16年居全国首位。[2]根据广东省知识产权局发布的2017年专利数据显示(详见下表),珠三角九市(尤其是广深两地)成了广东省专利申请最为集中的区域,但是该九市发展呈现不均衡样态,深圳与广州可归为第一梯队,东莞与佛山可为第二梯队,惠州、中山、珠海、江门、肇庆则为第三梯队。值得注意的是,该区域内的企业的作用越来越大,其中华为、中兴、腾讯、大疆、格力、美的等龙头企业的PCT申请量都名列前茅。

---

[1] 中共中央文献研究室:《习近平关于科技创新论述新编》,中央文献出版社2016年版,第46页。

[2] 江秀珍:"广东大力培育高价值专利举措见成效",载《广东科技报》2017年3月30日。

**2017 年 1 月至 12 月珠三角九市专利申请、授权情况（单位：件）表**

| 地区 | 申请 | | | | | | 地区 | 授权 | | | | | |
| --- | --- | --- | --- | --- | --- | --- | --- | --- | --- | --- | --- | --- | --- |
| | 发明 | 发明增长率（%） | 实用新型 | 外观设计 | 合计 | 同比增长（%） | | 发明 | 发明增长率（%） | 实用新型 | 外观设计 | 合计 | 同比增长（%） |
| 深圳 | 60 258 | 22.60 | 75 545 | 41 299 | 177 102 | 34.81 | 深圳 | 18 928 | 7.14 | 44 455 | 30 869 | 94 252 | 25.60 |
| 广州 | 36 941 | 29.47 | 53 399 | 27 994 | 118 334 | 33.26 | 广州 | 9345 | 21.87 | 32 179 | 18 677 | 60 201 | 24.61 |
| 东莞 | 20 402 | 30.92 | 48 255 | 12 618 | 81 275 | 56.92 | 东莞 | 4969 | 34.95 | 30 102 | 10 133 | 45 204 | 58.28 |
| 佛山 | 25 899 | 50.56 | 33 146 | 14 903 | 73 948 | 39.36 | 佛山 | 4901 | 46.39 | 19 724 | 12 142 | 36 767 | 28.02 |
| 中山 | 7808 | 21.49 | 17 096 | 17 264 | 42 168 | 32.11 | 中山 | 1493 | 23.70 | 11 084 | 14 867 | 27 444 | 24.02 |
| 惠州 | 8184 | 33.03 | 12 198 | 10 066 | 30 448 | 20.12 | 珠海 | 2479 | 38.03 | 8021 | 2044 | 12 544 | 35.07 |
| 珠海 | 7769 | 2.28 | 10 765 | 2203 | 20 737 | 17.48 | 惠州 | 1469 | 18.28 | 6394 | 3843 | 11 706 | 18.35 |
| 江门 | 5687 | 96.58 | 7738 | 4541 | 17 966 | 52.45 | 江门 | 589 | 8.27 | 4370 | 3618 | 8577 | 26.82 |
| 肇庆 | 1848 | 122.12 | 2535 | 958 | 5341 | 62.24 | 肇庆 | 188 | −10.48 | 1392 | 752 | 2332 | 19.90 |

另外，广州日报数据和数字化研究院（GDI）正式发布的《粤港澳大湾区协同创新发展报告（2017 年）》显示：2012 年至 2016 年间，大湾区历年发明专利呈现逐年稳步递增趋势，其中 2014 年和 2015 年的增幅最大，接近 50%。五年来，大湾区发明专利总量增幅达 213.6%。大湾区东岸 PCT 专利数量多于湾区西岸和港澳地区，但是西岸的增长率的稳定性却明显高于东岸。从世界其他三大湾区角度来看，虽然粤港澳大湾区专利申请与授权量增速明显高于其他湾区，但是，专利的质量与效率却明显低于其他三大湾区，发展潜力有待进一步挖掘。

第二，港澳发展现状。近年来，澳门的发展主要以商务服务业为主，因此专利数量明显偏少。以 2017 年为例，澳门申请发明专利、发明专利延伸、实用专利的数量分别为 68 项、441 项和 18 项。[1]而香港地区因其具有大量高端科学教育资源，专利申请与授权数量明显高于澳门。国家知识产权局发布的《2017 年中国专利统计简要数据》显示：香港发明专利授权量为 554 件，

---

[1] 以上数据来源于澳门特别行政区政府经济局官网。

PCT 专利申请数量达到 528 件。纵观 2012 年至 2017 年间,香港的标准专利与短期专利授权的数量分别保持在 6000、500 区间,呈现稳定缓慢增长态势。

第三,粤港澳大湾区知识产权整体发展样态。得益于广东省引领型知识产权强省的大力建设,不断推进知识产权体制机制创新,珠三角九市知识产权发展水平整体上处于全国前列,知识产权授权量增速明显高于港澳地区,但区域发展水平不平衡问题依然突出。香港知识产权资源丰富,仍然具有自身国际化独特优势。针对粤港澳大湾区建设而言,协调粤港澳三地知识产权发展政策,探索切实可行的知识产权合作发展模式,打造粤港澳知识产权湾区将是未来大湾区科技创新发展的重中之重。

### 三、粤港澳大湾区建设对粤港澳三地知识产权创新提出新命题

2018 年 3 月 7 日,习近平总书记在两会期间参加广东代表团审议时提出"四个走在全国前列"指示,即要在构建推动经济高质量发展体制机制、建设现代化经济体系、形成全面开放新格局、营造共建共治共享社会治理格局上走在全国前列。粤港澳大湾区是广东省最核心地带,理应成为"四个走在全国前列"的标杆与模范,而大湾区要真正实现该目标则必须具有完善的创新生态系统。

(一) 大湾区知识产权法律治理的原动力发生了新变化

首先,飞速发展的科技创新诉求。粤港澳大湾区是我国制造业门类最全、产业链最丰富、市场化最活跃的城市群,应该成为第四次工业革命的重要策源地之一。[1]大湾区内云集了世界级创新高地的基本要素,产生了华为、腾讯、大疆等知名科技创新型大中小企业群。该企业群落为了保持自身核心竞争力,在科技研发而生成新技术后,必然通过申请专利成为知识产权所有者,进而获得一定期限的合法垄断权。但日新月异的科技创新,同时也伴随着知识产权滥用、不正当竞争、维权成本高等问题,尤其是大湾区跨行政区划的科技创新对传统知识产权保护体制造成很大冲击。其次,内生性的经济发展模式推动。改革开放四十年来,珠三角依靠投资、出口、消费这三驾马车,造就了"世界工厂""深圳奇迹"等辉煌成就,形成了外向型经济发展模式,

---

[1] 综合开发研究院(中国·深圳)课题组:"以'双转型'引领粤港澳大湾区发展",载《开放导报》2017 年第 4 期。

但该发展模式中的贴牌代加工等环节知识技术含量不高。在供给侧结构性改革的新时代，单纯外向型经济模式难以为继，以深圳为代表的因科技创新驱动而产生的内生型经济发展模式应运而生，而这种由外生向内生转变的发展模式亟须知识产权法律治理结构作出相应变革与调整，以适应科技创新而带来的经济高质量发展时代。最后，区域协同融合发展的要求。四十年来，珠三角城市与港澳先后经历大力吸引港澳资金技术、服务贸易自由化、"前店后厂"模式阶段，直到目前的互学互鉴、协同建设湾区城市群的发展新阶段。粤港澳三地应在协同打造世界科技湾区进程中，充分利用"一国两制""先行先试"等制度优势，在知识产权创新治理方面做出大胆尝试与合理安排。

(二) 大湾区知识产权法律治理的主体结构呈现多元化

第一，行政与司法机关。我国目前知识产权管理体制由分散走向集中，司法体系方面由普通管辖转向专门管辖。[1]2018年，中共中央印发的《深化党和国家机构改革方案》也证实了这一点。其中规定："将国家知识产权局的职责、国家工商行政管理总局的商标管理职责、国家质量监督检验检疫总局的原产地地理标志管理职责整合，重新组建国家知识产权局。"这标志着我国知识产权行政管理体制由分散转向集中统一。但是，在实践中，大湾区知识产权的治理已经牵涉众多部门，需要广东省人民政府知识产权办公会议这一制度来统筹协调。另外，目前大湾区内只有广州市知识产权法院专门审理和深圳市两级法院部分审理知识产权纠纷案件，港澳法院单独审理自辖区纠纷案件。但随着大湾区科技创新的快速发展与融合，大湾区需要更多专门知识产权法院的设立，以及港澳法院与珠三角城市知识产权司法系统的更多协作。

第二，社会多元主体。大湾区知识产权的发展已经由"政府管理"向"协同治理"转型。行业协会联合会、产业技术联盟、科研机构、技术企业以及普通消费者可以弥补政府在知识产权法律治理中的"失灵"缺陷，为此技术专业性、市场敏感性、管理灵活性等优势，在大湾区知识产权法律治理中必将发挥越来越重要的作用。大湾区亟须探索在多元主体参与下的，集科技、产业、商业于一体化的贸易知识产权事务协调机制。[2]

---

[1] 吴汉东："论知识产权一体化的国家治理体系——关于立法模式、管理体制与司法体系的研究"，载《知识产权》2017年第6期。

[2] 易继明："国家治理现代化进程中的知识产权体制改革"，载《法商研究》2017年第1期。

(三) 大湾区知识产权法律治理的机制要适应区域化发展要求

珠三角地区四十年来取得的重大成就，除依靠国家改革开放的优惠政策与廉价劳动力要素优势外，还依赖于大量境外包括港澳地区科学技术的转移与扩散。

珠三角传统的模仿、山寨等轻视知识产权法律治理的行为，不能支撑该区域顺利实现由劳动密集型向资本技术密集型发展模式的过渡。另外，珠三角自主创新示范区自2009年开始建设以来，逐渐从高新区的"升级版"已经演变为区域创新联动的新引擎。[1] 珠三角自主创新示范区的建设实践已经为知识产权区域治理机制创新提出了新要求。而如今又面临着粤港澳大湾区建设的新使命，这就要着力通过知识产权法律治理机制的创新，来提升大湾区核心竞争力，探索开展"一国两制"框架下知识产权政策协调试点，建立粤港澳大湾区知识产权合作新机制，以适应大湾区区域协调发展战略。

### 四、共建共治共享：开拓粤港澳大湾区知识产权法律治理新路径

粤港澳大湾区知识产权法律治理的探索成败，在很大程度上决定了大湾区能否真正成为世界上一流湾区。在新时代，大湾区要在习近平总书记关于科技创新的系列讲话的指引下，从理念协同、政策协调、机制改革、平台建设等多方面，大力实施创新驱动发展战略，努力为我国区域协调发展战略中知识产权区域治理提供"湾区经验"。

(一) 理念协同：树立粤港澳大湾区科技创新共同体理念

珠三角与港澳长期以来整体上保持了良好的合作关系，并积累了丰富的合作经验，已经呈现出协同双赢局面。面对粤港澳大湾区的建设问题，三方理应更加明确地运共同体理念，以整体优势参与世界竞争。在知识产权领域，三方应树立大湾区科技创新共同体理念。以深港为代表，深圳的科技创新实力的增长，对香港而言不是威胁而是更大的机遇，深港科技创新协同发展潜力巨大。粤港澳大湾区应该是科技创新中心、文化创意中心和高端服务中心。粤港澳三地对内，应在"一国两制"前提之下，让大湾区城市形成融合发展态势，形成有机整体以提升各种科技资源要素配置，释放更强协同功能。在

---

[1] 黄鼎曦、陈洋、丁镇琴："珠三角自主创新示范区空间发展的理论基础与策略建议"，载《城市观察》2017年第3期。

知识产权法律治理决策方面，动员社会多元主体实现共同协商；依靠珠三角科技产业、制造业加上港澳的服务业与金融业实现湾区产业协同发展；挖掘广府文化中的"敢为天下先"创新精神，实现科技湾区知识产权文化交融；以科技体制机制创新为重点，探索湾区知识产权利益共享新模式。粤港澳三地对外，应协同抱团出海，发挥港澳国际化优势，以"一带一路"国际合作为平台，积极参与全球贸易规则制定与治理，建设具有全球影响力的国际科技创新中心。

（二）政策协调：实现粤港澳三地知识产权政策对接

第一，深化利用现有知识产权合作机制平台。多年来，粤港澳三地知识产权合作已经初步形成自身特色。主要是建立粤港、粤澳合作联席会议框架体制下的粤港、粤澳保护知识产权合作专责小组具体执行，以《内地与香港、澳门关于建立更紧密经贸关系的安排》（CEPA）系列补充协议为主要内容的大湾区知识产权合作机制。以粤港知识产权合作为例。2017年，粤港保护知识产权合作专责小组签署《粤港保护知识产权合作协议（2017-2018年）》，该协议主要围绕"一带一路"倡议和粤港澳大湾区建设，决定提升知识产权合作层次，拓展合作领域。尤其是新增了积极推进粤港澳大湾区知识产权合作的新条款。主要由广东省知识产权局、香港知识产权署牵头，粤港保护知识产权合作专责小组成员参加，围绕大湾区建设，探索大湾区知识产权发展机遇。举办粤港澳大湾区知识产权交流研讨活动，邀请各方知识产权专家学者共同探讨粤港澳大湾区建设背景下的知识产权合作，研究探索知识产权体制机制创新，营造有利于开放发展的良好环境，推动大湾区的创新发展。例如，2017年，广东商标协会支持在粤港资企业成功申请、认定了92件广东省著名商标，为大湾区知识产权合作开辟了新路径。

第二，创新大湾区知识产权执法务实合作。近年来，粤港执法部门透过情报交流、信息资源共享、联合行动、专案合作等不同协作机制，继续打击跨境知识产权侵权行为，取得了良好的效果。今后应在以下两个方面重点展开工作：一是建立更加明晰的大湾区区域知识产权执法协作机制。大湾区内的省级成员部门和珠三角九市成员部门主要以"谁先于立案，谁负责处理"为属地管辖原则，省级成员部门负责监督、协调本辖区内市级成员部门执法协作工作，统一对外协调跨区执法工作。在联合执法进程中，以执法标准一致化为努力方向，建立更加稳固的信息通报制度、案件移送协作制度和联络员制度;二是大湾区未来的合作包括三地海关、知识产权相关部门,应重点打击利用无人机等高科技手段输港或经香港输往内地与"一带一路"沿线国家的知识产权侵权活动。

(三)体制改革:探索具有广东特色的知识产权法律治理模式

首先,《深化党和国家机构改革方案》已经确定组建新的国家知识产权局,广东省知识产权局应在广东省市场监管部门间联席会议机制下,尽快调整知识产权行政管理职能,可联合广东省新闻出版广电局、广东省商务厅、广州市知识产权法院、广东商标协会、三地科研机构、粤港澳三地企业联合会和相关技术产业联盟等多元治理主体,组建粤港澳大湾区知识产权保护联盟,形成行政、司法、社会共建共治共享的知识产权大保护格局。

其次,积极利用"先行先试"国家政策。广东省政府应积极争取国家知识产权局和国家市场监督管理总局的政策支持,在"一国两制"前提下,将粤港澳大湾区作为探索开展我国知识产权区域政策协调试点。率先研究粤港澳三地著作权、专利、商标权利互认的可行性和申请注册费用减免机制,探索三地知识产权专业技术职务互认的可行性问题,继续深化广东"专利快速审查、确权、维权一站式服务"模式。中国(广东)知识产权保护中心的各项服务可主动向港澳地区企业等市场主体开放,将现有的粤港澳知识产权资料库进行再优化与再整合,让该平台成为权威的粤港澳大湾区知识产权交易、开发、保护服务平台。

最后,重点在珠三角国家自主创新示范区上下功夫。重点加快建设广深科技创新走廊建设,以"科技+金融"为基础,重点推动大数据、云计算、人工智能和物联网等新技术普及应用,以九市不同的产业结构和差异化城市定位,推动九市高新区提质升级,落实好"1+1+7"区域创新格局,打造一个有层次、有梯度的湾区创新生态群落。以肇庆新区为例,肇庆新区可利用政策密集、成本低廉等比较优势,与深港澳三地探索"飞地经济"模式,以助推肇庆新区创新驱动战略实施。习近平总书记强调人才是第一资源,大湾区要积极发挥科技创新型企业在人才引进中的主体作用,深化探索"以才引才"模式,吸收更多的港澳优秀青年来粤就业创业,优化重点人才引进政策环境,以产学研一体化为关键,加快推进港澳人才在内地全面享有国民待遇工作,协同设立"青年创科计划",进一步完善人才服务保障体系。

在习近平科技创新思想的指引下,粤港澳大湾区 11 个城市应同心协力,聚焦创新驱动,以广深港为核心,不断完善湾区知识产权创新治理体制,定能把粤港澳大湾区打造成为具有中国特色、世界一流的,推动经济高质量发展、应用科技创新成果、建设现代化经济体系的先行区。

# 粤港澳协同发展背景下的知识产权冲突协调机制研究

林 颖 张 盼*

【摘要】粤港澳大湾区是在不同法系下开展的区域协同合作,这注定了粤港澳大湾区在未来的发展中会面临不同法律制度的冲突与融合。知识产权逐渐成为企业竞争乃至区域竞争中的重要核心力量,在粤港澳大湾区的协同发展中势必会发挥重要的作用,占据不可忽视的重要地位。在此背景之下,本文以粤港澳三地知识产权制度的差异为切入点,探寻三种知识产权制度的"同"与"不同"之处,深入分析制度差异产生之理论缘由,并在此基础上,结合粤港澳大湾区发展的本质,充分抓住粤港澳大湾区协同发展的合作平台,提出在粤港澳大湾区中构建一个整体运行的知识产权冲突协调机制。通过该冲突协调机制,期望能够充分消除三地知识产权制度的差异与冲突,为粤港澳协同发展背景下的知识产权冲突及协调机制的研究提供一定的助益。

【关键词】粤港澳大湾区 知识产权 冲突 协调

"粤港澳大湾区"概念之提出,既植根于"一带一路"积极构建人类命运共同体之发展理念,亦深化服务于粤港澳三地政治、经济、文化互利融合、创新驱动之发展需要,系国家通过推动珠三角汇通港澳,实现珠三角城市发展功能升级,并充分发挥港澳既有独特优势,进一步提升国家经济发展和对外开放的维度与深度,从而真正通过创新驱动新思想构建珠三角城市与港澳间更大规模、更有成效、更具前景的发展新蓝图。因而其重要的战略意义与

---

\* 林颖,女,汉族,广东阳江人,暨南大学法学院/知识产权学院2016级知识产权法学硕士研究生,研究兴趣为知识产权资本化、商标法;张盼,男,汉族,湖北浠水人,暨南大学法学院/知识产权学院2016级民商法学硕士研究生,研究兴趣为商法、公司法和金融法。

强劲的发展潜力不言而喻,更不证自明。

事实上,通过湾区协同发展,实现跨界发展、生态联合、互联互通不乏极其鲜明并意义非凡的成功案例。研究表明,全球60%的经济总量集中在港口海湾及其直接腹地,世界上75%的大城市、70%的工业资本和人口集中在距海岸100公里的海岸带地区。[1]东京湾区、纽约湾区、旧金山湾区这世界三大著名湾区无一不是集著名国际大都市、金融中心、高新技术产业于一体,湾区似乎成了具有超强创新能力、经济高度繁荣的协同发展区域的代名词。我国"粤港澳大湾区"概念的正式提出源于2015年3月国家发改委、外交部、商务部经国务院授权发布的《推动共建丝绸之路经济带和21世纪海上丝绸之路的愿景与行动》。该文件明确提出要"深化与港澳台合作,打造粤港澳大湾区"。随后,在2016年,国家提出要深化"粤港澳大湾区"平台建设,且在2016年3月《关于深化泛珠三角区域合作的指导意见》中用专门的章节重点陈述"打造粤港澳大湾区"。2017年全国"两会"的政府工作报告再次提及粤港澳大湾区,提出"要推动内地与港澳深化合作,研究制定粤港澳大湾区城市群发展规划,发挥港澳独特优势,提升在国家经济发展和对外开放中的地位与功能"。这就意味着"粤港澳大湾区"正式被纳入国家顶层设计,并成为国家发展战略层面的重要部署。从制度层面思考粤港澳湾区的建设,应当遵循"创新"发展的核心命题,在粤港澳三地融合探索的基础上,思考三地产业服务集聚、港澳科技成果产业化与三地人才合作示范的形式融合,从实质上实现三地"智慧"融合,从而形成开放发展模式与创新驱动发展动能的协调转换。其中最关键的无疑是粤港澳大湾区中知识产权制度的协调构建,而最初时的思想建构,应当是在"不忘初心"的基础上,整理三地知识产权制度发展已有之有益经验与具有地域特色的知识产权法律制度本土资源,通过探索粤港澳三地知识产权制度构建中的"同"与"不同",在制度的冲突与协调中共同实现制度的更新,达致推动三地知识产权制度融合发展的目标与设想。本文通过对粤港澳大湾区建设中存在的知识产权冲突现象为切入观察点,通过分析三地知识产权制度建构之理论根基,在协调发展理念之下,为三地知识产权制度的融合发展与同质保护的理论建构和实践探索提供自身的思索,以期在粤港澳协同发展背景下,为三地知识产权冲突协调机制的研

---

[1] 张日新、谷卓桐:"粤港澳大湾区的来龙去脉与下一步",载《改革》2017年第5期。

究提供一定的助益。

## 一、问题、背景与研究径路

目前,关于"粤港澳大湾区"的地域范围尚未有明确的官方界定,但现有研究多将其范围界定为广东省珠三角的九个城市,包括广州、深圳、珠海、佛山、惠州、东莞、中山、江门及肇庆,以及香港和澳门两个特别行政区。[1]"一个国家、两种制度、三个关税区、四个核心城市"可谓是粤港澳大湾区最大的特点,[2]其最核心的特征就是相互融合及协调发展,最终促进区域的大发展,建成国家对外开放的重要平台,促进"一带一路"战略的重要实施。世界上独一无二的关涉政治、经济、生态及人文之特殊格局注定了粤港澳三地会面临很多复杂的现实问题,譬如三地之间的法律冲突及法律协调、政策融合等问题。基于创新驱动的发展战略及粤港澳产业融合并发展能动转换之需要,科技成果的合作开发与产权转化成了合作发展模式创新的首要驱动力。因而,知识产权之发展及保护以其在知识经济时代中不可或缺的核心地位,成了深化粤港澳大湾区协调发展亟须明确的问题。如何在粤港澳三地存在不同法律制度与法律思维的"形式冲突"层面之下,通过思考粤港澳三地间的知识产权制度及其保护理念的互利融合,促进并构建粤港澳三地间知识产权制度及其保护协同并进的"实质协调"的发展模式,具有理论上的必要性和实践上的迫切性,因而成了粤港澳大湾区中亟待探讨与解决的重要问题之一,亦是本文关注的事实基点与思考的理论源头。

尽管"粤港澳大湾区"概念是在近几年才被正式提出的,但是粤港澳三地积极合作、协同发展的共识早已确立。随着 2003 年内地与港澳第一个全面实施的自由贸易协议《内地与香港关于建立更紧密经贸关系的安排》(CEPA)的签订,香港与中国内地经济交流合作已由松散状态进入紧密状态,由自然融合转向制度化、组织化融合,[3]三地间的自由贸易与经济往来越发频繁。与此同时,随着两地经济的相互渗透及蓬勃发展,改革开放之后粤港

---

[1] 钟韵、胡晓华:"粤港澳大湾区的构建与制度创新:理论基础与实施机制",载《经济学家》2017 年第 12 期。
[2] 李胜兰:"粤港澳大湾区的意义、优势、挑战与制度创新",载《探求》2018 年第 2 期。
[3] 参见王畅、邓媛:"内地与香港在 CEPA 框架下的知识产权法律问题初析",载《中国科技信息》2006 年第 16 期。

澳之间"前店后厂"的局面也逐渐被打破，珠三角在不断崛起，逐渐实现由制造业向服务业的产业转型，开始走向"店厂合一"的新阶段。这其中知识产权也逐渐为人们所重视，成了企业甚至区域的重要竞争资源，成了经济增长和财富积累的利器。

但在实践中，粤港澳三地之间频繁的商业往来带来的负外在性亦开始显现，相应的知识产权纠纷开始不断滋生。以专利纠纷为例，一批玩具时钟被从深圳运往香港，该款时钟的外观设计在香港被注册专利，而在内地没有人申请专利权。其在内地生产和销售玩具不会违反《专利法》等相关法律，但如果这些玩具经非香港专利权人输入香港，就会面临被权利人控诉侵权的问题。[1]不仅如此，申请人还会面临商标在一地注册，而在其他两地被抢注的不公平风险。其问题之根源，在于内地与港澳均没有针对三地间的知识产权制度冲突出台相应的区际冲突法，亦没有建立起相应的冲突解决机制。因此，当实践中出现此类纠纷时就会陷入困境，缺乏适当的法律依据以及权威的解决路径。

粤港澳大湾区的构建势必带来更为自由与畅通的贸易往来，且粤港澳大湾区内含香港、澳门、深圳、广州四座国际知名都市，深圳更是集聚了创新活力的高级技术产业，是享誉国内外的经济核心城市。随着经济的腾飞以及时代的发展，知识产权无疑将成为三地共同发展中最重要的核心力量，如果三地间存在的大量知识产权纠纷无法通过有效的法律途径进行疏解，必然会大大阻碍其间的贸易往来及商业发展，并阻碍三地间知识产权战略的构建及融合发展，甚至对整个粤港澳大湾区的协同发展产生不利影响。因此，在粤港澳三地协同发展的背景下，如何突破三地发展中的障碍，深度融合并解决三地间知识产权法律制度的冲突，从而构建体系完整、充分的知识产权冲突解决机制，促进粤港澳大湾区的繁荣发展并服务于构建世界级大湾区的战略设想，是本文所要重点探讨的核心问题。

## 二、粤港澳大湾区知识产权法律制度的冲突分析

（一）粤港澳大湾区知识产权法律制度的冲突表现

粤港澳三地的知识产权法律制度存在诸多的差异与冲突，既体现在程序

---

[1] 参见王畅、邓媛："内地与香港在CEPA框架下的知识产权法律问题初析"，载《中国科技信息》2006年第16期。

法上，也体现在实体法上，既体现在实体法的传统观念上，也体现在实体法的具体规定上。香港在回归前深受英国法的影响，因此在知识产权法律适用方面，除了《商标条例》是本土立法以外，版权法、专利法和外观设计法均直接移植英国知识产权法律。与此同时，为便于英国法律的实施，香港出台了相应的条例，与所适用的移植法律共同构成香港的成文法体系。[1] 而自1997年香港回归祖国之后，香港的知识产权相关法律也进行了修改，之前适用的知识产权法并不能直接过渡，需要对此类法律进行本土化修改。因此，除了历来相对独立与具有本土化色彩的《商标条例》不用修改之外，专利、版权及外观设计三部法律都要进行适当的本土化修改。因此，1997年6月，香港重新出台了《专利条例》《注册外观设计条例》《版权条例》，以此来替代之前深受英国影响、具有浓重英国色彩的英国知识产权法律，实现了知识产权法律制度的本土化，逐步建立起了具有香港本土特色，且能与国际先进水准相接轨的知识产权法律体系。澳门亦如此，在回归之前，澳门本地并没有独立的知识产权法，而是完全照搬葡萄牙知识产权法。[2] 而回归之后，澳门知识产权法律也相应进行了本土化修改，《著作权及相关权利之制度》《工业产权法律制度》相应出台并生效，并逐步建立起了本地知识产权法律体系。尽管香港及澳门基于《香港基本法》及《澳门基本法》的要求以及本土化的需求，对本地知识产权法律制度进行了相应修改，与内地知识产权法律制度相比，但三地间的知识产权法律制度还是存在较明显的差异及冲突，具体体现在版权法、专利法、外观设计法以及商标法的具体规定之中。

1. 著作权法律制度的具体规定

香港的《版权条例》于1997年6月24日通过，6月27日生效，共281条。其对作品的分类、作者的确认以及侵权救济等方面均作了相关规定。而澳门的《著作权及有关权利之制度》于1999年10月1日正式生效，共223条，也分别对著作权的内容、归属、保护期限等作了明确规定。三地间的著作权法存在较多差异。如对于著作权，《著作权法》规定创作作品的公民是作者，法人或非法人单位也可视为作者，香港作者包括自然人和法人，而澳门

---

[1] 谢琳、李奇："香港回归二十年以来知识产权管理和制度变迁"，载《中国发明与专利》2017年第12期。

[2] 李广辉、张晓明："粤港澳知识产权法律制度研究比较"，载《国际经贸探索》2009年第6期。

只承认自然人是作者，延续了大陆法系传统，注重作品的人格属性。在邻接权方面，《著作权法》对邻接权有专章予以规定，并将其与著作权并列置于同一部法律之中，而香港对传播者的权利采取分别规定，即录音、广播为一般版权作品，表演及对表演的录制作为相关保护对象。[1]澳门则仅限于保护唱片，并未针对广播电台的邻接权问题作出相关规定，且澳门还规定了对已发表作品的收回权。除此以外，在著作权的利用方面及侵权救济方面，三地的著作权立法均存在较大的差异。

2. 商标权法律制度的具体规定

纵观三地的商标立法，香港的《商标条例》自1873年制定，甚至比英国于1875年制定的《商标法》还早了两年。由此可见，香港的商标制度历史悠久、自成体系、相对独立，以至于香港回归之后《商标条例》修改较少，基本沿袭了之前的规定。但是，其历了一次较大的改动，2003年以后开始沿用新的《商标条例》。《商标条例》第559章第Ⅰ部第3条规定："（1）在本条例中，'商标'（trade mark）指任何能够将某一企业的货品或服务与其他企业的货品或服务作出识别并能够藉书写或绘图方式表述的标志。（2）在不影响第（1）款的一般性的原则下，商标可由文字（包括个人姓名）、征示、设计式样、字母、字样、数字、图形要素、颜色、声音、气味、货品的形状或其包装，以及该等标志的任何组合所构成。"而我国内地现行的《商标法》第8条规定："任何能够将自然人、法人或者其他组织的商品与他人的商品区别开的标志，包括文字、图形、字母、数字、三维标志、颜色组合和声音等，以及上述要素的组合，均可以作为商标申请注册。"对比可见，在香港可予以注册的气味商标，在内地是不能获得注册的。而澳门则没有设立独立的单行条例，而是将商标权制度纳入《工业产权法律制度》进行保护。此外，内地的注册商标保护期限为10年，而澳门注册商标的保护期限仅为7年，可以续展，并且每次续展保护期亦为7年。

3. 专利权法律制度的具体规定

香港回归后所采用的《专利条例》扩大了专利的原有保护范围，由原来标准专利一种扩大到标准专利和短期专利两种。其中标准专利的注册需要首

---

[1] 李广辉、张晓明："粤港澳知识产权法律制度研究比较"，载《国际经贸探索》2009年第6期。

先经过指定专利局（包括中国国家知识产权局、英国知识产权局以及欧洲专利局）的审查授权以后，再于香港注册并授予专利，且标准专利保护期为20年，需每年续期。如果仅仅在我国内地获得专利授权，而没有在香港申请注册，那么该专利在香港是不予认可的。短期专利只需要申请人向香港知识产权署提出申请，形式合格即可被授予专利权，无需进行形式审查及实质审查，短期专利保护期为8年，4年续期一次。2016年，香港通过新《专利（修订）条例》，条例的修改主要在于考虑新设原授专利制度以及为短期专利增加实质审查制度，但是该条例目前尚未生效。此外，香港有独立的《注册外观设计条例》，香港的外观设计制度实行注册制，但也不需要经过实质审查，只需要形式合格便可予以注册，且香港的外观设计保护期为25年，每5年续期一次。而澳门所指专利是仅指发明专利，实用新型与外观设计是作为工业产权予以保护的，且澳门将实用新型称为实用专利，将外观设计称为设计及新型，澳门的发明专利保护期为自申请日起20年，实用专利保护期为6年，可续展，而设计及新型保护期为25年，每5年续展一次。我国内地与之不相同的是，内地的专利包括发明专利、实用新型及外观设计，《专利法》将发明专利、实用新型以及外观设计置于同一部法律之中予以保护，且实用新型与外观设计的保护期均为10年，不可续期，仅需要形式审查便可予以注册。由此可见，粤港澳三地的专利制度仍存在较大的差异及冲突，在实践中难免会产生大量的知识产权纠纷。

（二）粤港澳大湾区知识产权法律制度的冲突分析

粤港澳大湾区知识产权法律制度之所以存在明显的差异及冲突，本文认为，主要系基于两方面的原因：其一，粤港澳三地所面临的法治传统不同；其二，知识产权的地域性。

1. 法治传统的差异性

追根溯源，三地间知识产权法律制度存在的差异及冲突归根到底还是源于法治传统的不同，"一个国家、两种制度、三种法系"恰当地反映了当前粤港澳三地所处的复杂现状。香港经历了近一个世纪的殖民统治，各方面均已深受英国传统的影响，法律制度更是被深深打上了英国法律的烙印，这使得香港知识产权制度基本上也沿袭了英国知识产权法的规定，是一种英美法系的传统，既有普通法又有成文法。澳门亦经历了葡萄牙殖民者450多年的殖民统治，法治传统更是深受葡萄牙法律体系的深刻影响，澳门知识产权法律制度体现了葡萄牙浓厚的大陆法系传统。而我国内地的民商事法律制度是遵循苏联的立法和司法体制建立起来的，是社会主义的大陆法系。[1]三地不同的法治观念和法治传统导致了在实体法规定上存在诸多的差异和冲突，与此同时，尽管这种法治传统和法治观念对香港和澳门的影响不是根深蒂固的，但也是深刻而长远的，以至于当香港和澳门陆续回归到祖国的怀抱，且基于基本法的要求对知识产权法律进行本土化的修改之后，仍有英美法系及大陆法系的影响存在。譬如，香港回归后于1997年6月27日生效实施的《注册外观设计条例》，就是以英国《1949年注册外观设计法》为参照的，《版权条例》也仍旧保持英国1956年《版权法》的模式，将作品分为两大类：第一类是原创作品，第二类是在原创作品上的制成品。香港修改后的知识产权制度仍保持了原有知识产权制度的延续性。[2]

2. 知识产权的地域性

香港及澳门回归之后，我国开始实行"一国两制"，香港和澳门实行高度自治，享有行政管理权、立法权、独立的司法权和终审权。[3]因此，港澳地区对于知识产权法律制度的制定和修改拥有完全的自主权，可以建立起独有而完善的知识产权法律体系。知识产权地域性应被界定为各国依法授予或确认的知识产权的空间效力范围限于本国内，[4]这是知识产权的法律特征之一。知识产权具有地域性的根本原因在于知识产权是法定权利，同时也是一国公共政策的产物，必须通过法律的强制规定才能存在，其权利的范围和内容也完全取决于本国法律的规定。[5]且知识产权客体的无形性使得同一知识财产可以由不同的主体创造或占有，所以法律必须就同一知识财产拟制一个唯一的权利主体。[6]由此可见，基于知识产权客体的无形性，为避免世界上针对同一知识产权作品出现不同的权利主体，需赋予知识产权地域性，以使各地区有独立的权利人。又基于知识产权是国家财富的重要组成部分，是一国公共政策的产物，关系到一国或地区的公共利益问题，需赋予知识产权地域性，以

---

[1] 袁媛："我国内地与港澳知识产权冲突解决路径探析"，暨南大学2013年硕士学位论文。

[2] 王秋华："论'一国两制'下香港知识产权制度的特点"，载《法学家》2000年第4期。

[3] 张淑钿："粤港澳大湾区城市群建设中的法律冲突与法律合作"，载《港澳研究》2017年第3期。

[4] 徐祥："论知识产权的地域性"，载《武汉大学学报（哲学社会科学版）》2005年第5期。

[5] 王迁：《知识产权法教程》（第5版），中国人民大学出版社2016年版，第9页。

[6] 冯术杰、于延晓："知识产权地域性的成因及其发展"，载《长白学刊》2004年第6期。

使其满足本地区的公共需求。因此，粤港澳三地各有着独特的知识产权法律制度，对于知识产权的保护范围及保护期限等均有着各自的安排及规定。

综上，基于粤港澳三地的法治传统以及知识产权自身的地域性，三地的知识产权制度存在较大的差异及冲突，同时在实践中也产生了大量的知识产权纠纷。而如何破解当前的困局，如何充分发挥知识产权的核心竞争作用，对建立一个全面而有效的粤港澳大湾区知识产权冲突协调机制提出了迫切的需求。

### 三、粤港澳大湾区知识产权冲突协调机制的构建

（一）粤港澳大湾区知识产权冲突协调机构的构建

其实，自2003年CEPA签订以来，粤港澳三地之间就知识产权的协调发展也在不断地进行探索与实践，如2003年12月正式启用由广东及香港、澳门共同制作的"粤港澳知识产权资料库"；2005年由港澳地区和泛珠三角地区签订了《泛珠三角区域知识产权合作协议》，且在该合作协议中，还设计了联合会议制度、联络专员制度以及专门工作小组制度；2010年4月及2011年3月分别签订了《粤港合作框架协议》与《粤澳合作框架协议》，其中《粤港合作框架协议》就粤港两地之间加强知识产权合作与交流提出了明确的要求；近年来，粤港还陆续签订了相关的《知识产权合作协议》，此外，还有CEPA的多份补充协议。尽管迄今为止粤港澳三地间对于知识产权的协同发展已经存在较为有益的尝试和实践，但是，上述合作要么是针对粤港两地的知识产权合作发展，要么是针对粤澳两地的知识产权交流合作，并且也未建立起一个全面而整体运作的冲突协调机构。因此，在实践不足的基础上，以及粤港澳大湾区是在不同法系与不同知识产权制度下开展区域合作的背景下，可以考虑面向整个粤港澳大湾区的知识产权法律冲突及知识产权纠纷，构建一个粤港澳大湾区知识产权冲突协调机构。

粤港澳大湾区知识产权冲突协调机构应由广东、香港及澳门各自派代表共同组成，并应将其定位为粤港澳三地间知识产权冲突与纠纷解决的唯一决策机构，该机构的运作应在宏观、中观及微观层面分别予以设置。宏观层面而言，该冲突协调机构应着重提出立法建议、协调三地知识产权政策以及制定大湾区知识产权融合战略三方面工作。其一，该机构可针对粤港澳三地之间的知识产权法律冲突提出相应的解决方案或者立法建议，以供三地的立法

机构予以参考；其二，知识产权毕竟涉及各区域的公共政策及公共利益问题，该机构应对三地提出的知识产权政策予以协调与融合，探讨合作项目及年度计划；其三，冲突协调机构还应有宏伟的视野及长远的目光，来制定粤港澳大湾区知识产权战略。中观层面而言，该冲突协调机构还应该根据法律规定出台相关的文件及建议，促成三地知识产权部门签订相关的区际协议及相关合作协议，使得在粤港澳大湾区内进行贸易往来的个人及企业等都可以有章可循。从微观层面而言：第一，该机构应积极促进三地间的知识产权部门加强交流合作，促进各地的知识产权中介机构加强合作，甚至可以组织各地中介机构共同培训，共同学习其他两地的知识产权法律制度；第二，除了"粤港澳知识产权资料库"，在数据时代还应该着重建立起网络信息平台，将三地的知识产权法律制度、商标及专利的申请注册情况，以及实践案例均公布于网络信息平台上，并积极进行网络信息平台的维护及更新；第三，还应该建立起冲突解决部门，为实践中的冲突纠纷提供相应的解决建议及方案，切实解决实际中的知识产权纠纷问题。因此，面对粤港澳大湾区知识产权制度冲突以及大量的知识产权纠纷，应考虑建立起一个整体运行、有序分明，且能有效解决实践问题的知识产权冲突协调机构，为粤港澳大湾区的贸易往来及协同发展扫清知识产权方面的障碍。

(二) 粤港澳大湾区知识产权冲突协调制度的构建

在已有粤港澳大湾区知识产权冲突协调机构的基础上，应进一步考虑知识产权冲突协调制度的构建。目前，学术界针对粤港澳三地间的知识产权冲突也在不断探索解决方法，譬如有学者认为可类推适用域外知识产权法律；有学者认为要建立统一的知识产权法律制度，即不仅包括制定全国统一的知识产权法，还包括统一的登记注册系统，各地区不再保留原有的知识产权法律体系。本文认为，现阶段建立统一的知识产权法律制度不具有必要性及现实可行性。一方面，"一国两制"原则是被实践证明了的解决香港、澳门两地社会政治、经济和法律问题的最直接、有效的指导方式，所以解决粤港澳区际法律冲突的问题也应当充分尊重三地不同的法律制度的平等和独立，以法制协调为主要操作手段，而不是简单粗暴地通过统一法律制度来协调解决。[1]另

---

[1] 曹阳昭："粤港澳区际法律冲突的现状与解决路径"，载《合肥工业大学学报（社会科学版）》2015年第4期。

一方面，粤港澳三地是在政治、经济、文化底蕴、法律体系等方面都存在较大的差异，且知识产权不仅是法律问题，还是该地区公共政策的产物。因此，贸然建立统一的知识产权法律制度，会存在很多难以协调及难以解决的根本问题。也有学者认为，可以考虑构建复式知识产权法律制度，这种观点主张制定一部统一的知识产权法，成立知识产权注册统一管理机构，形成跨地区的知识产权制度体系。另外，应当继续保留两地知识产权制度，在此基础上建立地区知识产权法律体系。[1]也即是说，在复式知识产权法律体系下，跨区域知识产权制度与区域内知识产权制度两项知识产权制度协调运行。本文认为，该种制度的确存在一定的参考意义，且欧盟统一商标制度可以为构建该项制度提供一定的借鉴意义，但毕竟在粤港澳三地之间既实行统一的跨区域知识产权法律制度，又实行三地各自区域内的知识产权法律制度存在一定的困难。由于粤港澳大湾区如今刚处于初始构建及初步发展阶段，很多问题尚未成熟，在这种背景下运行这么复杂的复式知识产权制度恐怕会引起制度运行的混淆以及模糊不清。因此，该种知识产权制度可以等到粤港澳大湾区发展成熟时再予以引入，且制定详尽而明确的制度安排才能使该制度有条不紊地运行。

本文认为，在粤港澳大湾区构建的现阶段，仍然可以先行借鉴欧盟统一商标制度中的优先权制度和转换申请制度，再结合本地区的实际情况加以运用。欧盟优先权制度包含两部分：一是在一成员国国内有效的商标，权利人享有将该商标在相同商品或服务上优先注册为共同体商标的权利。二是在一成员国国内有效的商标，同时又是共同体商标，权利人享有在其他成员国将该商标在相同商品或服务上优先注册成为其他成员国国内商标的权利。转换申请是指共同体商标的申请人或所有人在其申请失败或其商标失效时，请求将该申请或商标转换成国内商标申请的情况。[2]尤其是转换申请制度，由于粤港澳三地间存在不同的知识产权法律制度，因此常会出现大量的知识产权纠纷，譬如商标侵权纠纷以及商标抢注问题。而如果三地间能够协商共建转换申请制度，即一地商标的申请人或所有人在其申请失败或其商标失效时，

---

[1] 王畅、邓媛："内地与香港在CEPA框架下的知识产权法律问题初析"，载《中国科技信息》2006年第16期。

[2] 朱雪忠、柳福东："欧洲商标法律制度的协调及其对我国的启示"，载《中国法学》2001年第4期。

请求将申请或商标转换成另一地的商标申请。这样一方面体现了知识产权制度的灵活性,另一方面,也能够切实有效地解决实际中的纠纷。

(三) 粤港澳大湾区知识产权战略的共同制定和策划

除了上述粤港澳大湾区知识产权冲突协调机构及制度的构建,对于大湾区知识产权战略的制定也不容忽视。粤港澳大湾区目前在经济规模、人口规模、占地规模等方面已可以与世界级三大湾区媲美,但从人均产出、地均产出、区域的创新能力以及对全球经济的影响力等方面来看,粤港澳大湾区与国际三大湾区相比仍略逊一筹。[1]由此可见,粤港澳大湾区应积极发挥广州、深圳、香港、澳门四座核心城市的创新作用,共同制定国际化知识产权战略,充分发挥知识产权的核心竞争作用,在发展中求融合。譬如,一方面,结合粤港澳各城市中突出的知识产权。例如,深圳集高新技术产业于一体,囊括了腾讯、华为等高新电子技术产业,珠海拥有格力集团等龙头企业,香港有新兴的文化创意产业,可以将各地突出的知识产权产业结合起来,将粤港澳大湾区打造成无隔阂的知识产权创新中心。另一方面,也可以促进知识产权资本化,鼓励知识产权出资入股、知识产权质押融资、知识产权证券化以及开展知识产权信托,将知识产权与资本发展融合起来,充分发挥知识产权在企业发展中的核心作用,增强企业在市场中的竞争力。此外,还应加强企业在各区域的知识产权布局,注重知识产权布局,重视对知识产权的保护。只有加强了对知识产权的保护,才能有效地减少实践中知识产权纠纷的产生。制定粤港澳大湾区知识产权国际化战略,我们能够有效地协调粤港澳大湾区之间知识产权的差异及冲突,通过战略的制定,能够充分了解到各区域的知识产权法律制度,并利用差异明显的知识产权制度进行优劣互补,且充分地发挥出各地突出的知识产权优势。

## 四、结语

粤港澳大湾区是在不同法系及不同知识产权制度下的区域合作。粤港澳三地间的知识产权差异体现在著作权、商标权及专利权的各个方面,我们通过对粤港澳三地知识产权法律制度的差异进行深入分析,从而建立起一个粤

---

[1] 钟韵、胡晓华:"粤港澳大湾区的构建与制度创新:理论基础与实施机制",载《经济学家》2017年第12期。

港澳大湾区冲突协调机构。参照借鉴欧盟统一商标制度中的优先权制度与转换申请制度，从整体上建立起全面而有效的冲突协调机制，以此来充分发挥知识产权的核心竞争作用，促进粤港澳大湾区的协同发展，最终将粤港澳大湾区打造成具有创新能力以及对全球经济具有影响力的世界级大湾区。

## 参考文献

[1] 张日新、谷卓桐："粤港澳大湾区的来龙去脉与下一步"，载《改革》2017年第5期。

[2] 钟韵、胡晓华："粤港澳大湾区的构建与制度创新：理论基础与实施机制"，载《经济学家》2017年第12期。

[3] 李胜兰："粤港澳大湾区的意义、优势、挑战与制度创新"，载《探求》2018年第2期。

[4] 王畅、邓媛："内地与香港在CEPA框架下的知识产权法律问题初析"，载《中国科技信息》2006年第16期。

[5] 谢琳、李奇："香港回归二十年以来知识产权管理和制度变迁"，载《中国发明与专利》2017年第12期。

[6] 李广辉、张晓明："粤港澳知识产权法律制度研究比较"，载《国际经贸探索》2009年第6期。

[7] 袁媛："我国内地与港澳知识产权冲突解决路径探析"，暨南大学2013年硕士学位论文。

[8] 王秋华："论'一国两制'下香港知识产权制度的特点"，载《法学家》2000年第4期。

[9] 张淑佃："粤港澳大湾区城市群建设中的法律冲突与法律合作"，载《港澳研究》2017年第3期。

[10] 徐祥："论知识产权的地域性"，载《武汉大学学报（哲学社会科学版）》2005年第5期。

[11] 王迁：《知识产权法教程》（第5版），中国人民大学出版社2016年版。

[12] 冯术杰、于延晓："知识产权地域性的成因及其发展"，载《长白学刊》2004年第6期。

[13] 曹阳昭："粤港澳区际法律冲突的现状与解决路径"，载《合肥工业大学学报（社会科学版）》2015年第4期。

[14] 朱雪忠、柳福东："欧洲商标法律制度的协调及其对我国的启示"，载《中国法学》2001年第4期。

[15] 李晓莉："新一轮对外开放背景下粤港澳大湾区发展战略和建设路径探讨"，载《国际经贸探索》2017年第9期。

[16] 易在成:"粤港澳合作机制中突破知识产权地域性的探讨",载《暨南学报(哲学社会科学版)》2015年第1期。
[17] 谢许潭:"借鉴与合作:粤港澳大湾区与世界知名湾区的互动新态势分析",载《城市观察》2018年第1期。
[18] 丘志乔:"香港的知识产权管理保护及其对广东的启示",载《广东经济管理学院学报》2006年第5期。
[19] 操武斌、张宪涛:"中国大陆与澳门二法域知识产权制度探究",载《科技创业月刊》2009年第5期。
[20] 王爱民:"澳门知识产权法律制度",载《中华商标》2012年第8期。

粤港澳法律冲突与协调机制

# "示范区"模式与粤港澳大湾区司法协助

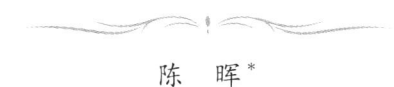

陈 晖*

【摘 要】粤港澳大湾区是在一个主权国家之下三个地方行政区域之间,为开展区域合作而建立的湾区城市圈,该城市圈的建立将改进一国之内不同区域之间的利益格局,也对大湾区之间的法律交流与司法协助提出了新的挑战。建立具有跨区域性与跨法域的大湾区司法协助示范区,建立大湾区司法协助示范区法制协调委员会,并以窗口模式对接港澳,将有助于大湾区开展广泛而稳定的司法协助,对我国区际司法协助的规范化与常态化产生示范效应,推动我国区际司法协助的发展。

【关键词】粤港澳大湾区 司法协助 示范区

## 一、粤港澳大湾区司法协助的性质与特点

我国是一个多法域国家,法域是一个不同于区域的概念,地理意义上的区域更接近于行政区划的含义,而法域则是一国内部具有相对独特法律制度的区域。随着港澳的回归,内地、香港、澳门是在主权国家内部有着相对独立法律制度的行政区划的地域范围,具有三个不同的行政区域的意义,但更主要的还是三个不同的法域。从行政区划上而言,粤港澳大湾区是在一个主权国家之下三个地方行政区域之间开展区域合作而建立的湾区城市圈,包括广东、香港和澳门;从法域上而言,包括三个法域:内地法域、香港法域和澳门法域,广东作为内地一个省份,属于内地法域。

根据不同主体之间的司法协助关系,将司法协助划分为:国际司法协助和区际司法协助(international judicial assistance or interregional legal assistance)。

---

* 陈晖,暨南大学人文学院副教授,刑法学博士,硕士生导师。

而区际司法协助又被进一步区分为同一法域内的区际司法协助（域内司法协助）和非同一法域间区际司法协助（区际司法协助）。

$$司法协助\begin{cases}国际司法协助\\ 区际司法协助\begin{cases}同一法域内司法协助（省际）\\ 非同一法域之区际司法协助（狭义的区际）\end{cases}\end{cases}$$

发生在粤港澳大湾区的司法协助包括三类：一是广东省九个市级行政区域与港澳的司法协助，虽然与内地和港澳三大法域之间的司法协助有类似之处，但也有一定的区别，仍然属于区际司法协助的范围；二是香港和澳门两个法域之间的司法协助，属于区际司法协助范畴，这两类都属于一国内部具有相对独特法律制度的特定地域之间的区际司法协助；三是广东省九个市级行政区域之间的司法协助，这是在一个主权国家内部若干具有相同法律制度和司法制度的相互平行的司法管辖区域之间的司法协助，也可以被认为是属于内地同一法域内的司法协助。基于研究的需要，本文讨论的重点在于第一类和第二类区际司法协助，以大湾区司法协助称之。

首先，大湾区司法协助具有跨区域性特点。它属于一个主权国家内部的司法协助，广东与港澳特别行政区都是一个主权国家之下的省级行政区域，不是独立的政治实体，由中央政府对它们行使主权。但特别行政区是一种新型的基于社会制度的不同而设立的特殊的地方建置，港澳互不隶属、互不干涉，各自分别在自己的管辖区域内推行自己的各项政策，并分别向上直接对国务院负责。香港、澳门实行高度自治，享有独立的司法权和终审权，其立法权源于国家最高权力机关的授权，在立法性质上属于中国的地方立法，其制定的法律属于地方性法律。但中央对特别行政区的权力是有限制的，只在法律规定的范围内行使，而对广东则具有强制的、全面的权力，其司法、立法受中央的管辖和监督。大湾区司法协助是广东省九个市级行政区域与港澳之间的区际司法协助。这种跨区域性，也使其具有跨越不同法律制度的特点，但仍然属于区际司法协助的范畴。

其次，广东省九个市级行政区域与香港、澳门分属不同的法域，是发生在不同法域之间的区际司法协助。三个法域之间体现为独立性、平等性和非主权性的特点。从宪政的角度看，三个法域代表了当今世界三大法系：社会主义法系、英美法系和大陆法系。这些调整主要社会关系的立法体系互为独立，不同法律在立法方式、法律技术、法律形式及渊源、司法程序及制度等方面都各有特点，有关法律的结构、体例、术语以及法律事实和行为的定性也往往不同。三地在立法、司法、行政与经济管理法律制度方面面临深层冲突，当一个法律行为涉及两个以上的法域时，必然受到两种以上法律制度的约束，法域间司法活动上的联系不可避免，任一法域的司法行为并不当然对另一法域产生效力。广东省内九个市级行政区域内，各司法机关之间可以根据统一的法律和司法解释在司法活动中进行沟通与协助，但不同法域之间则需要建立专门的协助关系才能进行沟通。这种协助既没有统一的实体法来调整三个地区的民事和刑事关系，中央的最高人民法院也不能协调内地与香港、澳门在司法方面的矛盾，更不能把大湾区的司法协助事宜直接地指令香港或澳门。

最后，大湾区司法协助形式表现为不同的社会制度的地方行政区域之间的合作。广东作为内地一个区域实行社会主义制度，香港、澳门实行资本主义制度，"一国两制"蕴含着主权统一的基础下求同存异、和平共处的理念，成为处理区际司法协助事务的基础。其中，"一国"是"两制"前提，"两制"是实现国家统一的方式，高度自治体现了"两制"的主要内容。大湾区司法协助的一切原则、规则和制度都必须贯彻"一个国家"的原则，任何协助的模式设计和具体程序都不能偏离"一国"的要求。

## 二、区际司法协助的模式之争与实践

发生在同一主权国家的不同法域之间的司法协助不乏其例，单一制国家和联邦制国家内部均有复合法域之区际司法协助。各国区际司法协助的模式不尽相同，如由宪法统帅、统一立法、统一终审权等都是一些国家采用的有效开展区际司法协助的模式，从而达到消除区际诉讼法律冲突的效果。多种模式并用是符合实际的，模式的确定与各法域立法权与司法权的大小与行使程度息息相关，取决于各国不同的政治、法律结构。全盘移植外国模式既没有理论依据，也不切实际，但国外区际司法协助的技术和程序环节可以为我国提供必要的理论支撑和不少有益的经验。我国区际司法协助模式的争议在理论与实务界讨论非常激烈，见仁见智，比较有代表性的观点有如下几种：

①中央统一立法;[1]②国际条约模式;[2]③示范法模式;[3]④中心机关模式;[4]⑤分别立法模式;⑥区际协议模式。[5]此外,在刑事方面,学者也提出过国际刑警组织模式、个案协查模式等,各有其合理因素与不足。

早在1988年,广东省高级人民法院曾率先和香港就相互委托送达民事、商事案件诉讼文书达成了7条协议,为粤港法律文书的送达提供了方便。港澳回归之后,在"一国两制"方针的指引下,以《香港基本法》第95条和《澳门基本法》第93条为依据,最高人民法院与香港特别行政区律政司以及澳门特别行政区律政司,经过多次协商一致签订了具有约束力的区际民商事司法协助"安排"。其中,内地与香港在送达、取证、仲裁裁决执行、协议管辖民商事判决的承认与执行、婚姻家事判决的承认与执行方面签署了5项区际司法协助安排,而内地与澳门在文书送达、调查取证、仲裁裁决和民商事判决的承认与执行方面也签订了3项司法协助安排,香港与澳门还签了仲裁裁决认可与执行的安排。二十年来,两地法院依据4项安排和各自本地立法办理了司法协助案件2万余件,有效维护了两地当事人合法权益,促进了两地经济社会发展,给两地民众带来了实实在在的福祉。[6]

---

[1] 一种观点是依照美国模式,以宪法基本原则的方式,对中国宪法作一些补充或修改,规定中国区际司法协助的指导原则。参见胡晋南:"区际司法协助方式比较",载黄进、黄风主编:《区际司法协助研究》,中国政法大学出版社1993年版,第23页。另一种观点是仿照澳大利亚模式,由全国人大制定一部法规来解决我国的区际司法协助问题。参见董立坤:《国际私法论》,法律出版社1988年版,第516页。或者根据《香港基本法》第18条第3款规定,由全国人大常委会对列入基本法附件三的全国性法律作出增减。参见黄进、黄风主编:《区际司法协助研究》,中国政法大学出版社1993年版,第51页。

[2] 黄进、黄风主编:《区际司法协助研究》,中国政法大学出版社1993年版,第34页。

[3] 黄进、黄风主编:《区际司法协助研究》,中国政法大学出版社1993年版,第63页。

[4] 徐昕:"中国区际司法协助方案选择",载《政治与法律》1996年第1期。

[5] 该模式主张由内地与香港、澳门特别行政区签订司法协助协议,具体做法为:根据内容归属,由某职能部门,或最高人民检察院或最高人民法院作为内地法域的代表,与香港、澳门特别行政区对应部门签订协议。参见徐宏:"一国两制下的香港的移交逃犯制度初探",载黄进、黄风主编:《区际司法协助研究》,中国政法大学出版社1993年版,第20页。或者由内地与港澳分别相应设立一个官方性质的"区际司法协助委员会",分别代表各法域签订司法协助的协议。参见叶晓颖:"论我国区际刑事司法协助的基本原则和模式",载高铭暄、赵秉志主编:《21世纪刑法学新问题研讨》,中国人民公安大学出版社2001年版,第166页。这一模式的发展路径可以先分别达成双边司法互助协议,待时机成熟后,再过渡至四个地区统一适用的司法互助协议的制定。参见沈涓:《中国区际冲突法研究》,中国政法大学出版社1999年版,第125页。

[6] "内地与香港民商事司法协助二十周年回顾与展望",载http://www.court.gov.cn/zixun-xiangqing-41642.html,2018年4月25日最后访问。

除了港澳签订了《关于移交被判刑人的安排》之外，内地与港澳地区并未建立制度化的刑事司法协助机制，但粤港澳三地警方早在 1981 年就开始了警务方面的协助。我国于 1987 年设立了国际刑警组织中国中心局广东联络处，粤港、粤澳警方通力合作，在跨境追逃方面取得了可喜的成绩，并联合侦破了大批严重的跨境犯罪案件。[1] 从 20 世纪 80 年代开始，广东省人民检察院与港澳在联手侦破公职人员犯罪案件方面，就如何协助调查取证，追逃、追赃、证人出庭、预防犯罪以及司法协助等问题开始了"个案协查"的有益尝试。1990 年，最高人民检察院决定在广东省人民检察院内设立"个案协查办公室"，对外称"广东省人民检察院个案协查办公室"，规定今后凡是国内各级检察机关同香港、澳门相互协助调查职务案件，都要通过广东省人民检察院个案协查办公室进行联系，开始了内地与港澳开展职务犯罪个案协查活动的规范化和经常化。1995 年，最高人民检察院批准在珠海市检察院和深圳市检察院分别设立广东省检察院个案协查办公室珠海办事处和深圳办事处，主要承担本地涉港澳个案协查取证业务和协同出境调查任务。2002 年，广东省人民检察院下发《关于简便职务犯罪涉港澳个案协查工作程序的规定》，对于广东省各级检察院向香港、澳门特别行政区有关部门提出个案协查的请求及为香港、澳门特别行政区有关部门进行个案协查规定了具体程序。总之，内地与港澳对于职务犯罪的个案协查有效地拓展了双方在反贪领域的合作。

从内地与港澳民商事的"安排"模式以及个案协查的实践来看，"安排"模式摒弃了国际司法协助中由中央机关转交的联络渠道，实现了司法机关之间的直接送达，手续简便、费用互免、易于执行。个案协查中的个案协查办公室以及深圳、珠海两个办事处直接以个案为媒介对接司法协助。这是一种行之有效的区际司法协助的实践与创举，宣示了法域之间的平等性、协商性与直接性，可行且具有很高的操作性，充分体现了港澳与内地对彼此法律制度的尊重和司法信任。其规范化的司法协助运作方式确立了一种全新的具有中国特色的区际司法协助的初步体例，丰富和发展了"一国两制"理论和实践。

---

[1] 如 1995 年 "'6·13'东星轮抢劫案"、1997 年 "番禺'1·17'绑架勒索案"、1998 年 "张子强案" 和 "德福花园李育辉谋杀案" 等。

### 三、推动粤港澳大湾区司法协助的设想

(一) 设立粤港澳大湾区司法协助示范区

内地与港澳司法协助对大湾区司法协助起着决定性的作用,内地与港澳签署的一系列民商事司法协助的安排适用于内地,对大湾区是有约束力的,也是大湾区司法协助的重要法律依据,直接决定着大湾区司法协助的形式、内容和途径。广东在不违背内地法律的情况下与港澳之间的司法协助一直走在全国的前列,也与港澳签订了一些具有地方特色并具有独创性的协助协议。随着大湾区城市圈经济的发展,可以想见,内地与港澳之间因历史的隔绝形成的政治差异仍然会持续存在,但未来大湾区司法协助实践大量客观存在的现实却不容回避,多法域法律事务的复杂性必然导致区际司法协助模式的复合化,一步到位的设想太具理想主义色彩,在理论设计时总难突破实践的障碍。在对区际司法协助模式的探讨中,曾有学者提出"中心机关模式",该模式主张由中国司法部授权,在充分协商的基础上,设立一个全国统一的"司法协助协调中心",成员包括各法域的代表,该中心可直接委托某法域的司法机关处理有关司法协助事务。或者两法域分别成立中心机关,凡涉及法域间的司法协助事宜,均通过中心机关依据本法域的法律处理。[1]这一模式更为具体的话,又可被分为"单一中心机关模式""分片中心机关模式"和"统一中心机关模式"。[2]笔者认为,"分片中心机关模式"值得考虑,大湾区城市圈赋予了广东省九个城市与香港、澳门更大的自主权。虽然我国区际司法协助的理论与实践已为大湾区司法协助提供了必要的理论支撑和规律性的经验,但是,在民商事领域,还需要进一步扩大司法协助的范围、简化司法协助方式、提高司法协助效率、实现合作的普适化。而在刑事司法协助领域,不仅要进一步拓展个案协查的范围,更要在送达、调查取证、移交逃犯等领域,对一些操作性较强的程序性问题进行大胆的探索和推进。在制度化规范尚有欠缺的情况下,大湾区有责任担当起司法协助领域改革"实验田"的使命,建设一个粤港澳大湾区司法协助示范区。虽然在内地法域中有着行政区划的划分,广东省不可能代表整个内地法域,广东省与香港、澳门法域也不

---

[1] 庄天助:"中国内地与香港、澳门民商事司法协助研究",中国人民大学 2003 年博士学位论文。
[2] 徐昕:"中国区际司法协助方案选择",载《政治与法律》1996 年第 1 期。

在同一个层面上。但是,笔者认为,大湾区司法协助示范区的探索就是从尊重基本法又考虑现实的角度,采取先易后难、先简后繁的方式,寻找区际司法协助模式新的切入点,以前瞻的眼光和全新的视角,在现有法律文件、条例的框架下,开展更加灵活的司法协助,逐渐在司法协助的重要领域和关键环节取得突破。大湾区司法协助的实践不仅为内地其他地区与港澳在开展司法协助时给予参照指导,更是为内地与港澳司法协助提供一个可供参考的示范蓝本,在整体上推进我国"一国两制"下的区际司法协助的发展。

(二) 建立大湾区司法协助示范区法制协调委员会

在司法协助中,"示范法模式"曾得到学界的认可,一些联邦制国家以"示范法"作为使国内法律统一化的方法。如美洲国家通过《美洲反洗钱示范法》,为消除美洲各国在规范洗钱犯罪上的刑法规范差异提供了一个样本。中国国际私法学会颁布的《大陆地区与台湾、香港、澳门地区民事法律适用示范条例》体现了我国用示范法模式解决区际法律冲突的努力。[1] 示范法确实具有理论价值上的优势。在大湾区司法协助示范区内完全可以借鉴这种示范法的做法。粤港澳大湾区城市群建设虽然已经被纳入中央的顶层设计,但如何跨越法律制度的冲突进行跨区域、跨法域规划的协调仍然需要探索。虽然在大湾区司法协助的过程中,一些原则性的问题根本不是一个省所能决定和承担的,即便是广东省与港澳签订协议后,这个协议也只在港澳与广东之间生效。即使最高司法机关指令内地其他各省可以适用该协议,但最高司法机关的指令对港澳没有法律上的约束力,港澳对未与之签订协议的省份的司法协助请求完全可能会因缺乏法律依据而予以拒绝。因此,在大湾区司法协助实践中,为了更好地发挥示范区的作用,设计一个综合性的法律协商或协调机关,对大湾区不同城市三个法域之间的法律事务予以综合协商或协调是必要的。特别是在区际刑事司法协助方面,内地与港澳进展缓慢,至今未达成一个法域间的司法协助安排,这也充分说明了在区际刑事司法协助中,协调具有不可或缺性。而且,协调的目的并不在于实际参与具体的协助事项,而是加强双方互信及双方对彼此法律的认知,扩大协商的范围,减少分歧,并尽量在法律允许的范围内进行必要的变通,提出一些有效解决区际法律冲突、有利于区际司法协助顺利进行的立法建议或解决实际问题的参考意见,以消

---

[1] 徐静琳:《演进中的香港法》,上海大学出版社2002年版,第372页。

除双方之间的摩擦和冲突，促使协商更有效地导向共识。

曾经有学者建议在国务院下设"中国区际司法协助协调委员会"，以协调各法域之间的法律摩擦和争议。[1]还有学者针对粤港澳经济一体中的法制协调问题，建议设立一个"粤港澳法制协调委员会"。[2]这些设想在粤港澳大湾区司法协助中都是可行的。但是，自港澳回归以来，虽然内地与港澳在民商事方面签署了几个"安排"，但各项"安排"中均未有这样的一个协调机构出现。笔者认为，其原因主要在于该机构的组成难以在各法域之间达成一致，作为一个区际司法协助的协调机关，最好是一个各法域共同的、制度化的机构，以便协调各法域之间的冲突。若将该机构设定在一个中央一级的机关，该机构势必会成为一个凌驾于各法域之上的共同机构。如果该机构作出的决定得由特别行政区遵循，则会有侵犯港澳自治权之嫌。这种设计在相当长的一段时间内是不可能的。

笔者认为，作为一个区域性的司法协助协调机关，民间性质的机构在运作时也会很灵活，而且更具独立性，不容易受到各法域或特定利益集团对立法的影响。该组织可以由各法域相关机关的代表和一些法律专家组成，对大湾区司法协助做一些示范性的研究或者协调，客观公允地制订一些法律适用原则。这一思路源自海牙国际私法会议，海牙国际私法会议作为推动国际私法统一化进行的最重要的组织之一，面对各主权国家的法律以及法律背后的理念和利益之间的矛盾冲突，开展了许多卓有成效的协调矛盾和冲突的方法和技巧，这些研究值得我国借鉴。在大湾区司法协助中，由民间性质的机构提出的建议虽然没有强制性，但其示范性或引导性却有助于解决区际司法协助中的实际问题。待时机成熟，各法域如果都有迫切需求，并都愿为之付出共同的实际行动，再考虑建立一个全国性的区际法律协商和协调委员会，会更富有成效。

大湾区司法协助示范区法制协调委员会促使三方更有效地协商导向共识，可以针对大湾区司法协助的实践提出一些切实可行的建议和具体解决方案。比如，在刑事司法协助领域，大湾区城市圈内可以就惩治多发性个罪或类罪专项制定刑事司法协助示范协议，并在大湾区内开展刑事文书送达、调查取

---

[1] 黄进主编：《中国的区际法律问题研究》，法律出版社2001年版，第84页。

[2] 朱最新："论粤港澳经济一体化中的法制协调"，载《国际经贸探索》2008年第10期。

证、相互移交逃犯等协助领域取得突破。为了鼓励粤港澳大湾区司法协助示范区对协助事项大胆创新,在示范协议的基础上,最高的公安司法机关还可以授予大湾区更大的权限,赋予广东省级公安司法机关与港澳方面签订司法协助协议的权利,将一些行之有效的成功经验和约定俗成的运作模式以法律的形式加以固定、提炼,为今后法域层面签订司法协助协议提供有效的借鉴。

(三)以"窗口模式"对接港澳

从区际司法协助的效率来看,执行区际司法协助的机关直接联络并转递司法协助请求最为便捷和高效,但是,从内地与港澳签署的各项民事商司法协助"安排"来看,内地与港澳的区际民商事司法协助的安排也仍然体现了一定的间接性特点。如,内地与澳门相互认可与执行仲裁裁决、民商事判决以及内地与香港相互执行仲裁裁决、相互认可和执行当事人协议管辖的民商事判决和婚姻家庭民事案件判决,在内地都可以向中级人民法院直接申请执行。但是,对于民商事司法文书送达和调查取证,内地与港澳的"安排"均规定其联络机关是各省高级人民法院。广东由广东省高级法院与香港高等法院、澳门的终审法院直接进行协助,也就是说,大湾区内各基层人民法院与中级人民法院必须层报给广东省高级人民法院,才能统一开展民商事司法文书送达和调查取证的司法协助。当然,该设计也有一定的合理性,因为香港法院的设置是四级制,而澳门因地域范围小,法院只设置三级,内地高级法院与香港高等法院直接进行协助,而内地高级人民法院则与澳门的终审法院直接进行,它体现了协助机构之间的职级对等性。但是,大湾区广东省内九个城市中,无论案件由哪一个法院管辖,如果双方要进行调查取证或送达的协助,该法院必须将协助申请递交广东省高级人民法院,再转交香港高等法院或澳门的终审法院。同样,香港、澳门的基层法院如需要在大湾区内进行文书送达的司法协助,也必须通过其香港的高等法院或澳门的终审法院与广东省高级人民法院联系,才可以进行司法协助。在讨论内地与澳门民商事送达安排时,澳门曾提出司法文书的直接送达,但由于送达文书的数量多易增加澳方负担,所以,最后"安排"没有采用直接送达的方式。[1]但也有学者

---

[1] 邵文虹、于晓白:"内地与澳门特别行政区法院就民商事案件司法文书送达与调取证据的安排",载《人民司法》2001年第12期。

建议应尽量删减一些环节,提出由内地中级人民法院与港澳地区法院直接进行。[1]这种由省一级的司法机关统揽执行协助的方式显然是为了保证执行的统一性,避免多机关执行造成执行不一致的情况。

粤港澳大湾区内地九个城市都是广东省内的市级城市,在大湾区城市圈内,随着经济交往的加强,九个城市都会与港澳产生大量的司法协助需求,而文书的送达与调查取证将会是大湾区司法协助最为频繁的内容。而大湾区九个城市的基层人民法院和中级人民法院都可以审理涉港澳的一审案件,这将大大提高协助成本,协助效率也大大减小。因此,笔者建议,广东省高级人民法院可以在大湾区设立一个"窗口机关",由该窗口机关负责统筹大湾区内的司法协助事宜,直接与港澳法域进行联系,向港澳提出司法协助请求,或接收司法协助请求,同时跟进和协调协助请求情况。该设想来源于内地与港澳个案协查的实践。珠海、深圳基于地缘优势,与港澳有更多的经济和贸易往来,个案协查中,广东省检察院个案协查办公室珠海和深圳办事处,就承担着个案协查的"窗口"作用。这种授权在粤港澳个案协查制度中显示出来的效果非常明显,可见,一个可行的技术性制度安排将大大提高协助的效率。窗口模式实质上只是为大湾区司法协助构想了一个司法协助联络的主体问题。在民商事领域,在区际民商事司法协助"安排"的现有法律框架下,"窗口机关"可以负责向法院提供有关信息和其他辅助,特别是需要由省高级人民法院转递的协助事项,这将大大提高协助效率。

就目前我国区际刑事司法协助的现状来看,刑事案件诉讼一般发生在基层,若将司法协助内容逐级审批至中央机关或者省级司法机关,环节复杂,费时费力。这显然有违诉讼高效与经济的原则,往往导致刑事案件在法定的诉讼时效期间内无法办结,不利于及时打击犯罪。因此,对于大湾区九个市级行政区域而言,确实需要一个具有联络作用的机关,作为与港澳开展区际司法协助的窗口。在我国区际刑事司法协助的实践中,由于刑事追诉活动涉及侦查、起诉或检控、审判等不同程序,它涉及的执行机关显然不止法院,如追捕和移交逃犯,须由公安机关直接参与,关押和移交罪犯则须由司法行政机关参与。由于司法体制和传统习惯的不同,各法域对"司法机关"的理解及其设立存在差异,因此需要根据刑事诉讼的不同阶段来确定刑事司法协

---

[1] 何其生:《域外送达制度研究》,北京大学出版社2006年版,第298页。

助的执行机构,即在侦查阶段、审查起诉阶段、审判阶段和判决的执行阶段,由各法域执行主体来确定执行机构。除了执行机关的性质和权限范围,还必须考虑同一执行机关职级间权限的差别,以便实现各个法域间这类机构在刑事司法协助中相互的对应性或者说"对口"性。详言之,笔者认为,在区际刑事司法协助中,可以以省一级司法行政机关,如广东省高级人民法院、广东省人民检察院、广东省公安厅、广东省司法厅作为具体的执行机关,从而既保证执行的统一性,又可以避免多机关执行造成执行不一致的情况。具体到大湾区司法协助示范区的建设中,对于由省级机关统揽的问题,可以进行技术性安排,设立执行机关的派出单位作为"窗口机关"。考虑到深圳与珠海的地缘优势以及个案协查办公室在运作中积累的经验,该窗口机关可设立在珠海市或深圳市,必要的时候,可以增加授权的"窗口机关"。

总之,在"一国两制"的前提下,大湾区城市圈将更好地借助地理优势和国家给予的政策优惠加强交流与合作,大湾区城市之间也将最大限度地消除制度及行政区划的藩篱,培养共同的价值观和法律意识。粤港澳大湾区经济的发展,使大湾区司法协助不仅需要现行法律的支持,更需要创新法制的探索与研究,建立大湾区司法协助示范区,将对我国区际司法协助的规范化与常态化产生示范效应,推动我国区际司法协助的发展。

# "一带一路"战略下内地与香港区际法院判决承认与执行解决的思考

于志宏　于　泽[*]

**【摘要】**"一带一路"战略的提出,为解决内地与香港特别行政区相互承认与执行判决问题带来了契机。内地与香港判决安排如果仍然不朝着有利于判决自由流动的方向进行改变与修正,涉及两地投资贸易的案件就不能得到全面、妥善的解决,"贸易畅通"目标的实现势必会受到严重打击。基于此,我们应转变思想认识,实现扩大范围、放宽条件、简化程序的目标,真正做到两地判决的自由流动。

**【关键词】**"一带一路"合作共赢　判决自由流动　区际判决承认与执行

## 一、问题的提出

习近平主席于 2013 年提出的建设"丝绸之路经济带"和"21 世纪海上丝绸之路"(简称"一带一路")重大合作倡议,具有重大的现实意义和深远的历史意义。这是中国作为负责任大国,为推动构建以合作发展互利共赢为核心的新型国际关系,推动国际秩序和国际体系向更加公正、合理方向发展,推动建设人类命运共同体作出的伟大战略构想;是中国站在人类道义制高点上,站在造福于更多国家和地区、重塑共同利益和共同愿景之上,提出的具有全球视野的对外和平发展的"中国方案";是通过形成良好的、互动的周边环境维护中国海权和陆权的核心战略。推进建设"一带一路"是一个长

---

[*] 于志宏,男,广东财经大学法学院教授,法学博士,中国国际私法学会常务理事,广东省法学会港澳台法学研究会副会长,广东省法学会国际法学研究会副会长。于泽,男,澳门大学法学院博士研究生。

期而艰巨的过程，需要调动沿线国家和地区共同参与的积极性，更需要形成内地、香港两地相向而行的集成优势。

"十三五"规划强调以"一带一路"为主要内容进行对外拓展。在"十三五"时期，国家利用好香港国际贸易和国际航运的中心优势，有利于国家构建开放型经济体系。香港可积极参与国家推进的"一带一路"战略，合作构建境内、跨境、境外的生产和贸易链、基础设施供应链、金融供应链，合作构建以周边为基础，辐射"一带一路"，面向全球的高标准自由贸易区网络。香港可积极参与国家扩大内陆沿边地区开发的项目，如合作提升新疆对中亚，云南对南亚，广西对东南亚，宁夏对西班牙、北非等地的开放能力建设、平台建设和离岸体系建设。发挥"两制"优势，做好"一国"文章，在高度开放条件下实现优势互补、合作互动、共同繁荣发展的目的。[1]

2006年7月14日，香港特区与最高人民法院签订了《关于内地与香港特别行政区法院相互认可和执行当事人协议管辖的民商事案件判决的安排》（以下简称《内地与香港判决安排》）。自从该安排于2008年8月1日生效到2014年止，内地受理申请认可香港特区法院民事案件6件，香港特区认可内地法院判决只有2件。[2]这表明《内地与香港判决安排》发挥的作用极其有限，象征意义大于实际意义。随着"一带一路"战略的铺开，两地经贸关系的交往更加密切，《内地与香港判决安排》如果仍然不朝着有利于判决自由流动的方向进行改变与修正，涉及两地投资贸易的案件就不能得到全面、妥善的解决，"贸易畅通"目标的实现势必会受到严重打击，也就不可能实现判决自由流动的目的和真正实现法律服务经济的愿望。显然，这对于推进建设"一带一路"战略是极其不利的。为此，我们有必要对《内地与香港判决安排》的产生过程及内容进行反思，并提出有益的解决办法。

## 二、存在的问题

（一）双方谈判磋商过程及存在的问题

最高人民法院与香港特别行政区政府就相互认可和执行民商事判决的问

---

[1] 张燕生："'十三五'时期国家用好香港优势的路径与选择"，载《港澳研究》2015年第3期。

[2] 邰中林："两岸及内地港澳法院司法合作与交流之状况与展望"，载中华司法研究会编：《中华司法的历史、现状与未来——首届中华司法研究高峰论坛文集》，人民法院出版社2016年版，第424~441页。

题在 2002 年 7 月到 2006 年 3 月期间先后进行了 7 次磋商，总共修改文本 26 次。最初，最高人民法院希望通过安排的磋商一揽子解决两地之间民商事判决的相互认可和执行问题，但遭到了拒绝。在磋商过程中，双方就以下五个方面问题产生过分歧：[1]

(1) 关于安排的适用范围问题。最高人民法院希望通过安排的磋商一揽子解决民商事判决的相互认可和执行问题，但香港代表团坚持认为，只能认可和执行当事人协议管辖的商事合约案件。

(2) 内地法院判决终局性问题。香港代表团认为，根据普通法，执行判决的条件之一是该判决必须是最终的、不可推翻的。但对于内地的判决，内地的检察院是可以提起抗诉的，因此他们认为内地判决不具有终局性，因而不能予以执行。同时，他们也不理解内地再审程序中的上级法院指令下级法院再审，以及提审后发回重审的程序。对此，最高人民法院认为，审判监督程序是内地的一项法定制度，该项制度在内地有其存在的合理性及现实意义，双方在安排中可以设立机制，对于需要认可和执行的判决，由原判法院出具证明，证明该判决是否具有终局性，是否具有执行力。

(3) 关于是否只认可内地中级以上法院作出的判决。香港代表团多次提出，认可的内地判决应该只限定在内地中级以上法院作出的判决，不能认可基层法院的判决。对此，最高人民法院认为，内地法院作出的判决是一个整体，不能随意分割。同时，最高人民法院指出，可以在安排中将内地基层人民法院限定为经授权管辖第一审涉外、涉港澳台民商事案件的基层人民法院，并可以将已经授权的人民法院名单作为内地与澳门、香港相互认可和执行民商事判决安排的附件予以规定。

(4) 关于拒绝认可和执行的理由问题。香港代表团认为，以欺诈的方法取得的判决，以及在违反自然公正原则的情况下取得的判决是不能得到执行的。在磋商的过程中，香港代表团放弃了自然公正的提法。对此，最高人民法院表示认可。

(5) 关于两地相互认可和执行判决的期限问题。香港法律规定，申请承认和执行判决的期限是 6 年；内地法律规定，法人申请执行的期限是 6 个月，

---

[1] 于志宏："第二届内地、香港、澳门区际法律问题研讨会综述"，载《法学评论》2008 年第 1 期。

自然人申请执行的期限是 1 年。双方经磋商，根据就短不就长的原则，一致同意在安排中参照《民事诉讼法》第 219 条规定的期限来规定当事人申请认可和执行的期限。

从 2001 年 12 月 20 日香港特区律政司向香港立法会提交第一份关于在香港特区执行内地判决，以及香港特区与内地交互执行判决安排的报告，到 2008 年 3 月 7 日，香港特区律政司时任司长黄仁龙先生在立法会动议二读《内地判决（交互强制执行）条例（草案）》，总共出现的几十份文件及报告表明了香港方所坚持的立场和理念，并清楚地表现在上述分歧的五个方面。

(二) 参照《外地判决（交互强制执行）条例》（第 319 章）所订的机制制定问题

黄仁龙司长在 2008 年 3 月 7 日立法会动议二读《内地判决（交互强制执行）条例草案》上明确讲道，与内地讨论《内地与香港判决安排》的内容时，已参考现行的《外地判决（交互强制执行）条例》（香港法例第 319 章），草拟本条例草案时，我们亦以该条例作为参照模式。[1]这样的参照是否合适？《外地判决（交互强制执行）条例》（香港法例第 319 章）是依据 1933 年英国同名法例[Foreign Judgments (Reciprocal Enforcement) Act]而制定的香港本地条例，该条例适用对象独特，适用范围有限。

(三) 参照国际公约问题

早在 2001 年 12 月 20 日，香港特区律政司在第一次提交香港特区立法会讨论香港特区与内地交互执行判决安排问题的事项中就明确表示，国际私法会议的民商事外国判决的《海牙公约》初稿和欧洲的有关民商事司法管辖权和执行判决的《布鲁塞尔公约》和《卢加诺公约》中有关规管选择诉讼地条文的原则，以及根据选择诉讼协定行使司法管辖权而产生的判决执行义务，对香港与内地日后在民商事务交互执行判决方面所作的安排，有宝贵的参考和楷模作用。所参照的国际公约还包括：①《海牙法院选择协议公约》（《海牙公约》）；②《联合国国际货物销售合同公约》；③《海牙国际货物买卖合同法律适用公约》。[2]

---

[1] "2008 年 4 月 23 日香港特区律政司时任司长黄仁龙在香港特区立法会回复《内地判决（交互执行）条例草案》二读辩论致辞"，载 http://www.dojgov.hk，最后访问日期：2008 年 4 月 23 日访问。

[2] 香港特区立法会 CB (2) 2091/06-07 (01) 号文件。

如今回头看，上述一些立场、观念和理念是值得一起再研究和探讨的。如何体现"区际特色"而不是国际特色是非常值得研究的问题。

当时的香港商界人士认为："特区政府拟透过订立《内地判决（交互强制执行）条例草案》，以落实《内地与香港法院相互执行商事判决的安排》；中华厂商会认为，有关安排有其可取之处。……本会担心如果出现判决在两地执行时效果参差的不对称情况，则未能真正保障港商的利益……"[1]这种"不信任"的思维，势必会左右香港方面在立法时的决策，使之对两地法院判决承认与执行活动采取更为谨慎的态度。

"一带一路"战略"秉持和平合作、开放包容、互学互鉴、互利共赢的理念，全方位推进务实合作，打造政治互信、经济融合、文化包容的利益共同体、命运共同体和责任共同体"，如果香港有关方面及人士仍然坚守其固有的立场、观念和理念，这与"一带一路"战略是不相宜的。

### 三、解决问题的思路

加快"一带一路"建设，有利于促进沿线各国和地区的经济繁荣与区域经济合作，加强不同文明交流互鉴，促进世界和平发展，是一项造福世界各国人民的伟大事业。"一带一路"建设是一项系统工程，要坚持共商、共建、共享原则，积极推进沿线国家和地区发展战略的相互对接。"一带一路"战略以"贸易畅通"为合作重点，着力研究解决投资贸易便利化问题，消除投资和贸易壁垒，构建良好的营商环境，积极同沿线国家和地区共同商建自由贸易区，激发、释放合作潜力，做大、做好合作"蛋糕"；着力加快投资便利化进程，保护投资者的合法权益。现在的《内地与香港判决安排》不能很好适应当前新的形势，其主要具体表现为以下几个方面：

1. 内地与香港民商事裁判的认可与执行的范围过于狭窄

由于"一国两制"的实施，香港仍旧适用原有的对其他地区判决的承认与执行的法律制度，这些法律制度基本上承袭了英国的传统做法。当前，香港在承认与执行外地判决时，采用的是成文法制度和普通法制度。不论是成文法还是普通法，对可以执行的外地判决都作了几乎相同的限制，其范围是

---

[1] 香港特区立法会CB（2）1753/06-07（03）号文件：香港中华厂商联合会对《内地判决（交互强制执行）条例草案》之意见。

狭窄的。《内地与香港判决安排》第 1 条规定,内地人民法院和香港特别行政区法院在具有书面管辖协议的民商事案件中作出的须支付款项的具有执行力的终审判决,当事人可以根据本安排向内地人民法院或者香港特别行政区法院申请认可和执行。上述内容使笔者看到了香港成文法和普通法的影子。现行的香港《外地判决(交互强制执行)条例》(香港法例第 319 章)是依据 1933 年英国同名法例〔Foreign Judgments(Reciprocal Enforcement)Act〕而制定的香港本地条例,适用于承认和执行某些特定外地国家高级法院作出的最终及不可推翻的判决。该条例适用对象独特,适用范围有限,适用的对象是英联邦国家及其他地方和香港有实质互惠关系的少数几个国家,适用范围仅为金钱判决,不包括非金钱判决以及具有税款或罚款性质的金钱判决。不难看出,将适用于外地国家的第 319 章法例作为适用于内地的条例草案的参照物显然是不合适的,会出现水土不服的情况。根据普通法,只有涉及债务及金钱赔偿的外地判决(金钱赔偿不是基于税收和惩罚获得的),并且该判决在双方当事人间是具有终局性的,才可以在香港得到执行。香港回归后,内地与香港特区之间发生了许多变化,法律制度是否应适应新情况值得探讨。

2. 内地与香港民商事裁判的认可与执行的条件过于严格

(1) 关于判决 "终局性" 问题。在内地与香港特区签订判决安排之前,香港法院在有关的判例中拒绝承认内地法院判决的最主要原因是,香港高等法院法官认为 "内地的判决并不是终局性判决"。香港有法官和学者认为,中国内地不存在终局性判决。因为内地实行二审终审制,另外还有审判监督程序。依该程序,理论上任何生效判决都可能被推翻后再审,包括再审后的生效判决也有可能经过审判监督程序再审。即便是最高人民法院的判决,也有可能被检察院的抗诉程序或者法院自行提起的再审程序所变更。因此,香港法院在有关的判决中以此为由,拒绝承认和执行内地法院的判决。

《内地与香港判决安排》以 "具有执行力的终审判决",改变了内地以往 "发生法律效力的判决" 作为判决确定性、"终局性" 的表述。

从内地角度看,这一改变与现行的内地《民事诉讼法》允许原审法院对案件进行再审有所不同,《民事诉讼法》规定了原审法院对案件进行再审的制度。而《内地与香港判决安排》相互认可和执行的案件不包括这一种情形判决,《内地与香港判决安排》第 2 条规定对在香港认可和执行的案件依法再审必须由作出生效判决的上一级人民法院提审。其次是《内地与香港判决安排》

第 12 条规定允许当事人对执行地法院关于认可和执行的裁定提出复议或上诉，这在《民事诉讼法》中是没有的。

从香港角度看，这符合其现行制度的基本要求。在香港特区实施的《内地判决（交互强制执行）条例》第 5（2）（c）条规定，申请在香港登记的内地判决，该判决对判决各方而言，是最终及不可推翻的判决。这样的规定，与香港普通法以外地判决"最终及不可推翻"的判决作为香港特区法院承认和执行的条件，和香港成文法《外地判决（交互强制执行）条例》（第 319 章）第 3（2）（a）条规定可以在香港强制执行的有关外地判决必须是最终及不可推翻的条件完全一样。

（2）关于欺诈问题。《内地与香港判决安排》第 9 条第 4 款和第 5 款规定了两种不予认可和执行的条件：一是根据原审法院地的法律，未曾出庭的败诉一方当事人未经合法传唤或者虽经合法传唤但未获依法律规定的答辩时间，但原审法院根据其法律或者有关规定公告送达的，不属于上述情形。二是判决是以欺诈方法取得的。

这两款规定中的一款即判决是以欺诈方法取得的，对内地来说是全新的内容。内地以往的双边司法互助条约没有这个内容。根据香港特区的国际私法规则，特区可基于该判决是在违反自然公正原则下、以欺诈手段取得的为由拒绝执行外地判决。根据普通法，自然公正的概念通常涉及为维护司法公正和公平的基本原则而在程序上订立的保障。在强制执行外地判决的诉讼中，可以使用这个概念作为抗辩。《外地判决（交互强制执行）条例》（第 319 章）亦表明，如果在取得外地判决的法律程序中，被告人没有接获给予适当时间的通知，也没有到法院应诉，则有关的外地判决不会获登记。

《内地与香港判决安排》第 9 条第 5 款规定了判决是以欺诈方法取得的，不予认可和执行。笔者对此有如下看法：首先，《内地与香港判决安排》第 9 条第 5 款"判决是以欺诈方法取得的"规定与香港 1960 年制定的《外地判决（交互强制执行）条例》（即香港法例第 319 章）第 6 条第 1 款第 9 项的"判决是以欺诈手段取得的"提法相同。其次，香港法例第 319 章，也没有对欺诈的含义及方法手段作出具体规定，实践中如何确定欺诈的存在，香港法沿袭英国法的传统，即英国法院依据自身的标准判断欺诈的含义和范围，确定外国法院是否依据欺诈取得。由于英国法院依据自身的标准判断欺诈的含义和范围，因此英国法院对欺诈抗辩的审查弹性很大，在"遵循先例"的条件下仍然形成和发展了一批不同裁判结果的判例。在司法实践中，欺诈的构成较为复杂，表现形式也很多样。最后，在这样的背景下，使用欺诈条款是较为有利于香港一方运作和解释的，将欺诈问题单独列出规定，一方面是因为香港法制与内地法制的差异较大，内地法制也对此作出了一定的让步，表示对香港法制的尊重；另一方面也可以看出香港方面对内地司法程序的担心和不够信任，其结果是将内地判决摆在严格的地位。为此，关于该问题，内地与香港特区如何协调是可以再商量的。

（3）关于公共秩序问题。公共秩序是国际判决与执行中的重要制度，在国家之间判决承认与执行活动中，在国际私法上，公共秩序是一个国家在特定时期内、特定条件下和特定问题上的重大或根本利益所在。在区际法院判决承认与执行中，对于公共秩序的使用，有关法域国家多有不同的认识和做法。在澳大利亚，该国《宪法》第118条和联邦立法《州和地区法律与纪录承认法》第18条规定，一州或地区法院对另一州或地区法院作出的判决必须予以承认和执行，不能根据公共政策加以拒绝。英国的《1982年民事管辖权和判决法》排除了英联合王国本土判决相互承认和执行时适用公共政策，其主要原因是英联合王国的各个组成部分虽然被称为外国判决，但毕竟英联合王国是一个统一的主权国家，因此与海外的判决存在显著的区别。对英联合王国的相互之间的判决的承认和执行应限制当事人的抗辩，降低英联合王国判决的相互承认和执行的难度，促使英联合王国内的判决自由流通。美国法的基本看法是，公共秩序例外在州际判决承认与执行问题上的适用应受到严格限制，原则上只有在被请求法院州的基本政策被侵犯的情况下，才能主张公共秩序例外。

在我国目前开展的区际法院判决承认与执行活动中，各法域之间都以"公共秩序"作为承认和执行对方法域判决的条件，这看上去似乎与国家之间开展法院判决承认与执行活动没有什么两样。在中国区际法院判决承认与执行活动中，在中国区际私法上，公共秩序是本法域社会整体利益所在，并不具有国家之间的"主权"因素。对各法域而言，中华人民共和国国家的根本利益与各法域利益是一致的。各法域社会利益是国家整体利益的一部分，因此，各法域的公共秩序也是国家公共秩序的一部分。在"一国两制"原则下，不同的法律制度和社会利益并存于一体之中，共同维护国家主权和民族利益。在宪法统帅下，不同的社会制度和法律制度相互尊重和协调。这些基本情况就须使得中国各法域之间开展法院判决承认与执行活动中所使用的公共秩序，与国家之间开展法院判决承认与执行活动时所使用的公共秩序区别开来。然而，就目前的情况来看，要做这样的区别是困难的。

中国各法域之上有着共同的国家整体利益，受制于同一个宪法，共处于一个国家的法律体系之下，有共同的经济利益。在中国区际法院判决承认与执行活动中，使用公共秩序制度要充分考虑本法域的社会利益和国家的整体利益的关系。各法域有维护国家整体利益的责任和使命，处理好本法域局部利益和国家整体利益的关系是各法域在使用公共秩序制度时需要考虑的问题。

3. 内地与香港民商事裁判的认可与执行的程序不够简化

《内地与香港判决安排》第8条规定："申请人申请认可和执行内地人民法院或者香港特别行政区法院判决的程序，依据执行地法律的规定。本安排另有规定的除外。"值得注意的是，如何将承认问题和执行问题区别开来。无论是在理论上还是在实践中，"承认"和"执行"都是两个不同的概念，二者在范围和程序上都是有所不同的。承认的范围一般包括有关程序判决以及确认判决、变更判决等方面的判决，执行的范围一般包括实体判决、给付判决、终局判决等方面的判决。在程序上，执行程序一般按执行地法律规定进行，承认程序则是需要双方重点协商解决的问题。目前，在一些英美法系国家，区域间判决的承认与执行方式主要是登记方式。英国是最早实行这一方式的多法域国家。内地与香港民商事裁判的认可与执行问题在这方面也是值得探讨的，仍有不少改善的空间，可以进一步简化程序。

总之，由于香港与内地两地法律制度具有差异性，《内地与香港判决安排》并没有彻底解决判决承认与执行问题，有许多地方有待于进一步完善。笔者认为可以从以下方面予以考虑：

首先，应转变思想认识。2015年6月，内地发布的《最高人民法院关于人民法院为"一带一路"建设提供司法服务和保障的若干意见》强调："要积极探讨加强区域司法协助，配合有关部门适时推出新型司法协助协定范本，促进沿线各国司法判决的相互承认与执行。"[1]虽然意见大部分条文针对的都是"一带一路"沿线各国，但对于内地与香港特区的关系，也有着重大的意义和积极的作用。当今，所有的发达国家都在思考与中国的经贸关系，香港

---

[1] http://www.court.gov.cn/zixun-xiangqing-14900.html，2016年5月6日最后访问。

要迎接全球化时代，首先必须在国家发展中找到适当的角色定位。全球化与中国已合而为一，适应全球化与融入内地并非两相矛盾的发展道路。如今"一带一路"及时为香港提供了机遇，香港除了金融之外，亦能在科研、教育、艺术、文化及法律等各方面成为"一带一路"的枢纽，在发展自身的同时为国家做出贡献。尽管香港是一个较小的经济体，却能为"一带一路"战略释放巨大潜能。[1]"一带一路"建设是开放的、包容的，"一带一路"是一条互尊互信之路，一条合作共赢之路，一条文明互鉴之路。

CEPA 签署以后，内地与香港形成了高度依存的贸易关系。据内地海关统计，2011 年内地与香港的双边贸易总值达到了 2835.2 亿美元，是 2003 年的 3.3 倍。目前中国已是全球第二大贸易国，而其中有近三成的贸易总额，即约 1 万亿美元是经香港中介处理，两地贸易高度依赖的格局显而易见。其中，商品转口贸易是两地最为重要的贸易形式之一，在双方贸易来往中发挥着独特作用，商品转口贸易在香港贸易中的比重一直呈现上升态势。2011 年，商品转口贸易占香港总体货物出口的比重达到 98%，是香港贸易增长的主要动力，而内地一直是香港最大的转口来源地和转口市场。2003 年到 2010 年，内地作为转口贸易的目的地，在香港转口贸易中的比重从 43.5% 上升至 52.9%；而以内地作为来源地的转口贸易也一直占香港转口贸易的 60% 左右。[2]在 CEPA 和"一带一路"战略的共同作用下，《香港与内地判决安排》应朝着有利于判决自由流动的方向进行改变与修正，服务于两地众多的投资贸易活动，使"贸易畅通"目标得以实现。

其次，实现扩大范围、放宽条件、简化程序的目标，真正做到两地判决的自由流动。

（1）扩大范围。内地与香港特区开展区际法院判决承认与执行活动，不存在国际上的主权因素，不是国与国之间的司法互助问题。民商事裁判的认可与执行适用范围不应体现国际特色，而应体现"区际特色"。根据《内地与香港判决安排》第 1 条、第 2 条、第 3 条的内容，只有双方当事人以书面形式明确约定内地人民法院或者香港特别行政区法院具有唯一管辖权的协议，

---

[1] 齐鹏飞："'香港好，祖国好；祖国好，香港更好'——基于香港和祖国内地经济关系之历史发展的再思考"，载《港澳研究》2016 年第 1 期。

[2] 国家信息中心课题组、杜平："内地与香港经贸合作十五年报告"，载《经济研究参考》2012 年第 68 期。

内地人民法院或香港特别行政区法院依据双方当事人约定的协议审理后作出的判决，才是安排所适用的民商事案件的范围。可以认为，《内地与香港判决安排》是当今世界上法域之间（无论是有主权因素的法域，还是不具有主权因素的法域），在相互认可和执行民商事案件判决的适用范围上最狭小的。因此，该安排在实践中发挥的作用是有限的。

（2）放宽条件。《内地与香港判决安排》承认和执行法院判决的条件较严格，香港方面坚持严格的终局性要求，以"具有执行力的终审判决"体现承认和执行的条件，并规定了判决是以欺诈方法取得的不予认可和执行的条件。对于这些条件，有关国际公约已不再采用，而在一国主权范围内的两个法域使用这些条件，其结果是将内地判决摆在比外地判决都还要严格的地位。

（3）简化程序。从内地法域角度看，内地与香港特区开展相互认可和执行民商事判决活动在程序上已有不少突破，从复议及上诉问题、财产保全问题、再审问题到整个认可程序的完整性、规范性来说，都与以往的认可和执行外国法院判决中的程序规定有很大不同。《民事诉讼法》没有单独设定外国法院判决承认的程序，也没有单独规定申请外国法院判决承认与执行的期限，这方面尚有许多不完善之处，给当事人带来了许多不便，也使法院难以掌握和执行。内地与香港特区开展相互认可和执行民商事判决活动中的程序问题仍有不少改善的空间，可以进一步简化程序。笔者认为，承认程序的设定可借鉴英美法系国家的普遍做法，对香港特别行政区的民商事判决采取简单登记制度，只要当事人申请，人民法院进行登记后，即认可该判决的效力，另一方当事人如果没有提出抗辩，该判决就具有与被请求方法院作出之判决相同的效力。

最后，在宪法统帅下，一国的法律体系应该是和谐统一的。中国的法律体系体现"一国两制"原则，以《宪法》为根本规范，包含多种法律形式，结构严谨，是内部和谐的全部法律、法规所构成的统一体。中国法律体系以中华人民共和国主权为前提，《宪法》是中国法律体系的基本规范，具有最高法律效力。相互尊重、遵守和信任各法域的法律及法院作出的判决，这是一国法律体系本应存在的积极功能。应考虑以宪法方式，明确规定对各法域判决相互尊重和信任的宪法性条款。相互尊重和信任，也是"一国两制"原则的应有之意。根据基本法，内地与香港特区实行不同的政治、经济和法律制度，但彼此之间应尊重对方的各项制度。在一国两制下，不同的政治、经济制度共存于统一的国家中；不同的法律体系也共存于统一的国家之下，彼此为了"一国"这个大目标，互相参考、借鉴和吸收，互相促进、互相完善。对彼此的法律乃至判决，没有理由不相互尊重、理解和信任。所有的法律规范都以强制为其要素，执行法院判决就是对宪法的尊重、遵守和信任。对低级法律规范判决的执行，就是对一国法律体系完整性的维护。法律是上层建筑，是为经济基础服务的，必须与经济基础相适应。各法域只有彼此相互尊重和信任对方的法律及判决，才能达到这一目的。

# 多源溯流，共建共享

## ——粤港跨境商事争议解决机制的变通与变革

嘉海霞[*]

【摘　要】自2003年以来，随着内地与香港签订《内地与香港关于建立更紧密经贸关系的安排》（CEPA）并不断深化经贸合作进程，两地区域经济已从彼此合作走向一体化整合的全新阶段，跨境商事争议解决的服务需求亦呈现出新的特点。同一主权下，对于内地、香港两个法域之间存在的区际法律冲突，现行协调机制远远滞后，以诉讼为主的单一化跨境争议解决方式缺乏生机，难以满足愈发复杂的商事争议解决需求。目前，两地的跨境争议诉讼解决机制与区际司法协助以五项安排为支柱，在现实运行中仍存在诸多疑点与难点。本文着眼于内地与香港的仲裁与调解等替代性争议解决机制的业界发展动态与前景，于"粤港澳大湾区"发展规划纲要即将出台之际，提出对策与展望，以期粤港两地协作设计、合力共建中立、公正且高效的跨境商事争议解决机制。

【关键词】争议解决　区际司法协助　仲裁　调解　非诉讼争议解决机制　粤港澳大湾区

## 一、跨境商事争议解决的需求与支援

（一）跨境经贸合作新特点与新需求

2003年，内地与香港签订《内地与香港关于建立更紧密经贸关系的安排》（CEPA），十五年间，两地的经贸合作随着CEPA的开放进程不断深化，[1]基

---

[*]　嘉海霞律师，北京大成（广州）律师事务所合伙人。
[1]　内地与香港于2004年至2015年陆续签署十份CEPA补充协议、《CEPA关于内地在广东与香港基本实现服务贸易自由化的协议》及《CEPA服务贸易协议》。

本实现了"逐步减少或取消货物贸易的关税和非关税壁垒""逐步实现服务贸易自由化""促进贸易投资便利化"的目标。[1]

2017年6月28日，两地再签署CEPA框架下的《投资协议》与《经济技术合作协议》。至此，CEPA以货物贸易、服务贸易、投资、经济技术为四大砥柱，成为全面涵盖两地经济与贸易关系的自由贸易协议。

CEPA再升级后，两地合作往来在行业领域、发展区域及各自独立法域上呈现出新特点。首先于行业领域，跨境投资方面进一步落实投资准入承诺，投资自由化、便利化及相关保护政策，由货物和服务贸易扩大惠及至非服务业，投资者除"负面清单"所禁止、限制的行业外，享有不低于本地投资者的国民待遇及不低于其他国家投资者的最惠待遇，[2]经济技术合作方面，加强金融、旅游、法律和争议解决等12个重大领域合作。[3]其次在发展区域上，将香港融入国家"一带一路"战略发展大局，深化香港与前海、南沙、横琴等次区域经贸合作。[4]

除积极促进两地投资通道畅通，营商环境的进一步开放外，CEPA大大加强了对于区际法治环境与跨境争端解决的关注。《投资协议》提出协商协调与司法程序并行的双边投资争端解决机制；[5]《经济技术合作协议》强调了两地加强法律和争议解决领域合作，支持两地法律和争议解决专业机构搭建合作交流平台，加强业务交流和协作，将香港建设为亚太区国际法律及争议解决服务中心。[6]

CEPA框架下，内地与香港区域经济从彼此合作走向一体化整合的崭新阶段，然而在此区域发展的时代性语境下，对于同一主权下的两个法域之间存在的区际法律冲突，现行协调机制却远远滞后；两地企业商机源源、密切往来的同时，经贸摩擦急剧增长，以诉讼为主的单一化跨境争议解决方式缺乏

---

[1] 根据香港工业贸易署的统计，自《CEPA服务贸易协议》签署以来，内地对香港服务业作全面或部分开放的部门有153个，占全部160个服务贸易部门的95.6%。截至2018年4月30日，香港工业贸易署已签发超过3000张《香港服务提供者证明书》予超过1700家香港企业；在CEPA下，内地对符合CEPA原产地标准的香港进口货物全面实施零关税。双方已确定超过1800项货物的原产地标准。工业贸易署及发证机构共已发出超过160 000份CEPA原产地证书。

[2] 参见CEPA《投资协议》第2条、第3条、第5条、第6条。

[3] 参见CEPA《经济技术合作协议》第四章 重点领域合作。

[4] 参见CEPA《经济技术合作协议》第三章 深化"一带一路"建设经贸领域合作、第五章 次区域经贸合作。

[5] 参见CEPA《投资协议》第17条、第18条、第19条、第20条。

[6] 参见CEPA《经济技术合作协议》第7条。

生机，难以满足愈发复杂的商事争议解决需求。

（二）跨境争议诉讼解决机制的运行与实践难点

根据《宪法》《香港特别行政区基本法》的相关规定，香港特区对于国防、外交以外的事务享有高度自治权；[1]香港特区享有立法权，全国性法律除列于《香港特别行政区基本法》附件三者外，不在香港特区实施；[2]香港特区法院对于辖区内国防、外交等国家行为以外的所有案件，具有独立的司法权与终审权。[3]目前两地争议的诉讼解决机制与区际司法协助以五项安排为支柱，[4]但在现实运行中仍存在诸多疑点与难点。

1. 管辖权积极冲突与平行诉讼困境

内地法院基于一般管辖、专属管辖、协议管辖及"最密切联系原则"，[5]

---

[1]《香港特别行政区基本法》第12条，香港特别行政区是中华人民共和国的一个享有高度自治权的地方行政区域，直辖于中央人民政府。第13条，中央人民政府负责管理与香港特别行政区有关的外交事务……第14条，中央人民政府负责管理与香港特别行政区有关的防务……

[2]《香港特别行政区基本法》第18条，在香港特别行政区实行的法律为本法以及本法第8条规定的香港原有法律和香港特别行政区立法机关制定的法律。

全国性法律除列于本法附件三者外，不在香港特别行政区实施。凡列于本法附件三之法律，由香港特别行政区在当地公布或立法实施。《香港特别行政区基本法》附件三，在香港特别行政区实施的全国性法律：下列全国性法律，自一九九七年七月一日起由香港特别行政区在当地公布或立法实施。（1）《关于中华人民共和国国都、纪年、国歌、国旗的决议》（2）《关于中华人民共和国国庆日的决议》（3）《中央人民政府公布中华人民共和国国徽的命令》附：国徽图案、说明、使用办法（4）《中华人民共和国政府关于领海的声明》（5）《中华人民共和国国籍法》（6）《中华人民共和国外交特权与豁免条例》。

[3]《香港特别行政区基本法》第19条，香港特别行政区享有独立的司法权和终审权。

香港特别行政区法院除继续保持香港原有法律制度和原则对法院审判权所作的限制外，对香港特别行政区所有的案件均有审判权。

香港特别行政区法院对国防、外交等国家行为无管辖权。香港特别行政区法院在审理案件中遇有涉及国防、外交等国家行为的事实问题，应取得行政长官就该等问题发出的证明文件，上述文件对法院有约束力。行政长官在发出证明文件前，须取得中央人民政府的证明书。

[4] 1999年《关于内地与香港特别行政区法院相互委托送达民商事司法文书的安排》《关于内地与香港特别行政区相互执行仲裁裁决的安排》、2006年《关于内地与香港特别行政区法院相互认可和执行当事人协议管辖的民商事案件判决的安排》、2016年《关于内地与香港特别行政区法院就民商事案件相互委托提取证据的安排》、2017年《关于内地与香港特别行政区法院相互认可和执行婚姻家庭民事案件判决的安排》。

[5]《民事诉讼法》第265条，因合同纠纷或者其他财产权益纠纷，对在中华人民共和国领域内没有住所的被告提起的诉讼，如果合同在中华人民共和国领域内签订或者履行，或者诉讼标的物在中华人民共和国领域内，或者被告在中华人民共和国领域内有可供扣押的财产，或者被告在中华人民共和国领域内设有代表机构，可以由合同签订地、合同履行地、诉讼标的物所在地、可供扣押财产所在地、侵权行为地或者代表机构住所地人民法院管辖。

具有广泛的管辖权基础。香港民事诉讼法则是在"实际控制"的基础上,以"有效原则"确立涉外民事案件管辖权,被告身处香港、司法文书于香港或依法于外地送达被告、被告自愿接受香港法院管辖等事实都可触发香港法院的管辖权。[1]内地与香港作为两个独立的法域,以上管辖权规定的歧义从根本上导致了平行诉讼的频繁出现。[2]

以广东省司法实践为研究对象,目前平行诉讼具体表现为一方当事人在内地或香港法院获得生效判决后,在另一地法院重复起诉,双方当事人分别在两地法院提起对抗诉讼或关联诉讼。[3]对于内地与香港两地之间的平行诉讼,最高人民法院通过张某信与重庆威特嘉实业有限公司、香港新威国际投资有限公司合同纠纷与中国农产品交易有限公司与王某群、武汉天九工贸发展有限公司股权转让纠纷基本确立了裁判观点。[4]若案涉当事人未签订排他性的书面管辖协议,香港法院受理同一民商事纠纷并不必然排除内地人民法院的管辖权。[5]

"不方便法院原则"(Forum Non Convenience)常作为争议一方用以提请平行管辖权异议,或法院用以控制争议方滥用平行诉讼,作为跨境诉讼策略的方法。早在2003年,内地法院在"郭某律师行诉厦门华洋彩印公司代理合同纠纷管辖权异议一审案"中,就对"不方便原则"的适用条件首次作出了释明与限定:"受案法院能否以自身属不方便法院为由拒绝行使管辖权通常考虑(1)原告选择该法院起诉的理由;(2)被告到该法院应诉是否方便;(3)争议行为或交易的发生地位于何处;(4)证据可否取得;(5)适用法律的查明是否方便;(6)可否完成对所有当事人的送达;(7)判决可否执行;(8)语言交流是否方便;(9)本院案件积压情况等。"[6]2015年,《最高人民法院关于

---

[1] 蓝天:《"一国两制"法律问题研究(香港卷)》,法律出版社1997年版,第253页。
[2] 陈韬:"试解'一国两制'下的平行诉讼问题",载中国涉外商事海事审判网:http://ccmt.court.gov.cn/last/showexplore.php?id=725,2018年5月16日最后访问。
[3] 广东省高级人民法院民四庭:"当前涉港澳民商事审判中存在的主要问题",载《人民司法》2005年第8期。
[4] 叶森:"对最高院第一巡回法庭奚向阳法官裁判观点分析(一)——对平行管辖持认可态度",载 https://mp.weixin.qq.com/s/rOHrWrFQa4jW0_HrcDDVyw,2018年5月16日最后访问。
[5] 参见张某信与重庆威特嘉实业有限公司、香港新威国际投资有限公司合同纠纷二审裁定书([2016]最高法民辖终169号)另,根据《民诉法解释》第533条,在平行诉讼的情况下,我国(内地)法院仍可以依法行使管辖权。
[6] 参见郭某律师行诉厦门华洋彩印公司代理合同纠纷管辖权异议一审裁定书。

适用〈中华人民共和国民事诉讼法〉的解释》(下称《民事诉讼法解释》)再次予以明确,案件同时符合六项法定情形的,内地人民法院可以裁定驳回起诉,告知另诉更为方便的法院。[1]鉴于"不方便法院"原则实为对本地法院管辖权的抑制,我国法院仅在极其有限的情况下才适用该原则放弃管辖。[2]实践中,内地法院常以案涉财产位于内地或被告属内地法人,不符合"案件不涉及中华人民共和国国家、公民、法人或者其他组织的利益"而认定内地法院依法具有管辖权。

香港方面的司法实践中,对于"不方便法院"的认定以"有效(实际控制力)原则"为依据。2018年1月30日,香港高等法院原讼法庭在"EXCELSIOR CAPITAL ASIA(HK)LIMITED、BLUEGOLD INVESTMENT HOLDINGS LIMITED v. ZHANGHENGSHUN、ZHAOXIAOHONG案"中适用"不方便法院"原则,终止了该案在香港法院的诉讼程序。本案中,认定"不方便法院"的唯一要点在于,是否存在其他有管辖权的,且更利于实现本案正义的法院。对此,提出管辖权异议方须举证香港受诉法院与案件不具有最密切联系,且存在另一更适合的有管辖权法院。在该案中,香港法院以内地法院对于内地相关法律、政策及行政部门的实践操作更加熟悉为裁判理由,且多家内地法院依法对本案具有管辖权,认定香港法院为"不方便法院",以此裁定中止香港方面的诉讼程序。[3]

据此,无论是在内地还是在香港,基于本地管辖权的扩张倾向,"不方便法院"原则在实践中往往因为严格的适用条件与沉重的举证责任而难以得到

---

[1]《民事诉讼法解释》第532条:涉外民事案件同时符合下列情形的,人民法院可以裁定驳回原告的起诉,告知其向更方便的外国法院提起诉讼:(1)被告提出案件应由更方便外国法院管辖的请求,或者提出管辖权异议;(2)当事人之间不存在选择中华人民共和国法院管辖的协议;(3)案件不属于中华人民共和国法院专属管辖;(4)案件不涉及中华人民共和国国家、公民、法人或者其他组织的利益;(5)案件争议的主要事实不是发生在中华人民共和国境内,且案件不适用中华人民共和国法律,人民法院审理案件在认定事实和适用法律方面存在重大困难;(6)外国法院对案件享有管辖权,且审理该案件更方便。《民事诉讼法解释》第551条:人民法院审理涉及香港、澳门特别行政区和台湾地区的民事诉讼案件,可以参照使用涉外民事诉讼程序的特别规定。

[2] 蔡滢炜:"不方便法院与平行诉讼",载 https://mp.weixin.qq.com/s/y5k40W0C_mA775UyUqvmJg,2018年5月16日最后访问。

[3] Forum Non Conveniens in Hongkong, CHINA LEGAL SERVICE——CHINA LAW SERVICE (WUHAN) LIMITED, available at http://www.chinalawservice.com/news/61.html, last visited May 16 2018.

普遍的确认与推广。在管辖权协调规范长期缺位、平行诉讼泛滥的态势下，案涉当事人以利益本位或其他不正当动机"挑选法院"（Forum Shopping），滥用诉讼程序，使对方当事人陷入司法诉累的投机行为不仅有违公平原则，其就同一事实与法律关系造成的冲突裁判更有损两地法院的司法权威，长此以往将不利于两地建立司法互信，也不利于两地民商事交往的延续与发展。〔1〕作为两地法院相互认可和执行民商事判决的前提，管辖权的积极冲突还对当事人财产权益能否切实得到维护存在影响。

2. 区际文书送达与区际证据提取

司法文书送达是两地在区际司法协助上最早达成共识且开展最为频繁的领域。据统计，从2002年至2004年，广东省高级人民法院委托香港特别行政区高等法院代为送达民商事司法文书554件，成功送达173件，未成功送达377件，未有回音的4件；香港高等法院委托广东省高级人民法院代为送达民商事司法文书共计89件，成功送达54件，未成功送达34件，未有回音的1件。近几年，广东省高级人民法院委托香港高等法院送达民商事司法文书的成功率显著上升，达到61%，而香港高等法院委托广东省高级人民法院送达的成功率约为31%。〔2〕

实践中，委托送达因手续复杂、送达时间长且送达成功率不稳定，而难以满足法院的审判工作安排及审理时限需要。〔3〕以香港与珠三角地区法院为例，与委托送达相比，邮寄送达境外当事人、送达其在本地的诉讼代理人、代收人或有权接受送达的分支机构、公告送达等是常见的替代送达方式。〔4〕

区际证据提取方面，内地与香港特区于2016年达成《关于内地与香港特别行政区法院相互委托提取证据的安排》，该安排自2017年3月1日起生效。鉴于该安排施行时间还较短，司法实践中的合作效率与效果还有待考察。然而，仅从该安排本身而言，以香港初级法院委托内地法院提取证据所须经历程序为例，参与机构涉及香港初级法院、香港高级法院、香港特区政务司司

---

〔1〕 王承志："我国区际民商事管辖权的冲突及协调——以广东省司法实践为研究对象"，载《暨南学报（哲学社会科学版）》2008年第4期。

〔2〕 邹平学：《香港基本法实践问题研究》，社会科学文献出版社2014年版，第782~783页。

〔3〕 外商事庭涉外送达小组："涉外涉港澳台商事案件送达问题的调研报告"，载中国涉外商事海事审判网：http://ccmt.court.gov.cn/last/showexplore.php? id=4178, 2018年5月16日最后访问。

〔4〕 宋伟莉："港澳珠江三角洲地区区际民商事诉讼与非诉讼文书的送达"，载中国涉外商事海事审判网：http://ccmt.court.gov.cn/last/showexplore.php? id=823, 2018年5月16日最后访问。

长办公室下辖行政署及内地高级人民法院。其次，两地请求协助提取的证据仅限于诉讼相关证据，且由于两地分属于不同法系，具有不同的取证传统与制度，委托取证的流转环节与周期繁复漫长。

3. 内地、香港民商事判决的认可与执行

根据《最高人民法院关于内地与香港特别行政区法院相互认可和执行当事人协议管辖的民商事案件判决的安排》（下称《协议管辖安排》）的相关规定，[1]内地法院认可与执行香港法院的民商事判决须符合以下条件：①案件当事双方具有书面形式的、唯一排他的管辖权协议；②案件性质为金钱给付案件（不包括雇佣、自然人消费、家事及其他非商业目的案件）；③是具有执行力的终审判决。经从公开渠道查阅自2008年《协议管辖安排》生效以来申请内地法院认可或执行香港法院判决的判例，案涉当事人未以书面形式约定香港法院具有唯一管辖权的，内地法院通常以此认定其不具有《协议管辖安排》所规定的申请依据，对于案涉香港法院判决不予认可与执行。[2]然而，部分内地法院对于案涉当事人在未约定"专属管辖"法院或约定"非专属管辖"法院的情形下，申请香港判决在内地的认可与执行又予以认可。[3]由此，内地

---

[1]《协议管辖安排》第1条：内地人民法院和香港特别行政区法院在具有书面管辖协议的民商事案件中作出的须支付款项的具有执行力的终审判决，当事人可以根据本安排向内地人民法院或者香港特别行政区法院申请认可和执行。第3条：本安排所称"书面管辖协议"，是指当事人为解决与特定法律关系有关的已经发生或者可能发生的争议，自本安排生效之日起，以书面形式明确约定内地人民法院或者香港特别行政区法院具有唯一管辖权的协议。本条所称"特定法律关系"，是指当事人之间的民商事合同，不包括雇佣合同以及自然人因个人消费、家庭事宜或者其他非商业目的而作为协议一方的合同。本条所称"书面形式"是指合同书、信件和数据电文（包括电报、电传、传真、电子数据交换和电子邮件）等可以有形地表现所载内容、可以调取以备日后查用的形式。书面管辖协议可以由一份或者多份书面形式组成。除非合同另有规定，合同中的管辖协议条款独立存在，合同的变更、解除、终止或者无效，不影响管辖协议条款的效力。

[2] 参见富邦财务（香港）有限公司与广东鑫泰科技集团有限公司等融资租赁合同纠纷二审民事判决书（[2013]穗中法民四终字第11号）、广东鑫泰科技集团有限公司与富邦财务（香港）有限公司、鑫泰科技有限公司等融资租赁合同纠纷再审民事裁定书（[2014]穗中法民申字第351号）、第一亚洲财务有限公司与刘某川、许某英申请承认和执行外国法院民事判决、裁定一审民事裁定书（[2014]深中法涉外初字第95号）、永华投资有限公司（EVERSINO INVESTMENTS LIMITED）诉沈某富申请认可和执行香港特别行政区法院民事判决一案（[2016]沪01认港1号）。

[3] 参见迅盈控股有限公司（SWIFT SURPLUS HOLDINGS LIMITED）与达信管理有限公司（TOPVISION MANAGEMENT LIMITED）申请认可和执行香港特别行政区法院民事判决一审民事裁定书（[2014]肇中法民二初字第1号）、百营镍资源有限公司、泉州腾龙煤炭有限公司、肖某隆申请认可和执行香港特别行政区法院民事判决一审民事裁定书（[2015]泉民认字第76号）。

法院对于香港判决的认可与执行仍然存在法律解释与适用标准不统一的问题，尚未形成权威性的裁判观点。

对于内地判决在香港获得执行的条件，《内地判决（交互强制执行）条例》（下称《内地判决条例》）[1]作出如下规定：①该判决须于2008年8月1日（条例生效之日）当日或之后作出；②案涉合同须包括"选用内地法院协议"（并指明由内地法院对案件有专属管辖权，且其他司法管辖区的法院无权处理该等争议）；③该判决为不可推翻的终局判决；④该判决在内地具有执行力；⑤判决缴付非税款、非罚款性质的一笔款项。2016年2月，香港高等法院原讼法庭作出首例认可内地的判决，[2]并突破性地对"选用内地法院协议"原则进行了扩大解释，对于该案当事双方并未在案涉合同中明示"排他性管辖""专属管辖"的情况，香港高等法院将"由《借款合同》签订地人民法院管辖"确认为合同签订地人民法院唯一管辖，并认可了内地法院作出的调解书。2016年4月，香港高等法院在"中国银行股份有限公司诉杨某案"中再次适用了前述裁判观点，对内地法院作出的裁定予以认可。[3]

综上所述，尽管近年来区际法律冲突下的两地判决相互认可与执行已逐渐破冰，但仍存在司法实践与理论自相矛盾、法律解释与适用混乱、各级法院、两地法院裁判标准不统一等诸多问题。如《协议管辖安排》及《内地判决条例》是否要求申请认可与执行跨境判决的当事人具有排他性管辖协议，承接上文，对于该两项规定的相关表述进行文义解释，显然"以书面形式明确约定……具有唯一管辖权""指明其他司法管辖区的法院则无权处理该等争议"[4]的表述都明确了案涉当事人必须对管辖法院具有明示的、排他的约定。目前，在部分司法实践中，对于上述"书面协议专属管辖"规则的宽松立场，虽然对跨境判决的相互认可与执行、当事人财产利益的保护具有积极

---

[1] 《内地判决（交互强制执行）条例》旨在施行《协议管辖安排》，使内地在民事或商业事宜中作出的判决可以在香港强制执行，及便利香港在民事或商业事宜中作出的判决在内地强制执行。

[2] 参见香港特别行政区高等法院：吴某程与梁某瀚等人案（HCMP2080/2015号判决）。

[3] 参见香港特别行政区高等法院：中国银行股份有限公司与杨某案（BANK of CHINA LIMITED v. YANG FAN，HCMP1797/2015号判决）。

[4] 《内地判决条例》第1部第3（2）条：在本条例中，在第（3）及（4）款的规限下，"选用内地法院协议"（choice of mainland court agreement）指指明合约的各方订立的协议，该协议指明由内地法院或某内地法院裁定在或可能在与该指明合约有关联的情况下产生的争议，而其他司法管辖区的法院则无权处理该等争议。

意义,但从法律解释与适用的角度严格进行司法论证则还无法克服以上瑕疵。〔1〕其次,现有的对于跨境判决的安排仅是对经当事人协议管辖的民商事判决作出的有限规定,非经协议管辖的跨境判决仍处于无法可依的真空地带,这些案件所涉当事人利益在现有的区际协助制度下仍无法落实。再次,尽管香港法院的近期判例一定程度上突破了"书面协议专属管辖"原则,然而,若内地法院以当事人未约定或约定香港法院为非专属管辖法院而认定内地法院具有平行管辖权,内地法院再对同一民商事纠纷作出的生效判决能否在香港被认可与执行将面临较大的不确定性。〔2〕

## 二、善用非诉讼争议解决方式,有效衔接多元化解

鉴于目前尚未统一区际法律冲突协调规范,区际司法协助在实践中操作不畅,效率低,传统的单边诉讼机制下,争议当事人仍不可避免地需要承担判决相互认可与执行不能的风险与不确定性成本。在当下商贸活动与经济合作密集交织的背景下,任何争议的解决方案都应从争议当事人的实际诉求出发,最终回归当事人本身。仲裁与调解等非诉讼方式通过专业机构与组织,作为中立方介入争议,一方面节省了司法资源,减轻争议双方的诉讼负担,另一方面因其能够更大限度地体现争议方的意思自治,且具备更高的保密性,更受商事主体青睐。

(一)内地、香港商事仲裁与调解概况

1. 仲裁、调解服务机构

2017年,中国内地已有250余家常设商事仲裁机构,受案数量增速迅猛,内地商事仲裁事业快速发展,〔3〕主要的商事仲裁机构包括中国国际商会下的中国国际经济贸易仲裁委员会、中国海事仲裁委员会以及各省、自治区、直辖市成立的仲裁委员会。各行业领域内,内地的商事调解组织也依托行业协会等

---

〔1〕 黄善端:"香港法院认可内地判决的又一突破?——评香港高等法院原讼法庭确认'选用内地法院协议'第一案(HCMP1797/2015)",载https://mp.weixin.qq.com/s/Kvw97tSTckwZxhrb3MSuiA,2018年5月16日最后访问。

〔2〕 叶森:"对最高院第一巡回法庭奚向阳法官裁判观点分析(一)——对平行管辖持认可态度",载https://mp.weixin.qq.com/s/rOHrWrFQa4jW0_HrcDDVyw,2018年5月16日最后访问。

〔3〕 北京仲裁委员会/北京国际仲裁中心:《中国商事争议解决年度观察(2017)》,中国法制出版社2017年版,第226页。

机构逐步成立，如中国房地产协会调解中心、中国建筑业协会调解中心，调解组织之间也以会员制的形式组成联盟，形成调解组织自律性行业协会。[1]

香港国际仲裁中心是《仲裁条例》指定的独立机构，其服务范围包括仲裁、调解、审裁及域名争议解决，是所有国际仲裁中心中处理最多涉及内地当事人案件的仲裁机构，且其作出的仲裁裁决在内地保持着7年来只被内地法院拒绝执行过一项的执行纪录。[2]

香港提供仲裁和调解服务的机构还包括：香港国际仲裁中心（HKIAC）、香港仲裁司学会（HKIArb）、特许仲裁学会（CIArb）、国际商会（ICC）、香港调解学院（HKIMed）、香港和解中心、香港调解会及香港调解顾问中心（CRC）。[3]

2. 商事仲裁、调解基本特点

中国内地商事仲裁机构具有独立的组织章程与仲裁规则，多以仲裁与调解相结合为特色，在争议解决的过程中，仲裁与调解程序可根据当事人的需求相互转化。于2011年6月1日生效的《香港法例》第609章《仲裁条例》（下称《仲裁条例》）是香港地区仲裁活动的基本行为法，适用于香港地区所有关于解决民事活动纠纷而达成仲裁协议的有关事项。根据仲裁条例有关规定，争议方可自由约定仲裁适用的程序规则及实体规则，[4]如其未指定实体规则，仲裁庭应当根据适宜的冲突规则确立裁决适用的实体法；[5]若仲裁程序中争议方达成和解，仲裁庭应当终止仲裁程序，经争议各方要求且庭上无异议的，还应将和解内容以仲裁裁决的形式作出。[6]据此，争议各方对于仲裁程序及仲裁实体的选择都享有相当的自主权。另外，机构仲裁与临时仲裁在香港作为并行适用的两种仲裁形式，为争议方提供了便利选择的空间。[7]

---

[1] 北京仲裁委员会/北京国际仲裁中心：《中国商事争议解决年度观察（2017）》，中国法制出版社2017年版，第1056页。

[2] 香港国际仲裁中心："为什么选择香港国际仲裁中心（HKIAC）?"，载http://www.hkiac.org/zh-hans/arbitration/why-choose-hkiac，2018年5月18日最后访问。

[3] 香港贸易发展局："香港仲裁与调解业概况"，载http://hong-kong-economy-research.hktdc.com/business-news/article/香港行业概况/香港仲裁及调解业概况/hkip/sc/1/1X000000/1X006N9U.html，2018年5月18日最后访问。

[4] 《仲裁条例》第19条程序规则的约定。

[5] 《仲裁条例》第64条、《贸法委示范法》第28条（适用于争议实体的规则）。

[6] 《仲裁条例》第30条 和解。

[7] 在目前内地仲裁法律框架下，临时仲裁还未得到完全认可。

自 2009 年起，香港民事司法制度改革为促进纠纷解决，通过颁布《高等法院规则》《调解实务指示》及《香港法例》第 620 章《调解条例》（下称《调解条例》）、《香港调解守则》，提倡、鼓励以调解方式解决争议。[1]与内地调解制度不同，香港地区不存在司法调解制度，但法官可以于诉讼任何阶段鼓励、引导及协助当事人通过调解解决纷争。调解员对于争议不作出任何具有效力的裁决，而是作为中立第三方，协助争议各方就争议事项进行沟通、探求、拟定解决方案并就此达成协议。[2]

3. 仲裁裁决的相互认可与执行

内地与香港仲裁裁决的相互认可与执行以《关于内地与香港特别行政区相互执行仲裁裁决的安排》（下称《仲裁裁决安排》）为依据。根据《仲裁裁决安排》及其他有关规定，内地与香港的法院原则上只能在当事人提出并举证仲裁程序不满足法定条件的情况下拒绝认可和执行。只有仲裁裁决的内容违反内地社会公共利益或者香港公共政策，或所争议事项具有不可仲裁性，法院才有权主动进行实体审查并裁定不予认可。[3]内地法院决定不予执行香港仲裁裁决之前，须层报至高级人民法院审查决定是否不予执行。[4]据此，

---

[1] 欧丹："香港调解制度的新发展"，载《人民法院报》2014 年 2 月 28 日。

[2] 《调解条例》第 4 条。

[3] 《仲裁裁决安排》第 7 条："在内地或香港特区申请执行的仲裁裁决，被申请人接到通知后，提出证据证明有下列情形之一的，经审查核实，有关法院可裁定不予执行：（一）仲裁协议当事人依对其适用的法律属于某种无行为能力的情形；或者该项仲裁协议依约定的准据法无效；或者未指明以何种法律为准时，依仲裁裁决地的法律是无效的；（二）被申请人未接到指派仲裁员的适当通知，或者因他故未能陈述意见的；（三）裁决所处理的争议不是交付仲裁的标的或者不在仲裁协议条款之内，或者裁决载有关于交付仲裁范围以外事项的决定的；但交付仲裁事项的决定可与未交付仲裁的事项划分时，仲裁中关于交付仲裁事项的决定部分应当予以执行；（四）仲裁庭的组成或者仲裁庭程序与当事人之间的协议不符，或者在有关当事人没有这种协议时与仲裁地的法律不符；（五）裁决对当事人尚无约束力，或者业经仲裁地的法院或者按仲裁地的法律撤销或者停止执行的；有关法院认定依执行地法律，争议事项不能以仲裁解决的，则可不予执行该裁决。"内地法院认定在内地执行该仲裁裁决违反内地社会公共利益，或者香港特区法院决定在香港特区执行该仲裁裁决违反香港特区的公共政策，则不可不予执行该裁决。

[4] 《最高人民法院关于人民法院处理与涉外仲裁及外国仲裁事项有关问题的通知》第 2 条："凡一方当事人向人民法院申请执行我国涉外仲裁机构裁决，或者向人民法院申请承认和执行外国仲裁机构的裁决，如果人民法院认为我国涉外仲裁机构裁决具有民事诉讼法第二百六十条情形之一的，或者申请承认和执行的外国仲裁裁决不符合我国参加的国际公约的规定或者不符合互惠原则的，在裁定不予执行或者拒绝承认和执行之前，必须报请本辖区所属高级人民法院进行审查；如果高级人民法院同意不予执行或者拒绝承认和执行，应将其审查意见报最高人民法院。待最高人民法院答复后，方可裁定不予执行或者拒绝承认和执行。"

两地仲裁裁决被拒绝认可与执行的案件较为少见，内地和香港的法院对于"违背内地社会公共利益"及"违背香港公共政策"一般采用限缩解释，对于仲裁裁决的实体审查及拒绝认可及执行的裁定都倾向克制与谨慎。

(二) 替代性争议解决机制的动态与前景

2017年6月，香港仲裁及调解业推出两项重大变革：将第三者资助引入香港仲裁及调解程序，争议当事人通过与第三者分担仲裁或调解费用及分享胜诉所得，平衡杠杆，以此减轻财务负累及争议解决的风险成本；[1]在《仲裁条例》中加入第11A部"关乎知识产权权利的仲裁"，厘清并明确了知识产权争议在香港的可仲裁性及可强制执行性。[2]在已有的出色的业界发展基础上，该两项具有国际前瞻性的革新再度提升了香港作为跨境商业争议解决服务中心的竞争力。

近年来，诉讼与非诉讼方式相结合的多元化纠纷解决机制也在国家政策与立法司法层面上得到了大力提倡与支持。2015年，最高人民法院发布《关于人民法院为"一带一路"建设提供司法服务和保障的若干意见》，提出人民法院要探索完善撤销、不予执行涉港澳台仲裁裁决的司法审查程序制度，统一司法尺度，支持仲裁发展；[3]2016年，最高人民法院发布《关于人民法院进一步深化多元化纠纷解决机制改革的意见》《关于人民法院特邀调解的规定》，支持引导当事人通过仲裁、调解等非诉讼方式解决纠纷，加强司法机关与仲裁机构、商事调解组织与行业调解组织等争议解决机构的对接；[4]2017年，《中国互联网仲裁联盟临时仲裁与机构仲裁对接规则》发布，内地初步探索开放临时仲裁；[5]2018年1月，中央全面深化改革小组第二次会议通过《关于建立"一带一路争端解决机制和机构的意见"》，并强调建立"一带一路"争端解决机制和机构，要依托我国现有司法、仲裁和调解机构，吸收、整合国内外法律服务资源，建立诉讼、调解、仲裁有效衔接的多元化纠纷解

---

[1] 参见《2016年仲裁及调解法例（第三者资助）（修订）条例》。

[2] 参见《2017年仲裁（修订）条例》。

[3] 最高人民法院《关于人民法院为"一带一路"建设提供司法保障的若干意见》（法发〔2015〕9号）。

[4] 最高人民法院《关于人民法院进一步深化多元化纠纷解决机制改革的意见》（法发〔2016〕14号）、最高人民法院《关于人民法院特邀调解的规定》（法释〔2016〕14号）。

[5] 中国新闻网："中国互联网仲裁联盟发布临时仲裁规则"，载http://money.163.com/17/0920/09/CUP1LQKV002580S6.html，2018年5月18日最后访问。

决机制，依法妥善化解"一带一路"商贸和投资争端，平等保护中外当事人的合法权益，营造稳定、公平、透明的法治化营商环境。根据设计方案，最高人民法院将在北京、西安、深圳分设国际商事法庭。[1]

### 三、"粤港澳大湾区"下争议解决对策与展望

（一）"粤港澳大湾区"下的争议解决法律服务

《深化粤港澳合作 推进大湾区建设框架协议》签署以来，粤、港、澳三地以"建设更具活力的经济区、宜居宜业宜游的优质生活圈和内地与港澳深度合作的示范区"为合作目标，在CEPA一系列经贸合作协议下继续推进服务贸易自由化，深化区域经贸合作，促进三地通信交通、能源资源、行业产业的全面融会贯通。在"粤港澳大湾区"发展规划纲要即将出台实施之际，[2]中立、公正且高效的粤港跨境商事争议解决对策与机制亟须协作设计，合力共建。

（二）内地、香港跨境争议解决与合作经验

香港作为国际金融中心，集聚了来自全球的投资与商业力量，同时拥有健全的司法系统，支持仲裁的司法体系，仲裁、调解业已具备成熟的业界经验，内地争议解决机制近年也逐步迈向多元化，在跨境争议解决上已有成功合作及现实经验。

1. 内地-香港联合调解中心

内地-香港联合调解中心由中国国际贸易促进会/中国国际商会调解中心与香港首家专业调解机构——香港和解中心共同创立，结合调解和仲裁的优势，以非诉讼形式为两地商事主体提供跨境争议解决服务。其中，调解员由内地-香港联合调解中心国际认可的专业调解员担任，仲裁员则由深圳国际仲裁院或深圳仲裁委员会独立委派。在每一个案中，调解员及仲裁员分别由不同的专家担任，以确保机制的公平性。在此机制下，争议各方如能通过调解解决争议，当事人所签订的《经调解的和解协议》转介内地仲裁机构发出仲裁裁决并在内地执行。如争议各方未能通过调解达成共识，可继续通过以上

---

[1] 第一财经网："中国将在北京西安深圳设全新国际商事法庭"，载http://finance.sina.com.cn/roll/2018-01-24/doc-ifyqyesy1034232.shtml，2018年5月18日最后访问。

[2] 新华社："粤港澳大湾区发展规划纲要将很快出台实施"，载http://www.gd.xinhuanet.com/newscenter/2018-05/18/c_1122853952.html，2018年5月18日最后访问。

相关仲裁机构开展仲裁程序以解决争议。[1]

2. "一带一路"国际商事诉调对接中心

前海"一带一路"国际商事诉调对接中心由前海法院、深圳国际仲裁院、中国国际贸易促进委员会深圳市委员会、粤港澳商事调解联盟、内地-香港联合调解中心等多家境内外调解机构合作成立。作为全国受理涉外涉港澳台案件最多的法院,前海法院将丰富的诉讼争议解决经验与诉调中心跨境调解仲裁机制相对接,充分发挥商事纠纷多元化调解平台的功能。[2]

(三)粤港跨境商事争议解决机制构想

基于内地与香港对于跨境商事争议解决机制的探索与实践,以上例证与经验对于构建诉讼、仲裁、调解等相衔接的多元化粤港跨境商事争议解决机制具有先行意义。

首先,粤、港两地司法系统应建立定期交流与合作机制,就跨境司法实践中的典型与难点案例及存有较大差异的裁判标准进行业务探讨,并将各地法院观点整理汇编成册,共同推进区际法律冲突协调的制度统一化,就现行区际司法协助中的实操瓶颈进行改良与突破。

其次,司法系统与各仲裁、调解等非诉商事争议解决服务机构之间、各非诉商事争议解决服务机构之间应密切开展广泛合作,搭建多种争议解决方式衔接流转的桥梁机制,合作过程中应充分将争议解决的本土经验与先进规则深度融合,已建设并开始运作的诉调中心、联合机构或争议解决机构行业组织应带头发挥示范作用。

再次,人才储备是运行良好、高效公正的争议解决制度的核心。粤、港两地应整合交流法律服务人才资源,建立互联互通的交流平台,配置长效人才库;在非诉讼争议解决机制中引进行业专家,发挥其在细分领域的专业优势以促争议解决;完备争议解决制度的法律、专业行业知识管理,健全跨境争议解决培训与考核评鉴机制,保证调解员、仲裁员及有关争议解决代理人具备争议解决所需职业道德、业务素质与专业技巧,聚集由专业人士组成且

---

[1] 香港和解中心:"跨境争议解决服务:香港调解结合中国国际仲裁",载 http://mediation-centre.org.hk/sc/services/MediationandArbitrationMechanism.php,2018 年 5 月 18 日最后访问。

[2] 陈若萌:"深圳前海率先建设'一带一路'国际商事纠纷解决平台 成立不到一月已接案274件,调解成功32件",载 http://epaper.21jingji.com/html/2018-02/08/content_80415.htm,2018 年 5 月 18 日最后访问。

不断壮大的职业化仲裁、调解队伍。

最后,响应国际商事调解的发展趋势,以互联网为依托,创新跨境争议解决合作形式,建立健全在线非诉讼纠纷解决机制(ODR),通过利用网络通信与可视技术,配置证据传输、数据管理功能,完善解纷程序与争议解决规则,实现在线仲裁、在线调解等经济高效、灵活便捷的争议解决全流程。[1]

## 四、结语

作为大湾区战略的重要组成部分及关键保障,粤港跨境商事争议解决机制亟须变通与变革。对此,两地应响应《深化粤港澳合作 推进大湾区建设框架协议》的倡议,坚持以"创新合作机制,建立互利共赢合作关系"为合作宗旨,以"开放引领,创新驱动;优势互补,合作共赢;先行先试,重点突破"为合作原则,多源流追溯与突破实践难点,多方式探索与开辟化解机制,共建共享经贸合作与法制建设的多赢成果。

---

[1] 倪楠:"构建'一带一路'贸易纠纷在线非诉讼解决机制研究",载《人文杂志》2017年第1期。

# "以审判为中心"视角下内地与香港刑事审判程序比较研究

杨新芳　肖蕾　贺金慧*

**【摘要】** 党的十八届四中全会立足于全面推进依法治国、建设社会主义法治国家,提出了推进以审判为中心的诉讼制度改革,确保侦查、审查起诉的案件事实和证据经得起法律的检验。进一步强化审判及庭审程序在刑事诉讼中的重要地位是我国司法体制改革发展的方向。而香港特区法律属于英美法系,刑事审判程序是当事人主义的辩论式法庭审判程序,控辩双方当事人是法庭审判的主导者,法庭审理具有重要的地位。因此,在"审判中心主义"背景下,通过对内地和香港刑事审判体系、刑事审判普通程序、证人出庭作证规则等内容进行对比研究,再结合内地的情况和司法实践提出值得思考借鉴的意见建议,对完善我国刑事审判制度大有裨益。

**【关键词】** 以审判为中心　香港　刑事审判制度　证人出庭

我国实行"一国两制",我国境内不同区域之间存在不同法系的法律制度。香港于1997年回归祖国以后,根据《香港特别行政区基本法》的有关规定,香港的司法体制制度,除因设立香港特别行政区终审法院而产生变化外,其余均予以保留。我国内地实行职权主义审判模式,审判侧重于惩罚犯罪,保障国家刑罚权的实施,而香港法院审判方式则侧重于程序正义。因此,对内地和香港刑事审判体制(如刑事审判体系、当事人主义审判程序、证人出庭作证规则等制度)进行对比研究,于我国刑事审判制度的完善具有相当程度的借鉴意义。

---

\* 杨新芳、肖蕾、贺金慧,佛山市顺德区人民检察院公诉局。

## 一、内地与香港审判体系比较

（一）审判机构和审级设置不同

根据《宪法》，我国审判机关是人民法院，全国则共设四级法院，即基层人民法院，地市级中级人民法院，省、自治区、直辖市高级人民法院和国家最高人民法院。而在香港特区，根据《香港特别行政区基本法》的规定，香港特别行政区法院设有终审法院、高等法院、区域法院、裁判署法庭和其他专门法庭。在审级设置上，我国内地为两审终审制，香港则为三审终审制。

（二）审判管辖存在差异

内地与香港特区在法院层级的设置上并非是相对应的，香港基于历史等原因，有其一定的特殊性，但也可以做一个横向对比。内地的基层法院负责审理绝大部分的刑事案件，即可以判处有期徒刑、拘役、管制的刑事案件；而香港裁判署法庭具有初级刑事法院职能，一般负责各种并不十分严重的可循简易程序审理的刑事案件，其判罪权限最高为监禁2年或罚金1万元，在数罪并罚的情况下，可判处的监禁刑期总数不得超过3年；裁判署法庭分别设在香港8个区，审判时由1名裁判司独任审判，不服裁判署法庭判决的可向高等法院原讼庭上诉。我国内地的中级人民法院审理的一审刑事案件为可能判处无期徒刑、死刑及可能危害国家安全和恐怖活动的犯罪案件；而香港的区域法院审理的一审案件，系判处不超过7年监禁刑期的较为严重的刑事案件和由廉政公署主控的贪污案件，特别严重的刑事案件（如谋杀、误杀和强奸等）若会判处超过7年监禁的则应当移交高等法院审理。我国内地的高级人民法院受理全省性的重大刑事案件；而香港的高等法院设上诉庭与原讼庭，其中上诉庭负责审理原诉庭和区域法院移交的所有民事、刑事上诉案件以及土地审裁法庭移交的上诉案件等，原诉庭受理重大的（如谋杀、误杀、强奸、持械抢劫和涉及大量毒品的贩毒）案件等刑事案件；在审级上，原讼法庭比上诉庭低一级。[1]我国内地的最高人民法院受理全国性的重大刑事案件；香港的终审法院则主要行使终审权，香港的诉讼案件以终审法院的判决和裁定为最终的判决和裁定。此外，香港还设有其他专门法庭负责审理轻微

---

[1] 潘嘉玮："1997—香港特别行政区司法制度探析"，载《华南师范大学学报（社会科学版）》1993年第2期。

民事案件。由此可见,内地的审级主要按照罪轻罪重进行划分;而香港的审级设置除了依照罪行轻重适用不同庭审层级之外,还针对适用简易或普通程序的不同案件进行了繁简分流。

(三)香港特有的制度

1. 香港特有的控诉管辖

内地的刑事案件管辖分为审判管辖和立案管辖,是人民法院、人民检察院与公安机关在直接受理刑事案件方面的职能分工。香港与内地的立案管辖相对应的是侦查管辖,香港负责刑事侦查的主体包括香港警务处、廉政公署、海关。但香港另设有专门的控诉管辖,由律政司、警务处及廉政公署等机关履行控诉权,其中律政司承载了香港大部分的控诉业务;对于警务处处理的案件以及廉政公署负责的部分贪污案件,律政司也有权决定是否提起公诉以及向哪一法院起诉,法院以及其他机关对此无权干涉;对于一些轻罪(简易程序)案件,则由律政司授权给警察机关主控。[1]

2. 香港法院享有司法审查权

香港适用普通法系,在普通法观念中,司法审查是独立司法的有效保障措施。香港法院在审理案件过程中对其适用的法律以及政府的行政行为是否符合宪法或者法律进行审查,可以宣布违宪的法律和违法的行政行为无效。香港法院有权审查香港立法会制定的法律是否符合基本法,审查香港附属立法或委托立法是否有效及对政府机关和其工作人员的行政行为是否合法进行审查。

## 二、刑事审判程序比较

广义的审判程序,按照繁易不同,有普通程序和简易程序之分,按照审级不同,有第一审程序和第二审程序之分。现主要就公诉案件第一审普通程序进行比较。

(一)审前程序比较

1. 内地的审前程序

1996年的《刑事诉讼法》确定了检察机关提起公诉时随起诉书附送证据目录、证人名单和主要证据复印件或照片,2012年修改后的《刑事诉讼法》规定,检察机关提起公诉时将全部案卷材料、证据移送人民法院。根据《刑

---

[1] 王仲兴、郭天武主编:《内地与香港刑事司法合作研究》,北京大学出版社2008年版。

事诉讼法》第151条的规定，人民法院决定开庭审判后，应当进行的准备工作有：确定合议庭的组成人员；将起诉书副本送达被告人；告知被告人可以委托辩护人，或者在必要的时候指定承担法律援助义务的律师为其提供辩护；将开庭的时间、地点通知人民检察院；传唤当事人，通知辩护人、诉讼代理人、证人、鉴定人和翻译人员；开庭以前，审判人员可以召集公诉人、当事人以及辩护人和诉讼代理人针对回避、出庭证人名单、非法证据排除等与审判相关的问题召开庭前会议，了解情况，听取意见。

2. 香港的审前程序

香港的刑事诉讼也有预审程序，但这种预审具有英美法系的特色。香港的预审程序，在立法上被称为"初级侦讯"，仅适用于重罪案件，即需要移送高等法院原讼法庭审判的案件必须由裁判官先对其进行初级侦讯。初级侦讯程序与可循简易程序处罚的轻微罪行的审判程序大体相同。裁判官开始预审后，由控方提供犯罪证据，传唤证人，被控人及律师可以向出庭作证的控方证人提问。检控官及其证人的供词或证供笔录要当庭宣读，并由裁判官和证人签署。在初级侦讯中，被控人可以承认控罪，则裁判官须将被控人交付原讼法庭判处。[1]被控人如不认罪，如在听取控方提出的证据以及被控人及证人的证据并经考虑被控人作出的陈述后，裁判官认为没有足够的证据可以证明被控人犯有被控告的可公诉罪行时，可以下令不予起诉，并立即命令释放羁押中的被控人。反之，如果裁判官认为控方已在表面上掌握了确凿的有罪证据，足以将被控人就某项可公诉罪行提交审讯，或所提证据得出一项有力或颇有可能使被控人罪名成立的推定，则裁判官命令将被控人交付原讼法庭审讯，并通知被控人。[2]

3. 内地和香港审前程序对比

内地刑事审判依照审判管辖的规定由法院受理立案，并依照普通程序、简易程序而区分不同的程序审理，内地刑事诉讼中检察机关通过对事实不清、证据不足的案件不起诉的方式实现案件质量把控与分流。而香港则通过设置特殊的初级侦讯制度对案件进行分流。香港对严重罪行案件的预审（初级侦讯）并非是实体审判。因为在预审中，裁判官并非要认定被控人有罪或无罪，

---

[1] 参见香港《裁判官条例》第81、82、83条。

[2] 参见香港《裁判官条例》第85条。

而只是审查该案是否为"表面上证据确凿的案件",从而再决定是否将案件移送原诉法庭审判。"虽然初级聆讯(初级侦讯)不涉及定罪和量刑,但关系到案件今后的发展,不论控诉方还是辩护方都十分重视。法官根据双方提供的证据当庭对质,使证据尽可能确实,在法官相信该案件的表面证据成立时,会同意将案件移送'有关法院审判'。"[1]

(二)庭审程序比较

1. 内地的庭审程序

根据《刑事诉讼法》的规定,内地的庭审程序分为宣布开庭、法庭调查、法庭辩论、被告人最后陈述。内地的法庭审判在审判长主持和指挥下进行,审理的阶段性比较明显,法庭调查由公诉人宣读起诉书开始,接着由审判长询问被告对起诉书意见,被告可以概括地表示认罪或不认罪,即使表示认罪,也不影响审判的进程。法庭调查由审判长主要询问,根据起诉罪行逐项讯问被告人,同时出示有关证据。控辩双方可以经审判长许可,向被告人发问。法庭辩论以公诉人发表公诉词开始,双方根据法庭调查中查明的案件事实,就适用法律定罪量刑问题全面、系统地发表意见。第一轮辩论发言后,双方可以就某一问题辩论但并不直接对抗,而是各自向法庭陈述意见,最后由合议庭作出评断。

2. 香港的庭审程序

香港法院的庭审程序如下:①传讯被告人。法庭审理开始后,先由法庭书记向被告宣读起诉书。法官询问被告人是否认罪,被告人即开始答辩,可以做有罪答辩或无罪答辩。如果被告表示认罪,而法庭确信被告的认罪答辩是出于自愿,这场争端就算解决。②召集陪审团和要求回避。当被控人在法庭上作出否认有罪的答辩后,法庭即召集陪审团审理此案。陪审团除例外情况由9名陪审员组成外,一般由7名陪审员组成,其成员由司法常务官以抽签或其他随机抽选的办法从陪审员名单中选出。陪审员入席必须宣誓但宣誓前控方与被控人及其律师都有权要求回避,陪审员也可自行回避。③听证与辩论。[2]法庭审理进入听证辩论阶段后,起诉方陈述和提证。检察官先开始作控方陈述,略述本案大概情节并提出证据。控方还可以传唤列入公诉书证人名单中的某些证人出庭,对其进行询问以证实案情,即"主询问",控方辩

---

[1] 柯葛壮:《刑事诉讼法比较研究》,法律出版社2012年版。
[2] 柯葛壮:《刑事诉讼法比较研究》,法律出版社2012年版。

护律师也可以依次对控方证人逐一盘问,即"交叉询问"。控方承担证明责任并且要达到真实性没有合理怀疑的余地。如果控方在陈词及完成传召证人程序后连使人相信被告"可能有罪"都办不到,辩护律师可以"无案需辩"或提出案情足以令人"合理怀疑"的地方,从而使被告获释。之后,再由被告方陈述和提证。被控方的证人同样会受到辩方的主询问、控方的交互询问和辩方的再询问。最后由控、辩双方作最后陈述。

3. 内地和香港庭审程序对比

香港的当事人抗辩式审判,有利于发挥当事人调查取据和举证的积极性,当事人双方细微地审查核实证据,法官事先不审查案件,庭审中不主动调查证据和讯问被告,不承担举证责任,有利于法官恪守公正裁判者的立场,体现程序公正。但法官过于消极,不利用查明案情;法庭调查的交叉询问技术性强,又极易掩盖证据的片面性,陪审团易受当事人辩论策略、技巧的影响,当事人操纵法庭也可能造成诉讼拖延。内地法庭系职权主义审判方式能充分发挥审判长的主动性、积极性,但职权过于突出,限制了控、辩双方诉讼积极性,审判长主动讯问被告人,可以调取罪证,但易于陷入同被告的直接对立,同时合议庭"只审不判",流于形式。从实现诉讼目的来看,香港法庭审判程序侧重于程序公正,而内地法庭审判程序更侧重于从快惩罚犯罪,实现国家的刑罚权。

(三) 评议和宣判程序比较

1. 内地评议和宣判程序

根据《刑事诉讼法》的规定,在内地,被告人最后陈述后,审判长会宣布休庭,由合议庭进行评议,根据已经查明的事实、证据和有关法律规定作出判决。合议庭进行评议时如果意见有分歧,应当按照多数人的意见作出决定,但是少数人的意见应当被写入笔录,评议笔录最后由合议庭的组成人员签名。合议庭开庭审理并评议后,应当作出判决。

2. 香港评议和宣判程序

香港的轻罪案件,均由法官独任审判。重罪案件的审判采取陪审制,因而评议由陪审团进行。在案件事实十分清楚时,陪审员可以不离开陪审席立即评议。在一般情况下,全部陪审员要退庭集中进行评议,也不得与外人接触。[1]评议后作出的裁决,可以是对起诉指控事实的全部肯定或否定,从而

---

[1] 参见香港《陪审团条例》第22条。

确定被控人有罪或无罪；也可以是对起诉书指控事实的部分肯定和否定，从而确定哪些罪名成立、哪些罪名不成立，或者以其他罪名定罪。如经评议后，陪审团成员中存在意见分歧，则7人组成的陪审团的裁决须由不少于5人的多数通过；9人组成的陪审团裁决须由不少于7人的多数通过。死刑案件则必须由陪审团一致通过。如果陪审团未能达成多数裁决，则法庭可解散该陪审团重新组成陪审团审讯。陪审团作出的裁决，法官必须接受，而不论其是否同意这一裁决。如果陪审团评议后作出无罪裁决，法官应当庭宣告被控人无罪释放；如果作出有罪裁决，被控人及其律师可以提出从轻处罚的陈述，控方也可以提出从重处罚的陈述。对有争议的问题可以举证和辩论，法官最后综合考虑作出量刑判决。

3. 内地和香港评议和宣判程序对比

香港实行实质性陪审制度，原讼庭审理第一审案件一般都由1名法官会同7名陪审员组成陪审团一起审理。被告是否定罪由陪审团决定，而定性量刑由法官掌握。在此背景下，不少地方法院改革试点大陪审制合议庭制度，虽然取得了一定成效，然而多数改革仍存在陪审员定位偏差、履职积极性不高、责任机制缺失以及与现行合议制相冲突等问题。解决这种困境的关键在于作出相应的程序设计，通过完善陪审员的选任机制、保障陪审员充分履职、构建合议庭责任机制以及改进合议庭细则等方式，实现人民陪审员制度的真正价值，从而推进合议庭制度改革，推动司法体制改革良性发展。

### 三、证人出庭作证规则比较

基于历史等原因，内地和香港的证人出庭作证规则有着很大的差别，这种差别归根结底主要是两大法系（即大陆法系和普通法系）在整个证据制度上的差别，如在立法体例、证据形式、证明力等上的差别。总的来说，内地的证明规则基于其"符合于真实"的要求，相比于香港"接近于真实"[1]的要求，其整个制度框架更为缜密，设置更为合理、科学，也更能确保案件的真实情况得以查明。但香港的制度中也有很多值得内地借鉴的地方，这一借鉴意义在证人出庭作证规则上尤为明显，证人出庭作证规则的差异也尤能突显两大法系有关基本证据原则的差异。现主要就内地和香港证人出庭作证规

---

[1] 戴群策："大陆香港刑事证据制度比较研究"，载《政法学刊》1993年第2期。

则进行对比。

（一）证人出庭作证义务不同

首先，证人是否有权拒绝作证？《刑事诉讼法》第60条规定，凡知道案件情况的人，都有作证义务。也就是说，在内地，证人无权拒绝作证。而香港虽然也规定了证人的作证义务，且规定了在证人不肯出庭作证的情况下，法官有权强迫其出庭作证，但同时还专门规定了证人作证的"特权"[1]制度，包括亲属特权、被告人特权、证人特权、职业特权和公务特权等，即在享有上述特权的情况下，证人享有不作证的权利。其次，证人拒绝作证会导致怎样的后果呢？内地有关证人拒绝作证这一点，没有规定具体的惩戒手段，实践中，证人作证义务往往得不到切实的履行，证人作证义务没有得到实质约束。在香港，对于有作证义务的这部分人，法律明确规定了"拒绝作证罪"，即不履行作证义务的，有可能被追究刑事责任，要承担"入狱"或"罚款"等责任风险，也就是说，证人作证义务是有实质的法律保障的。

（二）证人出庭作证程序存在差异

香港的法律规定，在通常程序下，证人必须亲临法庭以言词方式口头作证才有效。证人口头陈述，只有在法庭上当众进行公开审查核对，双方当事人经过交叉询问、质证和辩论之后，才能对证据的取舍作出决定，并据此对案件作出裁判。证人作证必须在法庭上由法官直接听取，并听取控、辩双方对证人的质询、辩论之后才决定是否采信。而内地对于证人是否需要出庭规定并不明确，司法实践中书面方式作证成为主流，一般情况下，书面的证人证言只要在法庭上经过控诉方和辩护方的询问、质证，就可以作为定案的证据。但证人不到庭会使得被告人的质证权无法实现，也容易导致法官对证人证言的错误判断。

## 四、"以审判为中心"背景下香港刑事审判制度对完善内地刑事审判制度的借鉴意义

（一）借鉴香港审级设置完善我国审判级别管辖

刑事审判管辖制度在诉讼中发挥着分配司法审判资源、引导诉讼参与人

---

[1] 郭天武、何邦武：《香港刑事诉讼法专论》，北京大学出版社2009年版。

参加诉讼和预防、解决管辖纠纷等重要作用。我国应当按审级制度的构建原理,改革目前的法院设置、职能配置以及级别管辖制度,构建多元化的审级制度,即按受理案件性质或适用程序,设立专属法院、简易程序法院等法院系统。借鉴香港裁判署法院的庭审模式,发挥简易程序法院在案件繁简分流方面的重要作用,受理管辖轻微民事、刑事初审案件;地区法院管辖其余的初审案件以及来自简易法院的上诉案件;省级高等法院管辖来自地区法院的上诉案件。一般案件实行二审终审,但具有重大法律意义的案件和死刑案件可上诉至最高法院,实行三审终审,并建立适当的判例制度。同时,改革与审级制度紧密关联的配套制度,如司法经费由中央财政予以保障;建立法官编制及法官遴选、保障、惩戒制度;改革法院内部的分工与管理;废除审判监督程序,改设再审之诉程序等。[1]

(二) 完善社会主义法治理念下人民陪审员制度

党的十八届四中全会通过的《中共中央关于全面推进依法治国若干重大问题的决定》为人民陪审员制度的实现提供了土壤,提出"要完善人民陪审员制度,逐步实行人民陪审员不再审理法律适用问题,只参与审理事实问题"。这一政策变化反映着民主司法价值取向的转变,既是历史的选择,也是时代的要求。陪审制度虽然诞生于英美法系国家,但时至今日,司法民主化已经成为世界各国建设司法制度的趋势和潮流,而陪审制度被视为"看得见的正义",是在司法民主化潮流下应运而生的一大重要产物。我国内地现行陪审制度存在一定缺陷。陪审员选任不具有广泛性、代表性,陪审员参审积极性不高制约了人民陪审员制度功能的发挥。部分陪审员自认为是法律的"门外汉",加上对案情不了解,在整个庭审中存在着双重的不自信,基于"言多必有失"的顾虑,在庭审保持缄默和对法官评议的服从,缺乏审判主体意识,导致参审积极性和自我价值认同度降低。

应当进一步改进人民陪审员的选任,人民陪审员制度作为一项政治制度,需要广泛的社会公众参与。其作为一项诉讼制度,是增强司法国民基础的重要方式。"公民资格的最高标准是能够担任陪审员职务",因此陪审员必须走大众化之路,人民陪审员制度的改革方向须忠实和服务于这一宗旨。为提高大陪审制中陪审员的工作积极性,落实陪审员在事实认定中的主导权,将陪

---

[1] 金祖伟:"论我国刑事审判级别管辖制度的缺陷",载《法制与社会》2008 年第 26 期。

审规定为公民的一项基本义务。这一方面能够提高陪审员参与司法审判的积极性，另一方面能充分地让陪审员和法官互相协助，在法定职责上与法官趋同，以保障复杂案件的事实认定，提高陪审员认定案件事实的专业性和公正性。建立合议庭责任机制，明确合议庭中陪审员的责任，以改变陪审员责任权利不对等局面，促进陪审员在事实问题上主导权的实现。

（三）借鉴香港做法推进内地证人出庭作证规则实质化

2012年《刑事诉讼法》对证人出庭作证制度作了专门的规定，但基于各种原因，司法实践中证人证言占主流、证人出庭难的局面依然没有得到扭转。相比于香港的证人作证制度，内地以"书面"的证人证言为主的庭审模式很容易让证人作证流于形式，不利于真正发挥证人证言的证据作用。在推进"以审判为中心"制度改革的背景下，完善和落实证人出庭作证制度，是推进庭审从"审卷"到"审人"转变的重要举措，也更有利于实现庭审实质化、实现证据裁判等多方面的诉讼价值。

对此，内地首先可以借鉴香港的做法，对证人出庭作证制度给予立法保障。《刑事诉讼法》对于证人证言的质证和查实、作伪证、作证义务、证人保护、证人出庭等方面均作出了规定，但其中对于证人出庭仅规定了"诉讼一方对证人证言有异议，且该证人证言对案件定罪量刑有重大影响，人民法院认为有必要出庭作证的，证人应当出庭作证"。[1]对于证人拒不履行作证义务或拒绝出庭的，则没有明确规定应该如何处置，即没有法律进一步保障证人出庭这一制度的落实。为了真正落实证人出庭作证制度，这里可以借鉴香港的做法，对于拒不履行作证义务或拒绝出庭的，明文规定类似于"拒绝作证罪"这样的惩罚机制，从法律的角度给予该制度以保障。同时，在确保证人出庭制度全面落实的基础上，再进一步对证人出庭作证的庭前沟通、出庭作证方式、庭审证人质询程序和规则等内容作出细化、明确的规定。通过完善证人出庭制度，真正做到"证据出示在法庭、事实查明在法庭"，实现庭审实质化。

---

[1] 参见《刑事诉讼法》第187条。

# "深港通"机制下跨境间接持有证券的法律适用问题

孙静曲[*]

**【摘要】** "深港通"机制作为"沪港通"以来连接内地和香港的第二座桥梁,是我国证券市场对外开放的重要一步。但基于其间接持有和跨境的特性,发生纠纷后存在两个法律适用上的问题:第一,因目前我国证券市场立法上未对间接持有模式证券进行规定,而导致"深港通"此类证券无法适用;第二,其作为香港和内地的证券跨境互联互通机制,导致两个法域下的间接持有模式在法律适用方面存在问题。针对我国立法缺失问题,首先应当完善内地关于持有模式的规定,其次依据持有模式的差异,明确间接持有模式证券纠纷的连接点。针对跨境法律适用问题,首先应认识到内地与香港法律适用规则之间的统一与可协调之处;其次,可协调在间接持有模式下以中介人所在地来明确物之所在地;最后,探讨在证券纠纷中,以最密切联系原则为兜底性条款,从而促进两地证券市场共同发展进步。

**【关键词】** 深港通　间接持有模式　跨境证券　证券法律适用

## 一、问题起源:"深港通"机制下持有模式的理论基础

### (一) 证券市场持有模式简介

证券的持有模式意指基于投资者和发行人之间是否有中间人[1]的作用,导致证券权利义务关系存在差异,由此划分直接持有模式和间接持有模式。

---

[*] 孙静曲,深圳大学硕士研究生。
[1] 又称中介机构、中间机构,此词是一个泛称,包括所有不同种类的持有投资者证券权益的金融机构,如证券公司或证券经纪商银行以及其他托管人、结算系统以及存托机构。

证券产生时因是纸资凭证的缘故，基本采用直接持有模式，此种状态在20世纪60年代被间接持有模式所取代。缘于美国当时发生的"文档灾难"，纽交所证券成交量的大幅增长，投资者之间的证券交易无法在短时间内实现交割与过户，投资者的交易指令无法及时达成，造成违约性风险和流动性危机。此后，市场管理机构致力于促使大量证券交易文件非流动化，改变将证券实际过户给买方和买方经纪人的交收方式，引入间接和多级持有系统。[1]

在直接持有模式下，发行无记名证券时，发行人与投资者之间由投资者自行持有实物证券；发行记名证券时，投资者名字直接记录于发行人的证券持有人名册，故发行人能够清楚地知晓实际投资者的身份及其持有情况。[2] 投资者通过直接持有证券，对证券享有直接的、独立的权益，[3] 而无须借助中间人的协助或证明。

而在间接持有模式之下，发行人与投资者之间存在中间人，发行无记名证券时，代表证券的凭证由中间人持有；而发行记名证券时，由中间人作为名义持有人，记录于发行人的证券持有人名册之中。发行人不能清楚地知晓实际投资者的身份及持有状况时，投资者需要借助中间人[4]的协助或证明，才可对证券享有间接、非独立的权益。学界多形容其为金字塔式的持有结构，

---

[1] 吴志攀："证券间接持有跨境的法律问题"，载《中国法学》2004年第1期。

[2] 关于如何区分间接持有模式和直接持有模式，目前学界未达成共识，学界相关文献大致有以登记为标准、以托管为标准以及以登记和托管为混合标准等三种不同观点。但主流观点即本文观点，以登记作为证券持有模式区分的判断标准。

[3] 关于证券权益的具体属性，目前学界和实务中并未达成一致的意见，第一种观点认为，证券权益属于物权；第二种观点认为，证券权益属于物权和债权的结合；第三种观点认为，借鉴美国《统一商法典》，证券权益既不属于物权也不属于债权，而属于独立的证券权利；第四种观点认为，应当区分证券本身的物权和证券中所体现的权利的所有权。在此基础上，笔者认为依照我国《证券法》第2条之规定：证券意指"在中华人民共和国境内，股票、公司债券和国务院依法认定的其他证券的发行和交易，适用本法……政府债券、证券投资基金份额的上市交易，适用本法……证券衍生品种发行、交易的管理办法，由国务院依照本法的原则规定"。故证券具有其独特的复杂属性，既区别于物权也独立于债权。

[4] 实务中，证券市场存在多层次的中间人，发行人与运营商打交道，运营商与数目有限的大型证券中间人打交道，大型证券中间人又与中小型证券中间人打交道，如此类推直至终端的个人投资者。投资者既不事实上占有证券证书，其名称也不会出现在发行人的证券所有人名册上。参见佘延宏："海牙关于经由中间人持有证券的某些权利的法律适用公约述评"，载武汉大学国际法研究所：《武大国际法评论》（第2卷），武汉大学出版社2004年版，第247页。

此种持有结构由不同层次的证券持有者（主要由三层构成：投资者、中间人和运营商[1]）构成，由下至上，人数递减，证券持有量却逐渐增多。

在此结构中，发行人只需与一个单一的机构（即运营商）打交道，运营商与数目有限的大型证券中间人打交道，大型证券中间人又与中小型证券中间人打交道，如此类推直至终端的个人投资者。

划分直接持有模式和间接持有模式的意义在于：第一，直接持有模式和间接持有模式之下法律主体的不同。直接持有模式的法律主体为直接投资者和发行人；间接持有模式由于证券中间人的介入，投资者和发行人之间可能存在多层证券中间人，其法律主体较为繁杂。第二，直接持有模式与间接持有模式之下法律关系的不同。直接持有模式下投资者和发行人基于证券产生直接的权利义务关系；间接持有模式之下，中间人与发行人之间基于证券持有，产生直接的权利义务关系，实际投资者与中间人之间产生直接的权利义务关系，与发行人之间产生间接的权利义务关系。第三，基于此种差异性，导致直接持有模式和间接持有模式应当在法律适用上同样具有差异性。其中以财产混同为例：直接持有模式下，不存在财产混同的可能性，但在间接持有模式下，由于中间人的存在，可能导致投资人财产与证券中间人财产的混同，在此种情况下即需要存在单独调整间接持有模式的法律。

（二）"深港通"机制下的间接持有模式

"深港通"，全称"深港股票市场交易互联互通机制"，是继"沪港通"之后，为方便两地投资者双向购买股票，在内地与香港之间的证券市场搭建的第二座桥梁。此机制包括南北双向，具体如图：[2]

---

[1] 运营商主要包括众多国家证券托管中心（Central Securities Depositories，CSD）和国际证券托管中心（International Central Securities Depositories，ICSD）。CSD 例如：美国的 DTC（The Depository Company）成立于 1999 年，属于目前世界上最大的国家证券托管中心。参见 http://www.dtcc.com，访问日期：2018 年 2 月。ICSD 例如：欧洲清算中心（Euroclear）属于目前国际金融会场上最大的证券托管和清算组织。See Rick Verhagen, "Book-Entry Securities and the Conflict of Laws", *European Busines Law Review*, March, 2000.

[2] "深港通"下的证券机制包括，北向：深股通，是指香港投资者为投资内地 A 股市场，委托香港经纪商经过香港联合交易所在深圳设立的证券交易服务公司，从而买卖深港通规定范围内的深圳证券交易所上市的股票。南向：港股通，是指由内地投资者为投资香港股票市场，而委托内地证券公司，经由深圳证券交易所在香港设立的证券交易服务公司，买卖"深港通"规定范围内的香港联合交易所上市的股票。

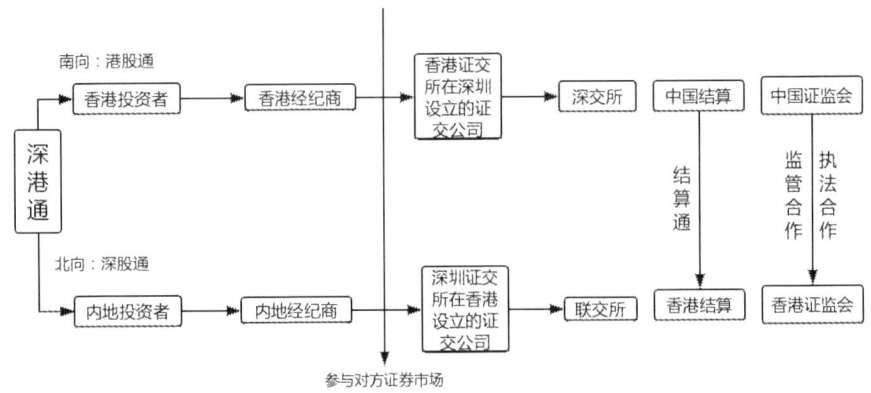

这意味着"深港通"机制下,无论是香港投资者还是内地投资者,想要参与对方的证券市场,均需要委托证券交易服务公司,才可买卖其证券市场上市的股票,即采取间接持有模式。进一步而言,"深港通"在我国目前的证券体制下具有两个特点:间接性和跨区性。间接性是指,"深港通"此中采取间接持有模式的证券与我国传统直接持有模式相比具有的特征,而跨区性是指,作为连接大陆及香港证券市场的"立交桥",所具有的跨法域特征。基于此两种特征,"深港通"在现有的证券交易立法下将会产生两个法律适用上的问题。第一,内地立法缺失问题。目前内地未对证券市场间接持有模式证券进行规定,从而导致"深港通"此类证券无法适用。第二,跨区法律适用问题。其作为香港和内地的证券跨区互联互通机制,导致了两个法域下的法律适用问题。综上,"深港通"作为两个法域之间以及间接持有模式下的股票互联互通机制,在两地投资者日益密切的交易中,必定会产生相应的纠纷,如何适用法律就成了其日后蓬勃发展所亟须解决的问题。

为解决"深港通"机制下跨境间接持有模式证券的法律适用问题,本文将通过理论阐述以及比较分析和价值衡量的方法,以"深港通"机制为中心,探讨我国跨区间接持有证券的法律适用问题。首先,分析基于内地传统直接持有模式与"深港通"间接持有模式下的立法及法律适用差异性导致的法律适用问题,从而得出内地应当在立法上完善关于持有模式的规定,依据持有模式的差异,明确间接持有证券纠纷的连接点。其次,分析内地与香港之间证券法律适用上的差异性，应认识到内地与香港法律适用规则之间的统一与可协调之处。最后，针对可协调之处，以间接持有模式下的中介人所在地来明确物之所在地，且探讨在证券纠纷中以最密切联系原则为兜底性条款，从而解决纠纷，促进两地证券市场共同发展进步。

## 二、"深港通"机制下内地证券立法的缺失

（一）实践中，"深港通"机制与已有持有模式的差异

目前内地证券的持有模式以直接持有模式为主，间接持有模式为辅。具体原因如下。

1. 证券市场的实践

从证券市场中可得知，大体上，我国的证券持有模式以直接持有为主、间接持有为辅：A 股股份、基金、大部分国债、可转债以及部分 B 股直接登记在实际持有人名下，属于直接持有模式；以代理人名义持有的部分 B 股、企业债、国债回购以及 QFII 持有的证券，并不直接登记在实际持有人名下，属于间接持有模式。[1]

2. 我国立法规定

我国《证券法》并未基于持有模式的差异作出不同规定，但是于第 166 条规定："投资者委托证券公司进行交易，应当申请开立证券账户。证券登记结算机构应当按照规定以投资者本人的名义为投资者开立证券账户。"而中国证券登记结算有限责任公司作为我国的证券登记结算机构，其依据《证券法》规定，原则上不通过中介机构证券公司，而是直接以投资者本人的名义开立实名证券账户，确立了原则上以直接模式为主的证券持有制度。

而根据上述"深港通"的简介可知，双方投资者参与对方的证券市场，买卖"深港通"规定范围内的证券交易所上市的股票，均需要委托证券交易服务公司方可进行。可见，"深港通"机制采取间接持有的证券持有模式，此种规定与我国传统持有模式现状存在明显的差异性。我国证券立法的现状为，实务中已经出现了许多间接持有模式的证券，但立法明显滞后于实践的发展，只在《证券法》第 166 条确定了直接持有模式，存在有关"深港通"间接持

---

[1] 中登结算："证券持有模式及不同持有模式下持有人权利——中国证券登记结算公司重大法律课题摘要（六）"，载中国中登结算官网：www.china clear.cn，2017 年 12 月 11 日最后访问。

有证券的立法空白。

### （二）内地法律适用上对于间接持有模式的规定缺失

除了《涉外民事关系法律适用法》第39条明确规定涉外证券适用有价证券权利实现地法律或其他与该有价证券有最密切联系地法律外，笔者未搜寻到其他法律适用规定。但实践中又确实存在两种持有模式，且在法律适用上基于法律关系的不同，存在着对法律适用需求的不同，导致在发生纠纷时，间接持有模式下当事人的权益难以保障，不利于证券市场在对外开放过程中的稳定和谐发展。

基于"深港通"机制引发的纠纷，内地存在以下法律适用规则：从"深港通"的性质入手，根据《中国证券监督管理委员会、香港证券及期货事务监察委员会联合公告——深港通相关事宜的公告》，"深港通"属于股票互联互通机制，而实务中截至2017年12月8日，"港股通"开通532只股票。[1] 可以看出，"深港通"机制下只会涉及股票法律关系纠纷。但由于股票权益具有复杂性，实体权益上会涉及多个部门法的规定。首先，从《物权法》的角度考量，股权是对股份的所有权，[2] 是基于此种所有权而产生的占有、使用、处分、收益的权利。其次，从《公司法》和《证券法》的角度来看，即包括收益权和投票权，收益权主要包括分红、升值和剩余财产分配三个方面。投票权则是参与公司决策、选择管理者的权利。[3] 最后，从《合同法》的角度来看，证券当事人之间签订的相关合同同样也会涉及合同的相关规定。综上，"深港通"机制下发生纠纷，在立法和实践中[4]涉及《涉外民事关系法律适用法》第37条（动产物权法律适用）、第39条（有价证券法律适用）以及第41条（合同法律适用）的规定。进行归纳总结后，按照连接点指引的准据法不同，关于"深港通"机制引发的纠纷的法律适用问题可被区分为以下几个种类：

---

[1] 参见深圳交易所：www.szse.cn，2017年12月10日最后访问。

[2] 参见朱锦清：《证券法学》（第2版），北京大学出版社2012年版，第2~3页。

[3] 参见《公司法》第4条规定："公司股东依法享有资产收益、参与重大决策和选择管理者等权利。"

[4] 在中国裁判文书网上通过输入"有价证券"——"涉外"——"法律适用法"关键词，共检索出29个案例，其中8个案例适用了《涉外民事关系法律适用法》第39条，6个案例适用《法律适用法》第41条。2017年11月30日最后访问。

1. 当事人意思自治选择的法律

按照《涉外民事关系法律适用法》第 37 条[1]和第 41 条[2]的规定，"深港通"作为股票之一，属于特殊动产，适用第 37 条的规定。第 37 条作为有条件地选择适用的冲突规范，规定动产物权发生法律纠纷时，首先应当适用当事人意思自治选择适用的法律。"深港通"作为一种证券市场交易工具，当事主体之间签订证券类合同，即可能导致适用《涉外民事关系法律适用法》第 41 条。第 41 条同样属于有条件地选择适用的冲突规范，在合同发生纠纷时，首先应当适用当事人协议选择的法律。[3]将意思自治原则运用到法律原则之中，是《涉外民事关系法律适用法》较具特色的做法。首先，其有利于当事人形成权利义务关系以及适用准据法的预期，从而体现当事人自主意愿以及维护法律关系的稳定性；其次，有利于契约争议的迅速解决，节约交易成本。故意思自治原则运用于与"深港通"类似的跨境间接模式的证券纠纷是可以肯定的。[4]

2. 证券所在地法律

首先，根据《涉外民事关系法律适用法》第 37 条的适用规则，当事人未协议选择的，适用"深港通"机制下纠纷发生时证券所在地法律；其次，根据《涉外民事关系法律适用法》第 39 条规定，[5]发生纠纷，原则上应当适用"深港通"股票权利实现地法律。那么，我们应当明确何谓权利实现地？立法上我国法律并未对"有价证券的权利实现地"作出解释；在实践层次上我国

---

[1]《涉外民事关系法律适用法》第 37 条规定："当事人可以协议选择动产物权适用的法律。当事人没有选择的，适用法律事实发生时动产所在地法律。"

[2]《涉外民事关系法律适用法》第 41 条规定："当事人可以协议选择合同适用的法律。当事人没有选择的，适用履行义务最能体现该合同特征的一方当事人经常居所地法律或者其他与该合同有最密切联系的法律。"

[3] 将意思自治原则未加运用到法律原则之中，是《涉外民事关系法律适用法》较具特色的做法。但此种做法能否在实践中取得良好效果，还需拭目以待。参见郭玉军："中国国际私法的立法反思及其完善——以《涉外民事关系法律适用法》为中心"，载《清华法学》2011 年第 5 期；杜涛："论物权国际私法中当事人意思自治原则的限度——兼评《涉外民事关系法律适用法》第 37 条"，载《上海财经大学学报》2012 年第 5 期。

[4] See Jon A. Jacobson, "The Enforceability of Choice-of-Law/Forum Clauses in International Securities Contracts", 8 DUKE J. COMP. &INT'L L. 469 (1997).

[5]《涉外民事关系法律适用法》第 39 条规定："有价证券，适用有价证券权利实现地法律或者其他与该有价证券有最密切联系地法律。"

有三个案例[1]援引了《涉外民事关系法律适用法》第 39 条"有价证券权利实现地"之规定，但无一明确证券权利实现地的概念及定义。理论层次上，目前学界普遍认为"有价证券的权利实现地"是第 37 条规定物之所在地的具体体现。[2]理由为：首先，证券作为一种无形财产，其财产权体现为证券权益，证券权益实现的地方通常就是证券这种财产所在的地方；[3]其次，第 39 条被安排在《涉外民事关系法律适用法》的第五编物权编之中，意味着在立法原意上我国将有价证券视为特殊动产，而第 37 条规定的动产物权的法律适用应当是有价证券法律适用的原则，第 39 条作为特殊规定本质上仍然是第 37 条中的"物之所在地规则"。

进而需解决如何确定《涉外民事关系法律适应法》第 37 条与第 39 条所述证券的"物之所在地"。"物之所在地原则"虽然已经在理论上和实践上为现世各国所普遍接受，并成为解决物权关系法律适用问题的基本原则，但对其何以确立和适用却有着不同的阐释。[4]且"深港通"机制下的证券作为一种数据储存在电子账户之中，其本质上属于无形财产，此种属性使其所在地的确认更加扑朔迷离。正如英国上诉法院在"Brassard v. Smith 案"中阐述的那样："证券有如此多的属性与如此多不同的地方有联系，看起来证券根本就没有一个恰当的所在地。"实际上，现代冲突法所使用的"证券所在地"是一个人为拟制的概念，其适用的前提是证券所在地是证券能够被有效追索或执行的国家处分的场所。[5]从这一概念前提出发，通常认为，直接体制下记名

---

[1] 分别是现代公司与被上诉人闫某德以及原审第三人闫某玉股权转让案；南洋银行与广州大乘贸易发展有限公司等执行分配方案异议一案；潘某明与常熟金顺裕高级时装有限公司、常熟市支塘镇人民政府、香港金顺裕发展有限公司股票权利确认纠纷一案，三个案件均基于"有价证券权利实现地"而援引中国法律作为准据法。但三个案件只是简单援引了《涉外民事关系法律适用法》第 39 条作为冲突规范指引，而未对其援引理由、援引过程进行说明。

[2] 具体持有该观点的学者有：涂广建、邱润根、金梦、李金泽、胡忠孝和苏金生等。

[3] See Lawrence Collins with Specialist Editors, *Dicey, Morris and Collins on the Conflivt of Laws* (London: Sweet & Maxwell, 14th ed, 2006), pp. 923~932.

[4] 吕岩峰："论国际物权关系的适用法——物之所在地法原则之理析"，载《吉林大学社会科学学报》2007 年第 1 期。

[5] [英] J. H. C. 莫里斯主编：《戴西和莫里斯论冲突法》，李双元等译，中国大百科全书出版社 1998 年版。

证券的所在地是证券登记簿所在地，而无记名证券的所在地是证券证书所在地。[1]

但此种做法不应当同样适用于"深港通"此种间接持有模式下的证券纠纷。原因如下："深港通"此种间接持有模式下的纠纷，如果适用证券登记簿所在地法律或证券证书所在地法律，需要采用理论上的"透视"做法，即透过层层中间人，溯及发行人、登记簿或是实物证券凭证。此种做法可能造成购买多国证券时的巨大交易负担，而且不具有现实可操作性。首先，缘于间接持有模式下记名证券的投资者的信息可能被记录于其直接中间人的簿记上，其他层级的中间人或者发行人的登记簿都不会记录该投资者的证券权益，而记录于发行人登记簿上的权益人可能是其中任意一层级的中间人。此种情况下，如果投资者或其担保债权人试图在任何更高层级主张其证券权益，都会因缺乏权益记录而难以获得支持。其次，在间接持有模式下，无记名证券下的证券证书可能并非由投资者持有，发生纠纷的当事人可能并不包括该持有证券证书的中间人，意味着证券证书所在地与纠纷当事人毫无关联，此种情况下适用证券证书所在地法律，反而不利于当事人权益的保护和纠纷的解决。总之，传统直接持有模式下对物之所在地的确认方式，并不适用于间接持有模式证券引发的纠纷，对于类似"深港通"间接持有模式下的证券纠纷需要其他的明确标准。

3. 最密切联系地法律

根据《涉外民事关系法律适用法》第39条的规定，法院可以任意选择有价证券权利实现地法律或者其他与该有价证券有最密切联系地法律中的一个来确定准据法。第41条规定，在上一条件不满足的情况下，即当事人未选择适用法律的情况下，适用履行义务最能体现该合同特征的一方当事人经常居所地法律或者其他与该合同有最密切联系地法律。这意味着"深港通"机制下发生的纠纷可能适用与"深港通"有最密切联系地法律，继而需要解决如何判定"最密切联系地"。对于此问题的解答，不同的人往往有不同的认识。以"深港通"为例，如果投资者委托、成交、结算分别在不同的国家，"最密

---

[1] 参见［英］J. H. C. 莫里斯主编：《戴西和莫里斯论冲突法》，李双元等译，中国大百科全书出版社1998年版。See *Morris and Collins on the Conflivt of Laws*（London：Sweet & Maxwell, 14th ed, 2006）p. 932.

切联系地"究竟是内地还是香港,就可能存在争议,最终可能需要法官进行主观判断,此时,准据法往往会沦为法院地法扩大使用的工具。

综上分析,"深港通"机制下的法律适用与我国目前已有的法律体系存在一定的冲突,目前的立法无法满足以"深港通"为代表的跨境间接持有证券的法律适用问题。其在内地主要体现为:第一,实体法上,实践中已经产生了许多间接持有证券,但国内立法只于《证券法》第166条规定了直接持有模式,没有跟随证券市场日新月异的发展;第二,冲突法上,现行《证券法》并未规定冲突法规范,虽然《涉外民事关系法律适用法》对此有所涉及,但立法上尚未规定完善、全面。根据"深港通"机制的性质,可得出其发生纠纷可能适用《涉外民事关系法律适用法》第37条(动产物权法律适用)、第39条(有价证券法律适用)以及第41条(合同法律适用)的规定。进行归纳总结后,按照连接点的不同,以上法条可区分为当事人意思自治的法律、证券所在地法律以及最密切联系地法律,对跨境间接持有证券法律冲突进行了规范。其看似解决了法律适用问题,但在实践中,对于这些连接点,往往难以区分和判断,不具有可操作性。因此,应当对跨境间接持有证券的法律问题进行进一步完善和细化。

(四)完善对于间接持有模式的立法规定

1. 完善实体法上关于持有模式的立法规定

目前,内地只于《证券法》第166条规定了直接持有模式,而证券市场实践中出现了例如"深港通""沪港通"、B股、QFII、QDII类等间接持有证券,导致这些间接持有证券在发生纠纷后无法可寻、无法可依。应当在立法上采取开放性、包容性、明确性的态度,回应实践中间接持有模式的发展,引导和调整基于间接持有证券而产生、变更、消灭的权利义务关系,从而促进证券市场法律监管体系的完善和发展,保障证券市场稳定、安全对外开放。

2. 法律适用上:明确间接持有模式证券纠纷的连接点

针对目前间接持有证券的连接点难以区分和判断,不具有可操作性的问题,可考虑通过以下方式以明确间接持有模式正确解决纠纷的连接点。

第一,在当事人意思自治上,同在侵权等特殊领域一样采纳有限意思自治的做法,以达到主观连接点和客观连接点的平衡。首先,当事人意思自治原则本身的特性也决定了其作为连接点在法律适用过程中的种种不确定性。从法律意义上讲,自由是一种权利,限制是对自由的制约,也是对自由的保障,当事人意思自治原则自产生就与限制共存。[1]其次，基于社会背景——政治经济情况考量，为了适应目前证券市场上繁乱而复杂的交易往来的实际需要，证券法律适用具有较大的灵活性。但此种灵活性的赋予需要度的限制，完全不加限制地让当事人选择法律适用，反而可能会导致当事人正当权利得不到保护。

第二，在证券所在地上，传统适用于直接持有模式的方法不够满足"深港通"此类间接持有证券的法律适用问题，采取新的方法判定证券所在地成为必要。在此引入PRMA规则[2]以确认间接持有证券的所在地，即以中介机构所在地作为间接持有证券法律适用的连接点。首先，确保了法律适用的确定性，使基于间接持有证券发生的所有纠纷都受同一准据法调整；其次，确保法律适用的可预见性，使当事人基于连接点指引的准据法可调整自身的间接持有证券行为；最后，确保了间接持有证券发生纠纷后法律适用的可操作性。

第三，在最密切联系地上，可探讨结合跨境证券活动的不同类型和不同情况，以确定适用的冲突规范。具体来说，发行人发行证券，适用投资人所在地的法律、规则；交易、结算活动，适用成交地、结算地的法律、法规；上市公司的日常监管，适用挂牌上市地的法律、规则；证券公司或经纪商的日常监管，适用注册地（牌照发放地）的法律、规则。[3]

综上所述，在目前的法律体系下，间接持有模式的法律适用不完善问题，可通过增加证券间接持有模式的立法以及明确间接持有模式的连接点的方式予以解决。

### 三、"深港通"下间接持有模式的跨境法律适用问题

（一）香港持有模式

香港目前采取直接持有与间接持有相结合，且直接持有为主，间接持有为辅的证券持有模式。

---

[1] 参见许军珂：《国际私法上的意思自治》，法律出版社2006年版，第8页。

[2] See Lawrence Collins with Specialist Editors, *Dicey, Morris and Collins on the Conflict of Laws* (London: Sweet & Maxwell, 15th ed, 2012), pp. 923, 932, 986. 戴西和莫里斯认为：投资者的财产权利位于存托机构保管其账户的所在地，则支配这些权利处分的法律是支配投资者与证券经纪人之间关系的法律，依此法产生了投资者的权利。在通常情况下，该法就是投资者针对证券经纪人所享有的权利之物所在地法。

[3] 参见"资本市场国际化亟需法律制度创新"，载《中国证券报》2014年12月30日。

《香港特别行政区基本法》对于证券只规定了香港保持自由港、单独的关税地区和国际金融中心的地位，继续开放证券市场和维持资金流动自由。[1]而《证券及期货条例》第七部分自动化交易的第92条规定了证券市场从事自动化交易的主体，其中包括可提供自动化交易服务的人以及受规管活动获发牌或获注册的中介人，且直接将中介人定义为"名列于金融管理专员根据《银行业条例》（第155章）第20条备存的记录册，并显示为就第7类受规管活动获注册的注册机构就该活动聘用的人并且以该身份为该机构行事"。此外，于2017年1月3日生效的《香港交易所投资者户口持有人规则》[2]将投资者明确区分为个人投资者、联名投资者[3]及公司投资者，原则上户口持有人股份户口内的所有证券都被视为该持有人自身实际拥有，且就其一切交易活动产生的纠纷，均以户口持有人为当事人享有权利，承担纠纷。户口投资人只可将其股份户口作为自用，不得利用股份户口从事任何托管或代理人或投资管理的业务，直接或间接地从中获取商业利益，任何其他人士就全部或部分证券所享有的权利及利益，即使知悉该人士享有权利，也拒绝予以承认。而针对中华通类型的证券，投资者户口持有人必须通过根据交易所规则定义的交易所参与者，买卖任何已存入或将会存入其股份户口的合资格证券。从香港的上述立法可见，香港采取直接持有模式与间接持有模式相结合，以直接持有模式为主，间接持有为辅的做法。

从历史沿革上看，在1998年香港正达证券下属财务公司倒闭，以致无法兑现客户托管的股票之前，香港一直采取间接持有模式。证券市场的投资人只能通过经纪上开立的股份独立户口持有证券。在此种规定下，投资者是证券的实际收益主体，而非股票的持有人，对证券行使收益和处分等权利都需通过经纪商或者托管人的操作，由经纪商或托管人而非投资者本人对股票交

---

[1] 参见《基本法》第109、112、114、116条。参见"香港政府一站通基本法"，载http://www.basiclaw.gov.hk/gb/facts/index.html#3_5，2017年12月11日最后访问。

[2] 参见香港证券交易所：http://www.hkex.com.hk/-/media/HKEX-Market/Services/Settlement-and-Depository/Overview/Investor-Account-Service/Admission-Criteria-and-Application-Procedures/tc_b5.pdf，2017年12月11日最后访问。

[3] 联名投资者指就参与中央结算系统而言，由两个或两个以上的投资者共同及个别承担联名投资者户口持有人的责任及法律责任；管理同一股份户口的个人成员对该股份户口内的证券持有共同拥有权（指同一联名投资者户口持有人中的生存成员可得去世成员就户口内的证券所享有的权利）。参见《香港交易所投资者户口持有人规则》第3条，投资者户口持有人之接纳。

易拥有全盘的控制权。而 1998 年 5 月 8 日,香港结算开始推出投资者户口服务,鼓励个人和机构投资者直接在香港决算以自身名义开设投资者账户,投资者通过此项服务直接从香港决算获得持股证明。[1] 自此,香港投资者可以通过直接持有与间接持有两类户口持有证券,且香港在 2002 年、2009 年均对证券持有模式的发展和推进提出联合咨询文件。[2]

综上,香港采取直接持有为主,间接持有为辅的持有模式,与内地实务中采取同样的证券持有模式。但两者间的不同在于,内地并未对实务中间接持有的证券进行规定,而香港对间接持有模式和直接持有模式的规定较为完善而详致,故基于"深港通"此类的跨境间接持有证券,不会在香港目前的证券法律体系中形成空白。这也从侧面反映出了内地关于证券持有模式的立法规定仍需要完善。

(二) 香港关于间接持有模式的法律适用

基于香港司法实践与内地的区别以及《基本法》第 8 条之规定,"香港原有法律,即普通法、衡平法、条例、附属立法和习惯法,除同本法相抵触或经香港特别行政区的立法机关作出修改者外,予以保留"。《基本法》第 84 条规定:"香港特别行政区法院……审判案件,其他普通法地区的司法判例可作参考。"香港关于跨境间接持有证券的法律适用问题,可以参考其他普通法系地区的相应做法,以弥补本地立法和判例的不足。基于香港的历史背景,在此处重点针对英国的做法一并论述。

1. 香港的法律适用规则

在法律适用规定上,香港特区 1990 年颁布的《证券条例》(已废除)和 2002 年出台的《证券及期货条例》均未针对跨境间接持有的证券的法律适用

---

[1] 参见香港投资者教育中心网站关于"股票持有"的介绍,及《香港证券及期货(结算所)条例》(暂停使用)规定"除经纪商外,其他股票投资人不得在中央存管机构登记及托存证券"。

[2] 参见香港证券交易所网站:http://www.hkex.com.hk/Global/HKEX-Market-Search-Result?sc_lang=zh-HK&mode=basic&q=%E6%8C%81%E6%9C%89%E6%A8%A1%E5%BC%8F&u=Market%20Data|Products|Services|Listing|News|FAQ|Global,2017 年 12 月 12 日最后访问。

问题作出任何规定。[1]而在实践之中,香港存在两例有关跨境证券的纠纷,[2]第一,在"The Securities and Futures Commission v. Fan di、Li Xinggui、Zheng Yingsheng、Zhou Liyang 案"中,经由当事人意思自治选择,香港高等法院援引了英国上诉法院"Secretary of State for Trade and Industry v Rogers[1996] 1 WLR 1569 案"及香港实体法作为准据法。第二,在"The Securities and Futures Commission v. Ernst & Young (a firm) 案"中,香港高等法院详细地阐述了援引物之所在地即登记簿所在地法律以解决直接持有模式下的证券纠纷。在此,法院同时援引"Kwan Wing Kim v. Cheung Ka Kim [1999] 2 HKLRD 331 at 335F-G 案""Lonrho Ltd v. Shell Petroleum Co Ltd was followed by the English Court of Appeal in Dubai Bank Ltd v. Galadari & Ors (no. 6) Times 14October 1992 案""Dorajay Pty Ltd v. Aristocrat Leisure Ltd (2006) 230 ALR549 案"等案例作为说明。

可看出,香港目前关于证券的法律适用问题并未直接区分直接持有模式及间接持有模式,也未对其进行立法规定,而是依据判例对纠纷进行裁判,但目前已适用的规则有当事人意思自治原则和物之所在地原则。

2. 其他普通法系地区的法律适用规则

(1) 直接持有模式下的法律适用规则。从实践来看,在"London and South American Investment Trust Ltd v. British Tobacco Co (Australia) 案"中,英国法院确认记名股份的物之所在地即是其登记簿所在地;在"Winans v. Attorney General (No. 2) 案"中,英国法院确认了公司成立地法为物之所在地;在 1996 年"Macmillan Inc v. Bishopsgate Investment Trust plc 案"中英国法院同样适用公司成立地法。

从理论来看,英美法系国家和地区认为物之所在地法不仅决定物的性质,而且决定与该物相关的权利和义务。而一般将证券视为物体动产而纳入财产

---

[1] 参见《香港法例》第 333 章《证券条例》和第 571 章《证券及期货条例》规定,及涂广建:"论'沪港通'机制下证券权益的法律适用",载《国际法研究》2016 年第 5 期。

[2] 电子版香港法例参见香港特别行政区司法机构网站:https://www. elegislation. gov. hk/index/chapternumber? QS_ CAP_ NO =% E8% AF% 81 E5% 88% B8&p0 = 1&TYPE = 1&TYPE = 2&TYPE = 3&LANGUAGE=C. 通过关键词"跨境证券"搜索可得,两个案例分别为 THE SECURITIES AND FUTURES COMMISSION v. ERNST & YOUNG (a firm),HCMP 1818/2012,以及 THE SECURITIES AND FUTURES COMMISSION v. FAN DI、LI XINGGUI、ZHENG YINGSHENG、ZHOU LI YANG。

法的范畴，并对财产权利性质的纠纷参照有体动产适用物之所在地原则处理。[1]

可看出，对于直接持有的证券纠纷，英国采用登记簿所在地或公司成立地以明确证券的物之所在地。

（2）间接持有模式下的法律适用规则。在实践中，1996年，在"Macmillan Inc v. Bishopsgate Investment Trust plc and others案"中，一审法官依据交易行为地法原则来解决股票财产权益纠纷，后该案的二审法官则是依据股份发行公司成立地原则来明确物之所在地。1998年，在"Harvard Securities Ltd（In Liquidation），Re，also known as Holland v. Newbury and another案"中，法院对于证券纠纷援引了意思自治原则的判例来指引准据法。

而在理论之中，对于间接持有证券纠纷的法律适用问题，答案较为明确地指向了物之所在地及意思自治原则。而对于如何确定间接持有证券的物之所在地说。主流观点认为采用中介所在地说。原因在于，其认为证券属于权利动产，权利动产的物之所在地即权利实现地，而如何确定权利实现地，间接持有模式下的中介所在地能够清晰、明确、稳定而具有操作性地指引间接持有证券纠纷下的准据法。

综上所述，香港关于"深港通"类似的跨境间接持有证券法律适用规则可被归纳为以下两点：第一，物之所在地原则。缘于证券作为一种权利动产，而权利动产作为一种特殊动产，原则性地适用物之所在地法原则，在间接持有模式之下，实践中依据了股份发行公司成立地来明确物之所在地，而在理论学界，主流观点转向通过间接持有模式下的中介所在地来明确。第二，当事人意思自治原则。

（三）法律适用规则的明确

在以上论述的基础上，可以看出，在"深港通"类似的证券发生纠纷时，可能适用《涉外民事关系法律适用法》第37条（动产物权法律适用）、第39条（有价证券法律适用）以及第41条（合同法律适用）的规定。进行归纳总结后，按照连接点的不同，可区分为当事人意思自治的法律、证券所在地法律以及最密切联系地法律。而香港关于"深港通"类似的跨境间接持有证券

---

[1] See Lawrence Collins, with Specialist Editors, *Dicey, Morris and Collins on the Conflict of Laws* (London: Sweet & Maxwell, 15thed, 2012), p. 1282.

法律适用规则可被归纳为物之所在地法律及当事人意思自治的法律。这意味着，在意思自治的法律及证券所在地法律的层面上，"深港通"证券纠纷的法律适用问题可以获得统一，但同样存在着相应的需要统一的法律适用规则。

1. 明确物之所在地的确定标准

在上述关于解决内部冲突的方法中笔者已经提出，引入中介机构所在地以明确间接持有证券法律适用的连接点。此制度首先确保了法律适用的确定性，其使基于间接持有证券发生的所有纠纷都受同一准据法调整；其次确保了法律适用的可预见性，使当事人基于连接点指引的准据法可调整自身的间接持有证券行为；最后确保了间接持有证券发生纠纷后法律适用的可操作性。且此种做法也与以中介机构所在地明确间接持有模式的物之所在地相吻合，在未来可期达到潜在的统一。

2. 加入最密切联系原则为兜底性条款

在证券比较复杂的现实案例中，有可能仍然存在当事人意思自治和证券所在地难以寻找的情况，可考虑引入"最密切联系原则"来缓解（补充）上述规则的不足。《涉外民事关系法律适用法》第 2 条将最密切联系原则确定为涉外民商事纠纷法律适用的一般性原则，且第 39 条再次明确肯定了它对有价证券的可适用性。毫无疑问，内地在处理"深港通"机制下跨境证券权益纠纷时，可以接受最密切联系原则。而在香港方面，目前并未将该原则运用于证券纠纷中。在司法实践中，倘若依据相关明确规定的准据法适用法则无法得到合理的裁决，应当赋予香港法官运用最密切联系原则的自由裁量权。

## 四、总结

"深港通"作为两地之间股票市场的互通互联机制，是促进两地证券市场发展、拉动经济往来、注入市场活力的重要举措，一方面有利于打开内地证券市场紧闭已久的大门，推动对外开放；另一方面也有利于提高香港的国际金融中心的地位。但在两地的长久交往中必然会发生摩擦和纠纷，对于此摩擦和纠纷如何解决，适用何种法律进行解决，两地目前都没有进行明确的规定。那么对于内地而言，发生一个关于"深港通"类似的证券纠纷，在确定了管辖权后，识别其为涉及国际私法的跨境案件，具有涉外性；其次摆在眼前的问题就是纠纷的法律适用问题了，识别其案件性质为证券纠纷后，按照《涉外民事关系法律适用法》的相关规定，根据连接点指引准据法，可能适用相关实体法,例如《证券法》《物权法》《民法总则》等。

本文论述的问题从上述层面而言,即为"深港通"类似的跨区间接持有证券纠纷的法律适用问题。文章从"深港通"此类证券的间接持有及跨境的特质入手:第一,依其间接持有特质分析出了其与目前我国实体法以及冲突法之间的冲突,进而得出应当完善我国关于持有模式的规定,其次依据持有模式差异,明确间接持有模式证券纠纷的连接点。第二,依其跨区的特质,分析在"深港通"类似的证券机制下内地证券法律适用与香港证券法律适用之间的冲突,进而得出内地法律适用规则与香港法律适用规则之间的统一与可协调之处。首先,在物之所在地及当事人意思自治上达成一致,其次,可协调明确物之所在地,以间接持有模式下的中介人所在地来确定此种跨区间接持有证券的物之所在地。第三,探讨在不论何种的证券纠纷中,均以最密切联系原则为兜底性条款,从而保障发生纠纷时,公正、客观、明确地寻求合理的准据法解决跨区间接持有证券的法律适用问题,促进内地与香港证券市场共同发展进步。

**参考文献**

[1] 陈盛:"国际统一私法协会《中介持有证券的实体规则公约》研究",华东政法大学2009年硕士学位论文。

[2] 李涛:"间接持有体制下跨国证券交易的法律适用问题研究",武汉大学2005年硕士学位论文。

[3] 邱润根、金梦:"论涉外证券的法律适用",载《广西师范大学学报(哲学社会科学版)》2013年第3期。

[4] [英] J. H. C. 莫里斯主编:《戴西和莫里斯论冲突法》,李双元等译,中国大百科全书出版社1998年版。

[5] 乔雄兵:"证券间接持有体制及托管证券权利性质探析",载《行政与法》2004年第5期。

[6] 邱永红:"证券跨国发行与交易中的若干法律问题",载《中国法学》1999年第6期。

[7] 吴志攀:"证券间接持有跨境的法律问题",载《中国法学》2004年第1期。

[8] 佘延宏:"海牙关于经由中间人持有证券的某些权利的法律适用公约述评",载《武大国际法评论》(第2卷),武汉大学出版社2004年版。

[9] 萧凯:"论跨国证券交易中股份转让的法律适用",载梁慧星主编:《民商法论丛》(第29卷),法律出版社2004年版。

[10] "证券持有模式及不同持有模式下持有人权利——中国证券登记结算公司重大法律课题摘要（六）"，载中国中登结算官网：www.chinaclear.cn，2017 年 12 月 11 日最后访问。

[11] 朱锦清：《证券法学》（第 2 版），北京大学出版社 2012 年版。

[12] Jon A. Jacobson, "The Enforceability of Choice-of-Law/Forum Clauses in International Securities Contracts", 8DUKE J. COMP. &INT'LL. 469 (1997).

[13] See Lawrence Collins with Specialist Editors, *Dicey, Morris and Collins on the Conflict of Laws* (London: Sweet & Maxwell, 14th ed, 2006), pp. 923~932.

[14] 许军珂：《国际私法上的意思自治》，法律出版社 2006 年版。

# 大湾区劳动争议处理机制比较及协作研究

彭 龙*

【摘 要】粤港澳大湾区拥有极佳的创新创业环境、宽松的投资政策和优厚的人才引进计划，吸引了大量的企业和劳动者，大量劳动争议必然会日益增多，劳动争议处理制度将会成为湾区劳动保障工作的重点和难点。粤港澳三地的劳动争议处理制度在调解、劳动仲裁、劳动诉讼等方面存在较大差异，这将给区际劳动争议的解决造成较大阻碍。将调解作为解决湾区劳动争议的主要手段，完善司法协助和执行制度，构建湾区小微企业劳动争议快速处理程序是统筹大湾区劳动争议问题的有效选择。

【关键词】劳动争议处理机制 区域司法与执法协助 小微企业特别程序

## 一、问题的提出

中国（广东）自由贸易试验区珠海横琴新区片区于2018年3月26日在港宣布，自横琴自贸片区2015年正式启动以来，港商积极到横琴发展，香港企业落户横琴的增速加快。据统计，横琴已吸引近千家港资企业，注册资本约1058亿元，仅2017年便增加近400家，对于劳动力的需求急剧增加。[1] 2016年3月3日，国务院发布《国务院关于深化泛珠三角区域合作的指导意见》，要求构建以粤港澳大湾区为龙头的泛珠三角经济带，加强劳动者权益保护，建立劳动保障维权信息沟通制度、劳动保障违法及争议案件协同处理制度。《内地与澳门关于建立更紧密经贸关系的安排》经济技术合作协议以及《内地与香港关于建立更紧密经贸关系的安排》经济技术合作协议均指出：支

---

* 彭龙，男，广东财经大学法学院，2016级硕士研究生。
〔1〕 参见"香港企业加快落户横琴 近千家港企入驻"，载 http://tga.mofcom.gov.cn/article/am/201803/20180302724802.shtml，2018年5月16日最后访问。

持两地法律和争议解决专业机构搭建合作交流平台,加强业务交流和协作。[1]而且,内地在《关于在内地(大陆)就业的港澳台同胞享有住房公积金待遇有关问题的意见》中给予了香港同胞同样的公积金待遇政策。[2]由此可见,大湾区的劳动争议处理机制和劳动保障制度的建设已经必不可少。

随着《内地与香港关于建立更紧密经贸关系的安排》(CEPA)、《泛珠三角区域合作框架协议》等合作协议相继出台;内地居民赴港"自由行";内地企业登陆香港证券交易所上市日股挂牌交易;深圳与香港前海区域合作开发,两地经济贸易交流、合作,两地人才的流动也日益频繁。在内地经济快速发展的形势下,大量香港人才北上就业;在两地合作日益紧密、内地人才涌现的有利前景下,香港政府推出了优秀人才入境计划,大力引进内地的优秀人才,促进两地的经济贸易合作、互惠共赢。

在这种情况下,随着三地人才的互动,劳动者的流动性日益加强。了解、比较、分析内地和香港、澳门地区有关劳动争议法律方面的区别,保障劳动者合法权益、帮助用人单位防范劳动违法风险,对于劳动者和雇主而言,其意义不言而喻。另一方面,由于历史的原因,中国内地与香港、澳门地区的法律体系有着极大的差异,使得两地的劳动争议法律的差别十分明显。因此,构建大湾区劳动争议处理的协作机制,将有利于大湾区吸引人才、保障人才,为企业和劳动者提供一个良好的营商环境和人才环境。

## 二、粤港澳三地劳动争议处理机制比较与冲突

(一)粤港澳劳动争议处理制度的比较

1. 内地劳动争议处理制度的内容

《劳动法》第77条规定:"用人单位与劳动者发生劳动争议,当事人可以依法申请调解、仲裁、提起诉讼,也可以协商解决。"第79条规定:"劳动争议发生后,当事人可以向本单位劳动争议调解委员会申请调解;调解不成,当事人一方要求仲裁的,可以向劳动争议仲裁委员会申请仲裁。当事人一方也可以直接向劳动争议仲裁委员会申请仲裁。对仲裁裁决不服的,可以向人

---

[1]《内地与澳门关于建立更紧密经贸关系的安排》第15条。
[2] 参见"关于在内地(大陆)就业的港澳台同胞享有住房公积金待遇有关问题的意见",载http://tga.mofcom.gov.cn/article/a/b/201801/20180102700484.shtml,2018年5月16日最后访问。

民法院提起诉讼。"《劳动争议调解仲裁法》第47条规定:"下列劳动争议,除本法另有规定的外,仲裁裁决为终局裁决,裁决书自作出之日起发生法律效力:(一)追索劳动报酬、工伤医疗费、经济补偿或者赔偿金,不超过当地月最低工资标准十二个月金额的争议;(二)因执行国家的劳动标准在工作时间、休息休假、社会保险等方面发生的争议。"第49条规定:"用人单位有证据证明本法第四十七条规定的仲裁裁决有下列情形之一,可以自收到仲裁裁决书之日起三十日内向劳动争议仲裁委员会所在地的中级人民法院申请撤销裁决:(一)适用法律、法规确有错误的;(二)劳动争议仲裁委员会无管辖权的;(三)违反法定程序的;(四)裁决所根据的证据是伪造的;(五)对方当事人隐瞒了足以影响公正裁决的证据的;(六)仲裁员在仲裁该案时有索贿受贿、徇私舞弊、枉法裁决行为的。人民法院经组成合议庭审查核实裁决有前款规定情形之一的,应当裁定撤销。仲裁裁决被人民法院裁定撤销的,当事人可以自收到裁定书之日起十五日内就该劳动争议事项向人民法院提起诉讼。"

需要注意的是,根据《最高人民法院关于审理劳动争议案件适用法律若干问题的解释(二)》第3条的规定:"劳动者以用人单位的工资欠条为证据直接向人民法院起诉,诉讼请求不涉及劳动关系其他争议的,视为拖欠劳动报酬争议,按照普通民事纠纷受理。"这意味着,如果劳动争议只是拖欠劳动报酬的争议且不涉及劳动关系其他争议,劳动者可以不经过劳动仲裁,而是按照普通民事纠纷直接向人民法院提起诉讼。

概言之,目前在内地,劳动者与用人单位之间发生劳资争议时,根据《劳资争议调解仲裁法》的规定,可以与用人单位协商,达成和解协议或是由工会或其他调解组织进行调解。但在法律效力上,和解或者调解对劳资争议双方并无强制拘束力。因此,如果任意一方不愿意接受他方提出的请求或主张,调解便无法成立。因此,劳动者或用人单位往往会跳过和解或调解的程序,直接向劳动争议仲裁委员会申请仲裁。当事人从知道或应当知道其权利受到侵害之日起一年之内,有权向劳动争议仲裁委员会书面提交仲裁申请,申请启动劳动争议仲裁,这是劳动仲裁的第一步。在没有收到当事人申请的前提下,劳动争议仲裁机构无权自行处理、干预劳动争议。

劳动仲裁裁决不是终局性的,一方或双方当事人对仲裁裁决不服的,除了《劳动争议调解仲裁法》规定的仲裁裁决为终局裁决的情况外,当事人可就劳动争议事项向法院提起诉讼,劳动争议诉讼同样适用民事诉讼"二审终局"的规定。为提高劳资争议解决的效率，内地部分省市法院在国家现行法律法规的基础上，进一步明确了劳资争议诉讼的范围。例如，深圳市中级人民法院在 2015 年 12 月发布《关于审理劳资争议案件的裁判指引》，即规定如劳动者与用人单位间的纠纷仅涉及金钱给付，可直接向人民法院起诉，无需按照一般劳动争议"先裁后审"的程序进行。这意味着，如果劳资争议达成了明确赔偿或补偿协议之后单单因为款项支付问题，而不涉及劳动关系其他方面的，不视为劳资争议。

2. 香港劳动争议处理制度的内容

香港的劳动争议一般先由香港特别行政区政府劳工处劳资关系科进行调解；若调解不成，则根据当事人的数量、标的额大小分别向劳资审裁处、小额钱债审裁处或小额薪酬索偿仲裁处提出申索。[1]

香港在劳资纠纷的协调、干预和解决机制上专门设置劳资审裁处，劳资审裁处属于审判机构［香港的审判机构设置为终审法院、高等法院（原讼法庭和上诉法庭）、区域法院、裁判法院、死因裁判法庭、少年法庭、审裁处（土地审裁处、劳资审裁处、小额钱债审裁处和淫亵物品审裁处）］。其具有司法管辖权，就其指定范畴内的劳资纠纷作出判决。若劳资审裁处认为某个案件不应由其聆讯，劳资审裁处有权将该案件移交高等法院原讼法庭、区域法院或小额钱债审裁处。而同属司法系统的小额钱债审裁处也负责审裁部分涉及工资的劳动争议。

除了属于司法系统的劳资审裁处、小额钱债审裁处负责处理劳动争议外，根据《小额薪酬索偿仲裁处条例》，香港劳工处下设小额薪酬索偿仲裁处负责审理申索人不超过 10 名，而每名申索人的申索款额不超过 8000 元的雇佣申索。如果申索的案件超过仲裁处的司法管辖范围，则转由司法机构下辖的劳资审裁处审理。

劳资审裁处、小额钱债审裁处和小额薪酬索偿仲裁处虽然分别属于司法系统和行政部门，但它们较一般诉讼程序而言更加快捷、简便，费用也较低，其最大的特点就是不允许大律师或律师代表涉案双方，以确保公平与效率。

当事人对劳资审裁处、小额钱债审裁处、小额薪酬索偿仲裁处的裁决不

---

[1] 参见孙晓萍、张圣军："中国内地与香港劳动争议解决机制比较研究"，载《广东外语外贸大学学报》2012 年第 5 期。

满时，当事人可以申请复核或上诉至高等法院原讼法庭；若当事人对高等法院原讼法庭的裁决不满，可以上诉至高等法院上诉法庭；若当事人对高等法院原讼法庭的裁决不满，可以上诉至终审法院。当然，当事人向高等法院上诉法庭、终审法院提出上诉的权利并不是任意的，而是有相关具体的规定。[1]

香港地区劳动争议的解决程序可以概括如下：当劳资双方出现劳动争议或纠纷，经自行或工会协调、调解无效，当事人可先到寻求劳资关系科进行调解；若劳工处劳资关系科调解不成，则根据当事人的数量、标的额大小分别向劳资审裁处、小额钱债审裁处或小额薪酬索偿仲裁处提出申索；劳资审裁处、小额钱债审裁处或小额薪酬索偿仲裁处作出判决后，如果当事人不服，可以选择申请复核或向高等法院原讼法庭提起上诉；高等法院原讼法庭作出判决，若当事人仍然不服，且情况符合上诉条件，其可以向高等法院上诉法庭提起上诉；当高等法院上诉法庭作出判决，若当事人仍然不服，且情况符合上诉条件，其可以向终审法院提起上诉。香港的劳动争议主要是通过自行协商、政府行政部门调解、仲裁或司法程序处理解决。而且，如果案件符合一定条件，当事人最多可以复核1次、上诉3次，共进行5次审判。

3. 澳门劳动争议处理制度的内容

澳门劳动争议的处理程序，可以分为劳动监察、检察院的调解和轻微违反诉讼的启动、法院的轻微违反诉讼程序和劳动诉讼程序，以及法院普通的民事诉讼程序等几个环节。

劳工局对于违法案件的查处，一般基于两种情况：一是劳动者的举报或者投诉；二是劳动监察机构的主动监察。对于发现的违法行为，劳工局便去函通知雇主缴纳罚金，催促雇主补偿雇员损失或者进行调解，雇主补偿雇员损失或者调解成功，争议处理结束；如果督促或调解不成，劳工局便将案件移送给检察院，由检察院起诉。

检察院参与轻微违反程序，是自检举或劳动监察制作的笔录送交法院时起。但在检察院正式起诉前，需要先行调解，并且这是许多案件的前置程序。在没有经过检察院主持对当事人进行试行调解前或无法调解时，任何实体问

---

[1] 章群、邓君韬："区域合作下内地与香港劳动争议处理机制探析"，载《当代法学论坛（二〇〇九年第3辑）》（贵州省法学会专题资料汇编）。

题均不得进入诉讼。[1]

劳动刑事诉讼是澳门非常有特色的一种制度,在劳动诉讼法典中被称之为轻微违反诉讼程序。轻微违反诉讼程序的启动,仅由检察院负责执行。最初启动时应基于两种情况:一是因检举而启动;二是因劳动监察制作的笔录送交法院而启动。对于检举,检察院自行确定是否达到起诉条件,对于达到起诉条件的,轻微违反因为检察院提起诉讼而开始。

经过法定的诉讼时效后,检察院作为弱势群体的当然代表,可以代理雇员提起劳动民事案件的诉讼。起诉之后,案件进入劳动民事案件的诉讼程序。雇员在检察院不提起控诉时可以提起民事诉讼,也可以在不服劳工局调解后直接提起民事诉讼,但是,民事诉讼的程序十分复杂,过程漫长,比较费时费力。

(二) 粤港澳三地劳动争议处理制度的冲突

1. 调解制度的冲突

对比香港而言,内地似乎并未发挥调解在处理劳动争议中的重要作用。在香港,聆讯押后制度体现了调解在处理劳动争议中的重要性,即在聆讯任何申索期间,若审裁处认为有合理可能就该宗申索达成和解或该宗申索的各方均同意押后聆讯,以进行调解的,审裁官可以决定押后聆讯该宗申索,经过调解所达成的调解协议与审裁处的裁断具有同等的效力。此外,任何申请人向小额薪酬索偿仲裁处申请仲裁前都必须经过劳工处劳资关系科的调解,未能达成协议的才可以向小额薪酬索偿仲裁处申请,如果未经劳工处劳资关系科的调解而直接提出仲裁申请,仲裁处不予受理。内地虽然承认并有法律条文规定调解在劳动争议中的效力,但只是将调解作为可选方案而不是必选方案,并没有规定调解的先行性,使得某些本可通过调解解决的事实明显、争议不大的劳动争议案件直接进入了劳动仲裁程序、占用了大量公共资源。

澳门劳动争议的处理制度注意平衡劳动监察、检察院、法院之间的相互关系,发挥各个机构的合力来共同处理争议。通过劳动监察的调解和处罚、检察院的调解和起诉、法院劳动民事案件和劳动刑事案件不同程序的启动,以及民事诉讼程序作为劳动争议最后的兜底的程序设计,大部分的劳资纠纷

---

[1] 孙德强:"澳门劳动争议处理制度及其借鉴",载《中国人力资源开发》2011年第6期。

在劳动监察阶段和检察院的调解阶段得以化解，小部分的案件经过法院仲裁处理，极个别的走普通的民事诉讼程序。内地的劳动争议处理也力图平衡劳动监察、劳动仲裁、法院之间的相互关系，发挥各个机构的合力来共同处理争议，力争把大多数争议在协商和调解阶段处理完毕，但是效果并不理想，有相当数量的争议仲裁之后进入了诉讼。

| 类型地区 | 内地 | 香港 | 澳门 |
| --- | --- | --- | --- |
| 调解主体 | 单位、法院、公安、街道等调解机构或第三人均可 | 自行、工会、特区政府劳工处劳资关系科 | 自行、法院、检察院 |
| 调解时间 | 规定时间内 | 规定时间内 | 规定时间内 |
| 调解效力 | 不发生裁判效力 | 不发生裁判效力 | 一定条件下等同审裁处的裁判效力 |

根据上述表格，我们不难发现，粤港澳三地调解的主体、调解的时间虽然大致相同，但也有细微区别。在调解效力问题上，在一定条件下，澳门方面的劳动争议调解的效力高于内地和香港，具有准司法权的效力。[1]在香港特区，和解或者调解是仲裁的前置程序，这不同于内地和澳门的规定。各地区的调解效力、调解机构和调解程序的差别，必定不利于大湾区跨区劳动争议的解决。

2. 仲裁制度的冲突

首先，除了小额薪酬索偿仲裁处属于行政部门外，劳资审裁处、小额钱债审裁处是香港司法系统的组成部分，属于司法机关；而内地的劳动仲裁委员会是依附劳动行政部门的机构，其本身不是司法机关。这样的话，香港跟内地在处理劳动争议上最大的区别就在于，香港的劳资双方一旦出现劳动纠纷和争议便可以直接进入司法程序，寻求司法救济；而在内地，劳动纠纷则必须要仲裁前置，且劳动仲裁的裁决不一定被当事人所认同，只有先进行仲裁才能提起诉讼。这样的模式使得劳动争议的当事人不得不耗费大量的时间和资源在劳动争议的处理和解决上。其次，内地处理劳动争议实行的是一裁、

---

[1] 孙德强、宋艳慧："澳门劳动监察制度及其对内地的启示"，载《中国劳动关系学院学报》2012年第4期。

两审、再审；而香港处理劳动争议实行的是一调、一裁（或一审）、复核、三审。在内地进行劳动仲裁是不需要收费的，而在香港劳资审裁处、小额钱债审裁处或小额薪酬索偿仲裁处是需要收费的。[1]

澳门的相关劳动法律并不强调劳动仲裁制度。澳门的劳动监察制度不仅明确了雇主在劳动监察中的义务，而且明确了妨碍监察行为的劳动刑事犯罪和劳动行政违法的构成条件。第60/89/M号《劳工稽查章程》法令第6条明确了雇主在何种条件下承担刑事责任。当出现以下三种情况时，违法雇主将受到起诉：第一种情况，当确定稽查人员身份及资格后，拒绝其进入行动之场所自由执行其职务，将按个别情况，以抗拒或不服从之违反论处。第二种情况，在法律上有责任但拒绝向劳工局稽查人员执行其职务时要求作出声明、提供资料、作口供，以违反《刑法》第188条所指及处分论处。[2]第三种情况，在法律上有责任作出声明、提供资料、作口供之所有的人士，如有作假口供者，以违反《刑法》第242条所指及处分论处。[3]无疑，这一劳动监察制度具有准刑事裁判效力，对劳动违法行为具有较高的威慑力。

| 类型<br>地区 | 内地 | 香港 | 澳门（无仲裁制度、但建立了有特色的劳动监察制度） |
| --- | --- | --- | --- |
| 仲裁程序 | 除《劳动争议仲裁法》第29条、第47条规定之外，仲裁是诉讼的前置程序 | 必须先经过和解或调解，调解是仲裁或诉讼的前置程序 | 劳动监察制度：劳工事务局 |

---

[1] 秦君毅："内地与香港劳资争议解决实证研究"，深圳大学2016年硕士学位论文。

[2] 《澳门刑法典》第188条所指及处分论处为："一、未经同意，开拆自己非为收件人之密封之包裹、信件或任何文书，或以技术方法知悉其内容，又或以任何方式阻止收件人接收上述物品者，处最高一年徒刑，或科240日罚金。二、未经同意，介入或知悉电讯内容者，处相同刑罚。三、未经同意，泄露以上两款所指密封之信件、包裹或文书之内容，或又电讯之内容者，处最高一年徒刑，或者科240日罚金。"

[3] 《澳门刑法典》第242条所指及处分论处为："一、依法有义务且有条件扶养他人之人，不履行该义务，而使有权被扶养之人如无第三人帮助，其基本需要将难以获得满足者，处最高两年徒刑，或者科240日罚金。"

续表

| 类型<br>地区 | 内地 | 香港 | 澳门（无仲裁制度、但建立了有特色的劳动监察制度） |
|---|---|---|---|
| 受理范围 | 由《劳动人事争议仲裁办案规则》第2条规定 | 个人劳动争议，涉及的人数在10人以下，申请标的在8000元港币以下，才可以由仲裁机构受理 | 劳动就业、职业安全、职业培训、劳动关系、劳动条件的监察 |
| 仲裁效力 | 法院对于不服仲裁的劳资争议案件，会对案件事实和证据进行重新认定并作出判决 | 仲裁裁决效力与审处裁决效力相当 | 具有认定、处罚权，以及一定刑事裁判权，效力极高 |
| 审理期限 | 自仲裁委受理仲裁申请之日起45日结束，案情复杂需要延期的，最多不得超过60日 | 申请后7天进行约见和登记，登记后5周内可审结案件 | 略 |

此外，根据上述表格可知，在内地，劳动仲裁是劳动争议诉讼的前置程序，而香港特区并没有此类规定。在仲裁受理范围方面，香港限制了劳动仲裁案件的条件：人数在10人以下，标的在8000元港币以下。而在审理期限方面，香港的劳动仲裁审结案件期限要比内地的期限短。换言之，粤港澳三地的劳动仲裁（澳门的是劳动监察制度）在处理程序、受理范围、仲裁效力、审理期限等方面存在较大的不同之处，这对于粤港澳大湾区劳动争议的处理而言是个极大的不稳定因素，会给法律适用造成巨大压力。

3. 诉讼制度的冲突

香港通过劳资审裁处、小额钱债审裁处或小额薪酬索偿仲裁处这些专门机构处理劳动争议案件；而内地经过劳动仲裁后，进入诉讼程序后通过民事诉讼的方式来处理劳动争议。必须认清一点，劳动争议案件有着其不同于一般民事案件的特殊性，若通过民事诉讼程序来处理劳动争议，其有效性会大打折扣。换句话说，对比内地劳动争议的处理方式，劳动仲裁的法律效力不足，而劳动诉讼的专业性不够。在诉讼条件方面，内地采用仲裁前置制度，香港采用直接起诉的方式而澳门则采用检察院或者法院启动的方式，进入诉讼程序。在受案机构方面，香港的劳资审裁处具有类似法院的权力。在上诉条件方面，香港地区对上诉条件进行严格的限制。而澳门则并没有直接进入上诉程序，而是将案件先转为劳动民事案件处理，或者转为普通民事案件，劳动者均可以进行起诉而非上诉。

总而言之，内地、香港、澳门的劳动争议诉讼程序均存在较大的差异，劳动争议所适用的法律不同，将会严重影响劳动争议处理的效率和成本。如何最大限度地平衡劳动者和企业之间的关系，如何既能快速高效处理大湾区劳动争议又能避免企业负担和成本过重，是提高区域合作效益面临的一大困境。

| 类型地区 | 内地 | 香港 | 澳门 |
| --- | --- | --- | --- |
| 诉讼条件 | 有条件的仲裁前置，一定条件下可以直接进入诉讼程序 | 案件不符合仲裁条件 | 因检举而由检察机关启动或者因劳动监察制作的笔录由法院启动 |
| 受案机构 | 劳动合同履行地和用人单位所在地的基层法院 | 劳资审裁处 | 法院 |
| 审判程序 | 一裁两审，个别案件为有条件的一审终审制 | 经调查主任查讯后确定不能达成和解方可聆讯 | 符合条件的采用轻微违反诉讼程序，再使用劳动民事诉讼程序审判 |
| 上诉条件 | 诉讼当事人对判决不服，在上诉期内提交上诉状 | 对提出上诉的内容进行严格限制[1] | 若以上方式均没有采用，则劳动者自己可提起普通民事诉讼程序 |

---

〔1〕《劳资审裁处条例》第32条规定：任何一方不服审裁处的裁断、命令或裁定，其理由是该裁断、命令或裁定①在法律论点上有错；或②超越审裁处的司法管辖权范围，则可在该裁断、命令或裁定向其送达的日期后7天内，向高等法院的原讼法庭申请上诉许可，原讼法庭对申请上诉许可的案件，可作出事实推论以及就诉讼费及开支方面作出命令，但不可推翻或更改审裁处对事实问题作出的裁定，或收取其他证据。当事人如对原讼法庭的裁决或命令不服，还可向上诉法庭申请上诉，但所上诉的问题，必须是上诉法庭认为其上诉涉及对公众具有普遍重要性的法律问题，否则不予许可。

### 三、粤港澳三地劳动争议处理机制的合作与协调

根据《最高人民法院关于适用〈中华人民共和国涉外民事关系法律适用〉若干问题解释（一）》第10条的规定，涉及劳动者权益保护的涉外争议强制适用中华人民共和国法律，这对处理区际劳动争议问题有一定的借鉴作用。同时，最高人民法院也发布了内地与香港、澳门承认与执行仲裁裁决的规定。但是，这些关于法院管辖权的规定、法律适用的规定以及仲裁裁决等承认执行的规定有可能存在较多对湾区发展的不利因素。例如，繁琐的执行程序增加了劳动争议的处理时间，不同的法律适用有不同的裁判结果，高额的处罚成本加重了企业的负担，这些问题将会阻碍湾区企业的创新与发展，不利于湾区劳动力市场环境的保护，不符合党中央多元化解决纠纷、探索湾区合作管理新模式的理念，也有碍于湾区市场建设的"体质增效"。因此，笔者在已有的法律框架下，对湾区劳动争议处理机制做如下设想。

（一）提高调解在处理劳动争议中的作用与地位

调解可以说是在解决劳动争议的各个环节中均可以适用的纠纷解决方式，其可以基于双方的意思自由，使得劳动者和企业之间平等协商，避免过多的行政干预和苛刻的裁判。凡是湾区内的劳动争议，无论在什么阶段都可以用调解的方式解决，这样不会因为适用法律、法院管辖、执行仲裁等问题而增加双方的解决成本，又能充分尊重双方的意愿。但是，调解具有的不足是，其可能令劳动者与用人单位处于不平等的位置，或者协商无结果而导致效率低下。

（二）完善区域司法与执法协助体系

按照法律的源流关系、历史传统和文化的某些特点，内地、香港特别行政区及澳门特别行政区分属不同法系。内地法律属于社会主义法系，香港特别行政区法律属于英美法系，澳门特别行政区法律则属于大陆法系。由于法律体系的不同，三地在立法理念、法律原则及法律规定上有很大差异。[1]与此同时，内地、香港、澳门都有各自的终审法律、终审机构与终审权。按照宪法和香港、澳门基本法的规定，在它们之上没有更高的司法机关进行协调，所以不能通过国家司法程序直接调整由于终审权不同而产生的法律冲突。这

---

〔1〕 周盛盈："粤港澳深度合作下法律制度保障研究"，载《岭南学刊》2014年第5期。

种法律制度上的冲突导致粤港澳三地区际司法协助在平行诉讼、文书送达、调查取证、法院的认可与执行方面存在着许多困境。因此，粤港澳大湾区司法协协助可以选择以下路径：

第一，制定统一区际冲突法。以粤港澳三地政府签订区际协议的形式，确定统一的区际冲突法协议，然后由三地根据各自的立法程序，将区际协议的内容转化为冲突法规范。[1] 在此基础上，随着粤港澳深度合作的进行，我国可以借鉴澳大利亚的方式，采取中央统一立法的模式，向全国人大常委会建议由全国人民代表大会制定《中华人民共和国统一区际冲突法》，作为调整中国区际冲突的基本法律，实现粤港澳不同法域的区际司法协助。与此同时，可由中国内地、香港、澳门三地共同组成中国区际司法协助委员会，全面解决中国区际司法协助问题。

第二，搭建裁审衔接制度。一是受理程序的衔接。无论依据内地法律还是香港法律，对未经仲裁程序直接起诉到人民法院的劳动人事争议案件，人民法院应裁定不予受理；对已受理的，应驳回起诉，并告知当事人向有管辖权的仲裁委员会申请仲裁。当事人因仲裁委员会逾期未作出仲裁裁决而向人民法院提起诉讼，且人民法院立案受理的，人民法院应及时将该案的受理情况告知仲裁委员会，仲裁委员会应及时决定该案件终止审理。二是保全程序的衔接。仲裁委员会对在仲裁阶段可能因用人单位转移、藏匿财产等行为致使裁决难以执行的，应告知劳动者通过仲裁机构向人民法院申请保全。劳动者申请保全的，仲裁委员会应及时向人民法院转交申请书及仲裁案件受理通知书等相关材料。人民法院裁定采取保全措施或者裁定驳回申请的，应将裁定书送达申请人，并通知仲裁委员会。粤港澳大湾区内的仲裁机构和各地法院须在送达方面搭建畅通的途径，利用司法大数据和仲裁大数据追踪逃避执行行为，加强保全执行工作。三是规范执行程序衔接。仲裁委员会依法裁决先予执行的，应向有执行权的人民法院移送先予执行裁决书、裁决书的送达回证或其他送达证明材料；接受移送的人民法院应按照《民事诉讼法》和《劳动争议调解仲裁法》相关规定执行。同时，粤港澳大湾区不同法院之间要加强对仲裁委员会裁决书、调解书的执行工作，加大对涉及劳动报酬、工伤保险待遇争议，特别是集体劳动人事争议等案件的执行力度，构建集体协商

---

[1] 张淑钿："粤港澳大湾区城市群建设中法律冲突与法律合作"，载《港澳研究》2017年第3期。

和集体劳动争议联动反应机制。四是劳动监察联合执法。在劳动监察和执法方面，应该建立信息共享机制，统一执法标准，加强部门联动，联合执法，减少区际差异。粤港澳大湾区各地人力资源社会保障部门、劳动监察部门应该通力合作，加强信息交流与联合执法培训，对大湾区进行"网格化监察"，做好劳动争议预警防范和处理工作。要加大政策引导和宣传力度，引导当事人依法理性维权，正确使用劳动争议调解仲裁程序。尤其是小额索赔一裁终局程序的使用，能大大提升劳动争议处理的效率，节省诉讼成本和司法资源，应该将其作为大湾区劳动争议处理程序建设的基本支点。

（三）探索建立湾区小微企业劳动争议快速诉讼处理程序

湾区聚集了大量的科技和服务型企业，其中不乏许多小微企业。小微企业大多数为创业型企业、政策优惠型企业。小微企业劳动争议处理机制，旨在寻求最适合小微企业的劳动争议解决模式。我们应在我国现存的劳动争议处理机制基础上，立足于小微企业的特殊性，根据其对于争议解决资源的需求，为其合理分配协商、调解、仲裁、诉讼等劳动争议处理资源，并且强调灵活、有效地选择适用合适的争议处理方式，及时、快速地解决劳动争议。

第一，建立快速立案通道。处理劳动争议的方式应当与时俱进，充分运用网络技术发展给社会带来的作用，提升小微企业劳动争议立案的效率。各地法院应当为小微企业实现快速立案创造条件，建设小微企业争议案件的网络立案平台，在有条件的地方，允许小微企业或其劳动者通过电子邮件递交法律文书，对于起诉时符合《民事诉讼法》规定条件的，能当场立案的尽量当场立案，不能当场立案的应当尽快立案，不能在程序上拖沓，拖延立案的时间。[1]

第二，推行诉讼风险提示制度。由于小微企业劳动争议双方的法律意识普遍不高，对诉讼程序以及自身的权利了解不足，在实践中往往存在着极大的诉讼风险，一旦败诉，无论是对小微企业还是对其劳动者，都容易造成极大的损失。因此，法院在工作中需要加强法律释明工作，在小微企业劳动争议立案阶段，要强化对争议双方的诉讼指导，适当提示诉讼请求不当、丧失诉讼时效、超期举证等可能影响诉讼的风险，最大限度地减少小微企业及其劳动者的损失，并且要尽量引导其以协商或调解的方式解决劳动争议。

---

〔1〕 李海娟："小微企业纠纷司法解决规则重构新维度"，载《边疆经济与文化》2013年第11期。

第三，建立小额案件快速审判制度。不同的价值追求造就不同的诉讼程序轨迹。速裁机制在追求效率与公正的过程中遵循的是效率优先，兼顾公平。速裁机制追求立案快、移送快、送达快、审理快、执行快，可以说无不体现"快速"的价值理念。在现有的小额诉讼制度的基础条件上，针对小微企业劳动争议案件的特殊性，规定标的额 2 万元以下、案件简单、争议不大的小微企业劳动争议案件，实行小额速裁制度且一审终审，除非法官有徇私枉法、滥用职权的情形，否则不启动二审程序。只有便捷专业的审判程序，才能够彰显司法为民与司法效益。

# 粤港澳大湾区法律资料交换制度探究

梁启燊[*]

**【摘要】** 目前,粤港澳三地法院在区际法律的查明方面存在困难,三地间法律资料交换不畅是其中的一个重要原因。随着粤港澳大湾区国家发展战略的确立及逐步实施,粤港澳三地应进一步加强法律合作,而法律资料交换也是三地法律合作的重要组成部分。为了从根本上解决三地法律资料交换的问题,应建立粤港澳大湾区法律资料交换制度,即在制定法律资料交换的专门安排下,在大湾区内三地间建立官方的中心机构和执行机构,形成高效运转的联动机制,来完成法律资料的交换。同时,应该开拓一些非官方的途径,如通过三地律所和律协的联系,建立区际法查明中心以及组织法律民间组织进行法律资料汇编等途径解决问题。

**【关键词】** 粤港澳大湾区　法律合作　域外法的查明　法律资料交换制度

2017年7月1日,国家发展和改革委员会、广东省人民政府、香港特别行政区政府、澳门特别行政区政府在香港签署了《深化粤港澳合作 推进大湾区建设框架协议》(以下简称《框架协议》)。《框架协议》的签署,标志着粤港澳大湾区的建设进入了一个新的发展阶段。加强粤港澳大湾区内三地的法律合作,一直是粤港澳大湾区建设的重点领域,而区际法律的查明是法律合作的重要组成部分。目前,我国法院在审理区际案件纠纷时,在区际法律的查明方面陷入困难。区际法律查明的途径,主要参照现有关于外国法查明途径的规定。[1]

---

[*] 广东财经大学法学院2016级国际法学研究生。

[1] 外国法的查明,在英美法系国家称为外国法的证明(proof of foreign law),是指一国法院根据本国的冲突规范指引应适用外国法时,如何查明该外国法的存在和确定其内容。李双元:《国际私法》,北京大学出版社2007年版,第232页。

即见于1988年最高人民法院《关于贯彻执行〈中华人民共和国民法通则〉若干问题的意见（试行）》第193条规定：①由当事人提供；②由与我国订立司法协助协定的缔约方的中央机关提供；③由我国驻该国使领馆提供；④由该国驻我国的使领馆提供；⑤由中外法律专家提供。以上规定的五种途径，除了由当事人提供、由法律专家提供外，其余三种都不可能在查明港澳地区法律中采用。而两种可行的途径在具体采用时又存在着不少问题。就当事人提供这种途径而言，主要的问题是其所提供资料的真实性和权威性存疑。至于由法律专家提供这种途径，仍然存在三个方面的问题：一是专家意见的性质不明确；二是专家意见的形式要求规定不完整；三是专家的资质缺乏明确的标准。[1]由此可见，依据现有法律规定的途径，都难以有效解决区际法律查明的问题。有鉴于此，十分有必要在大湾区内建构完善的法律资料交换制度，这有利于促进区际法律查明，促进三地审判工作的开展，最终推动三地经济的协调发展。本文首先介绍法律资料制度的法理基础，其次分析粤港澳三地法律资料交换的现状，最后就粤港澳大湾区法律资料交换制度的构建进行一些探索。

## 一、法律资料交换制度之法理分析

所谓法律资料交换制度，是指在不同法域之间建立起相互交换法律资料的制度。研究法律资料交换制度，应对法律资料的概念作出清晰的界定，并了解该制度的功能以及价值。

（一）法律资料的界定

对于法律资料这一概念，目前没有公认的界定，按照字面理解，应包含两部分意思，第一部分意思是法律，另一部分意思是与法律相关的资料文件。此处的"法律"应做广义的解释，包括域内法以及国际法渊源。关于域内法渊源，在粤港澳三地具有各自不同的独特内涵。在广东省地区实施的法律，根据《立法法》的规定，主要是以下几种：第一，狭义的法律，包括《宪法》《香港特别行政区基本法》《澳门特别行政区基本法》以及由全国人民代表大会及其常委会制定的法律。第二，法规，包括国务院制定的行政法规以

---

[1] 李建忠："我国外国法查明方法的制度、实践与完善路径研究"，载《中国国际私法学会2017年年会论文集》。

及广东省各级人民代表大会及其常委会有权制定的地方性法规。第三，规章，包括国务院各部、委员会、中国人民银行、审计署和具有行政管理职能的直属机构制定的规章以及广东省各级人民政府有权制定的地方政府规章。第四，法律解释，包括全国人大常委会作出的立法解释以及最高人民法院和最高人民检察院作出的司法解释。在香港地区实施的法律主要如下：第一，全国性法律，包括《香港特别行政区基本法》以及全国人大常委会对基本法作出的解释。[1]第二，普通法和衡平法，主要见于香港和其他普通法适用地区的高级法院的判决。第三，香港制定的成文法，香港绝大部分的现行成文法，都是在本地订立并载于《香港法例》中。第四，习惯法。例如《新界条例》《婚生地位条例》中的部分规定。[2]在澳门地区实行的法律主要如下：第一，全国性法律，包括《澳门特别行政区基本法》以及全国人大常委会对基本法作出的解释。第二，葡萄牙殖民时期实施的法律，包括葡萄牙本土实施并延伸到澳门适用的法律以及葡萄牙专门为澳门制定的法律，第三，澳门本土法律，包括澳门立法会制定的法律以及殖民时期总督制定的法令和规范性批示。[3]至于国际法渊源，主要以国际条约为主。在港澳回归前，中国常驻联合国代表分别于1997年6月20日和1999年12月13日照会联合国秘书长，通报中方关于港澳适用国际条约的立场，以附清单形式分别列举了214项和158项自回归之日起适用于港澳的条约。而回归以来，中央政府已分别制定了350余项和400余项多边条约或修正案适用港澳特区事宜。[4]综上所述，"法律"即是包含三地所有有权机关制定的成文法以及基于法院判决形成的判例法，包括域内法以及国际法渊源。

就"与法律相关的资料文件"而言，应是对法律实践有意义的资料文件，例如对法院审判实践具有指导意义或参考价值的文件。尽管内地立法文件和司法实践中并未对法律资料作出规定，香港、澳门的法律文件和司法实务中也未有法律资料的表述，而外国有关司法协助的一些条约却对法律资料有清

---

[1]《香港特别行政区基本法》第158条，凡全国人民代表大会常务委员会对《基本法》条款作出解释，香港法院在引用有关条款时，应以该解释为准。

[2] 参见：《香港的法律制度》，载香港特别行政区律政司网：http://www.doj.gov.hk/sc/legal/，2017年11月1日最后访问。

[3] 邓伟平："略论澳门法律体系的建立和过渡"，载《法学评论》2000年第1期。

[4] 徐宏："国际条约适用香港和澳门特区的实践"，载《法制日报》2016年10月22日。

晰的界定。例如《1968年关于外国法资料的欧洲公约》[1]第 7 条规定,"请求国可以要求提供被请求国在民商事领域的法律和诉讼程序的资料,以及有关司法组织的资料。被请求国的答复应包括,在必要时,有关的法律文本、司法判例。同时还应附具使请求机关正确理解所必需的任何其他资料,诸如理论文章的摘要和立法过程中的准备文件,也可以附些说明性的注解。"由此可见,国外对法律资料的范围也做了广义的解释,不限于立法机关制定的成文法以及基于法院判决形成的判例法,还包括其他相关的法律资料。

总而言之,笔者认为,广义的"法律"与对法律实践有意义的资料文件共同构成了"法律资料"概念的内涵,具体应包括:在三地现行的所有域内法律以及国际条约;法律政策、文件;法院裁判文书副本;其他法律信息资料。

(二) 法律资料交换制度的制度功能

1. 有利于促进对区际法律的查明,提高法院审判效率,实现个案的公正合理

粤港澳的法院在审理区际案件时,有的案件需要进行区际法律的查明。区际法律的查明属于外国法查明的一种,可以类比外国法查明的概念,即在一个主权国家的范围内,法院根据本法域的冲突规范指引应适用其他法域的法律时,如何查明其他法域的法律存在和确定其内容。法律资料交换是促进区际法律查明的重要前提,若能在粤港澳三地建立起有效的法律资料交换制度,就能帮助法院极大地节省因查明法律而耗费的时间,从而提高法院审判的效率。此外,在区际法律得到有效查明后,就能援引冲突规范指向的准据法进行审理。准据法一般都是处理案件纠纷的"最佳规则",这样能更好地实现个案的公正合理,维护诉讼当事人的利益。

2. 有利于更好地维护公众的利益,彰显秩序的价值

美国著名法学教授博登海默曾在其书中写道:"秩序意指在自然进程和社会进程中都存在着某种程度的一致性、连续性和确定性。"[2]社会的和谐发展、人们各种利益的实现离不开社会秩序。在大湾区建立法律资料交换制度,

---

[1] 《欧洲公约》是一个多边公约,欧洲理事会的大多数成员像英国、德国、法国、澳大利亚、西班牙、瑞士等国家都被批准加入,《欧洲公约》很好地解决了成员国之间外国法查明的问题。参见郑新俭、张磊:"中国内地域外法查明制度之研究",载中国涉外商事裁判网:http://old.ccmt.org.cn/showexplore.php?id=811,2017 年 11 月 1 日最后访问。

[2] [美] E. 博登海默:《法理学——法律哲学与法律方法》,邓正来译,中国政法大学出版社 1999 年版,第 219 页。

并通过相应的平台渠道向公众公开，有利于公众了解其他法域的法律，从而对自己及他人的行为后果作出预见性的判断，在进行社会活动时作出合理的计划和安排，遵守各地的法律规定进行民商事交往，进而使大湾区的社会发展更加充满秩序。

## 二、粤港澳法律资料交换之现状及其分析

（一）缺乏关于法律资料交换专门的法律规定

法律资料交换应属于粤港澳三地司法协助的内容，粤港澳三地关于司法协助现有的法律依据主要如下。

（1）《宪法》。该法第31条规定了建立特别行政区和制定特别行政区基本法的依据。（2）《香港特别行政区基本法》《澳门特别行政区基本法》。具体而言，《香港特别行政区基本法》第95条规定："香港特别行政区可与全国其他地区的司法机关通过协商依法进行司法方面的联系和相互提供协助。"《澳门特别行政区基本法》第93条规定："澳门特别行政区可与全国其他地区的司法机关通过协商依法进行司法方面的联系和相互提供协助。"（3）《内地与香港关于建立更紧密经贸关系的安排》（CEPA）。CEPA的附件6第7条第2项明确规定："双方同意加强在以下方面的合作：①就投资、贸易以及其他经贸领域法律法规规章的颁布、修改情况交换信息资料……"由上述法律条文可见，三地之间进行司法协助具有充分的法律依据，但关于法律资料交换的内容，却没有具体的专门规定，只能散见于一些协定中。此外，自香港、澳门回归以来，内地与港澳地区先后共达成了八个司法协助的安排，[1]内容涉及协议管辖、司法文书的送达、调查取证以及法院判决和仲裁裁决的承认和执行等，但针对法律资料交换方面，也没有达成任何安排。正是由于缺乏专门的法律规定，没有相应的具体规则，导致三地的法律资料难以进行交换。

---

[1] 八个司法协助的安排：①《最高人民法院关于内地与香港特别行政区法院相互委托送达民商事司法文书的安排》。②《最高人民法院关于内地与香港特别行政区相互执行仲裁裁决的安排》。③《最高人民法院关于内地与香港特别行政区法院相互认可和执行当事人协议管辖的民商事案件判决的安排》。④《最高人民法院关于内地与澳门特别行政区法院就民商事案件相互委托送达司法文书和调取证据的安排》。⑤《最高人民法院关于涉港澳民商事案件司法文书送达问题若干规定》。⑥《最高人民法院关于内地与澳门特别行政区关于相互和执行民事判决的安排》。⑦《最高人民法院关于内地与澳门特别行政区相互认可和执行民商事判决的安排》。⑧《关于内地与香港特别行政区法院相互认可和执行婚姻家庭民事案件判决的安排》。

## （二）交换途径少，法院模式存在问题

目前，三地的法律资料交换途径少，主要存在于律所开展的法律查询业务之中，由律所承担法律资料收集及交换的工作。此外，在三地社团组织之间，也会零散地进行法律资料交流。而在三地法律审判实践中，一般会采取以下法律资料的交换模式：大部分案件的做法是由法院或者当事人委托对方法域律师事务所对所争议问题出具法律意见书，法院经审查认为如果该法律没有损害公共利益或规避法律的情况，一般予以采纳。如果双方当事人在法律意见书争议较大时，法官可以委托域内的法学专家对争议焦点问题再重新出具法律意见。[1]这种较为单一的交换模式主要存在以下问题：①若法律意见书是由一方当事人委托律所出具，这样的法律意见书难免会存在一定主观偏向性，作为重要的裁判依据，影响审判机关审理的中立性。②额外增加了当事人诉讼的金钱、时间成本。首先，法律意见书的出具以及公证，先后会产生委托和公证的费用。其次，需要耗费一定时间来完成上述两种取证行为。所以，由于目前法院采取单一的法律资料交换模式，严重影响了当事人的利益。

## （三）法律资料交换专门机构的缺失

目前，无论官方还是非官方，粤港澳三地都没有建立负责法律资料交换的专门机构。三地长期忽视了对法律资料交换的机构建设，致使法律资料交换的工作一直没有办法得到具体地落实和开展，这也是造成目前法律资料交换工作陷入困境的主要原因之一。

## （四）三地法律资料交换不畅，严重影响案件纠纷的解决

伴随着三地经济交往的更加密切，难免会产生大量的民商事案件纠纷。根据相关数据统计，近几年来，内地涉港澳案件的总数大致呈上升的状态（数据来源：《中华人民共和国最高人民法院公报》）。[2]

---

[1] 郑新俭、张磊："中国内地域外法查明制度之研究"，载中国涉外商事裁判网：http://old.ccmt.org.cn/showexplore.php? id=811，2017年11月1日最后访问。

[2] 参见2010-2015年《全国法院司法统计公报》，分别载于《中华人民共和国最高人民法院公报》2011~2016年第4期。

表 1  2011 年至 2015 年人民法院受理涉港澳案件数量

| 年度 | 2010 | 2011 | 2012 | 2013 |
|---|---|---|---|---|
| 涉港 | 11 066 | 11 277 | 10 599 | 11 084 |
| 涉澳 | 594 | 710 | 987 | 1118 |
| 合计 | 11 660 | 11 987 | 11 586 | 12 202 |

由于地缘相近、经济联系紧密等多种缘故，内地涉港澳的多数案件是由广东省各级人民法院管辖并且审理的。但从绝大部分的判决可以看出，法院能够适用区际法律进行审理的案件数量十分有限，甚至还存在本来应适用其他法域的法律，却由于法律不能查明，而最终适用回内地法律的情况。其中的部分案例如表 2 所列明。[1]

表 2  内地本应适用其他法域法律的案例

| 序号 | 案由/案号 | 法院 | 应适用何地法律 | 最终适用法律 |
|---|---|---|---|---|
| 1 | 租赁合同纠纷/[2011]东三法民四初字第 97 号 | 广东省东莞市第三人民法院 | 香港地区法律 | 内地法律 |
| 2 | 公司纠纷/[2012]江中法民四终字第 17 号 | 广东省江门市中级人民法院 | 香港地区法律 | |
| 3 | 合同纠纷/[2014]中二法民三初字第 34 号 | 广东省中山市中级人民法院 | 香港地区法律 | 内地法律 |
| 4 | 融资租赁合同纠纷/[2014]中二法民三初字第 34 号 | 广东省中山市第二人民法院 | 香港地区法律 | 内地法律 |
| 5 | 融资租赁合同纠纷/[2015]深中法涉外终字第 5 号 | 广东省深圳市中级人民法院 | 香港地区法律 | 内地法律 |

---

[1] 袁发强、吴豪雳："中外法律专家提供途径在外国法查明实践中的困境"，载《中国国际私法学会 2017 年年会论文集》。

综上，在粤港澳三地之间的案件纠纷数量呈逐年上升的大趋势下，若因法律资料交换的不畅而导致法律不能顺利查明，将会严重影响法院对案件的审理，损害诉讼当事人的利益。并且，我国于2011年4月1日起正式实施的《涉外民事关系法律适用法》，重点体现了两大原则：第一，要充分尊重当事人的意思自治。[1]第二，要依据冲突法的规则选择法律的适用。法律资料交换畅通，区际法律能够得以查明，是顺利适用这部法律的重要前提。所以，迫切需要在大湾区内三地之间构建起完善的法律资料交换制度。

### 三、粤港澳大湾区法律资料交换制度的构建

粤港澳大湾区法律资料交换制度的构建，主要包括以下几方面的内容：制定法律资料交换的专门安排、官方途径以及非官方途径进行交换。

(一) 制定法律资料交换的专门安排

一个制度的顺利运行，离不开法律的保障。如前文所述，目前三地在司法协助方面存在充分的法律依据，也达成了八个关于司法协助的安排，但对于法律资料交换没有任何的法律安排。所以，在粤港澳大湾区内，三地应首先协商制定一部关于法律资料交换的专门安排。专门安排应主要规定以下的内容：法律交换资料的原则、对法律资料的概念和内容范围的界定、官方途径以及非官方途径进行法律资料交换的规定。其中，应着重对官方途径进行具体规定，包括专门机构的建设、数据库的建设以及具体运行模式的内容。

(二) 通过官方途径进行法律资料交换

通过官方途径进行法律资料交换，即依照前文所述的专门协定的规定，建立官方的专门机构进行法律资料交换。专门的法律机构主要分为两大类：一类是三地建立各自的执行机构，另一类是建立统一管理、协调三地执行机构的中心机构。两类机构应该各司其职，相互合作，形成高效运转的联动机制。

1. 三地各自的执行机构的建立

执行机构应建立在其本法域内，主要为其域内的机关单位或者公众提供法律资料交换的服务，机构的人员也应主要由其域内的人组成。三地的执行

---

[1]《涉外民事关系法律适用法》第3条，当事人可以依照法律规定明示选择涉外民事关系适用的法律。

机构在法律上处于独立平等的地位，在工作上彼此互不干涉。执行机构主要发挥以下三种职能。

其一，对法律资料进行收集储存。首先，执行机构应把各自法域内的法律资料进行全面收集，并按照一定标准进行筛选，筛选出需要用于交换的法律资料。具体而言，筛选的标准主要从资料制定的主体、调整的法律关系、时效以及适用范围四个方面进行设置。制定的主体应是被域内法律明文授权的主体，调整的法律关系应是民商事法律关系，时效需要现行有效，适用范围要限定在粤港澳大湾区地域之内。执行机构可以这样进行筛选操作：先把四个筛选标准排序标号，然后根据标号的顺序先后进行筛选，过程中若发现不符合其中一个标准的应及时筛除，符合标准的资料则进入下一个标准的筛选，最后满足全部四个筛选标准的法律资料，才能储存到执行机构的数据库平台当中，成为交换有用的法律资料。

其二，对法律资料进行传达。传达应包含两类行为，即法律资料的上传与下达。首先，各执行机构应把收集储存的域内法律资料，通过网络上传到中心机构建立的中心数据库。其次，把从中心机构传来的其他法域的法律资料下达给有需要的机关单位或者公众。

其三，更新管理法律资料。法律资料具有时效性，在实施一段时间后，会为了适应社会的发展被修改或者废止，特别是香港地区主要的法律渊源为判例法，判例法更新的间隔更加频密。所以，各执行机构应及时对法律资料进行更新，向社会公众提供最新且有法律效力的法律资料。

2. 中心机构的建立

在三地各自建立执行机构的基础上，应在粤港澳大湾区内建立一个对三地执行机构协调管理的中心机构。考虑综合经济实力、城市建设、土地资源等多方面因素，笔者建议把中心机构的办公场所选址定在广东省境内，具体可以是广州、深圳这样发展较好的大城市。此外，中心机构应行政隶属于国家在粤港澳大湾区专门设置的行政机关，由其提供专项财政支持。[1] 而中心机构的组成人员，应囊括三地的人才，三地的人才都可以聚集在中心机构任职工作，体现三地紧密的合作性。中心机构主要有以下的职能。

---

〔1〕 由于中心机构行政隶属的问题比较复杂，还会涉及机构性质、责任制度方面的内容，此问题以后再单独行文讨论。

其一，统一管理的职能。中心机构是各执行机构的上属机构，主要对各执行机构进行全方位管理，能向执行机构下达任务指令，对各执行机构的重大事项具有决策权。

其二，联系贯通三地法律资料的职能。中心机构在三地的执行机构之间建起紧密的联系，法律资料要通过中心机构的传送才能交换到其他的执行机构，中心机构是各执行机构法律资料交换的桥梁，实现法律资料的顺畅流动。

其三，对法律资料认证的职能。中心机构要对三地上传而来的法律资料进行认证，认证完成后再加盖中心机构的电子印章，这样能确保法律资料的真实性及合法有效，被中心机构认证过的法律资料能够直接适用，无需再次证明。

3. 资料数据库的建设

资料数据库的建立非常重要，是实现法律资料交换的基础。所有专门机构都应该建立起自己的资料数据库，通过资料数据库进行法律资料的储存。然后通过内部工作系统，借助网络对法律资料进行传输及共享。四个资料数据库的数据内容，在完成法律资料的交换后，应保持同步一致。

4. 具体运行模式的设想

（1）法律资料的收集。如前文所述，法律资料的收集属于三地执行机关的职能，"法律资料"应具体包括：法律；司法解释；判例；法律政策、文件；法院裁判文书副本；其他法律信息资料。而法律资料的收集工作可以再细分为现有法律资料的收集和未来法律资料的收集。①现有法律资料的收集。执行机构要和法域内的所有的立法机关、司法机关以及其他能提供法律资料的机关建立紧密的联系机制，整理出一份能够提供法律资料的机关单位名单。具体就法律、司法解释以及判例而言，目前立法机关、司法机关都有自己整理的数据资料，或者建立了官方网站提供查询。各执行机构可以请求上述机关进行数据资源共享，也可以自行登录机关的网站平台，自行收集并整理入自己的数据库平台中。对于法律政策、文件，其他的法律信息资料，可以直接请求制作的机关单位提供。至于法院裁判文书副本，可以和法院建立合作机制，请求法院设立专门的部门进行专项工作对接。②未来法律资料的收集。执行机构与有关机关建立了紧密的联系后，应该向有关机关单位提供一个专门接受法律资料的地址，例如官方的电子邮箱。当机关单位制定发布了新的法律资料的时候，也应第一时间向执行机构的专门地址发送一份。而且，为防止法律资料的漏发，执行机构应该定期向机关单位查问法律资料的制定以及公布的情况。

（2）法律资料的传达。①法律资料的上传。传送的前提是在各执行机构与中心机构之间建立一个统一的工作系统，通过工作系统，借助网络，各执行把收集而来的法律资料上传到中心机构的中心数据库中。接着，中心机构就对各执行机构上传的法律资料进行认证，认证完成后再把法律资料传送回各执行机构，各执行机构再将各自的数据库更新完善。这样一来，四个数据库的法律资料就能达到基本同步。②法律资料的下达。考虑到法院对法律资料的实际需求最大，所以执行机构应与域内的法院建立专门的传送渠道，一旦诉讼案件需要适用域外法律的时候，执行机构可以第一时间通过专门的渠道进行传送。此外，各执行机构可以依托数据库，建立自己的网站或者微信公众号，让公众可以通过上述平台查询到自己所需的法律资料。

（3）法律资料的认证。对法律资料的认证由中心机构完成，中心机构主要从制定资料的机关、制定资料的程序以及时效方面来核查资料的法律效力。若上述方面都没有瑕疵，符合可交换的标准，中心机构就运用电子签名的技术，在法律资料上加盖机构的电子印章，从而完成整个认证的程序。经过认证的具有当然的法律效力，可以被任何主体直接加以适用。

综上所述，通过官方途径进行法律资料的交换，建立专门的机构来具体开展工作，专门机构与各机关单位建立紧密的联系合作机制，对法律资料进行收集管理。四个机构建立统一的工作系统，依托数据库平台以及借助网络进行法律资料的储存和传送，有利于完成大湾区内三地之间的法律资料交换。

（三）通过非官方途径进行法律资料的交换

如前文所述，当前法律资料的交换主要以非官方的途径居多，应继续加以利用和完善，拓宽法律资料交换的途径。

1. 进一步强化三地律所间的联系，通过三地律协进行交换

目前，三地进行法律资料交换的主体为律所，律所在法律资料的收集方面存在丰富的经验。但这种交换一般只在个案中发挥作用，对三地整体的法律交换难以起到实质帮助。有鉴于此，应该加强三地律所之间的联系，具体可以通过律师协会，各律所将自己收集过的法律资料上报给域内的律师协会，然后通过律师协会进行交换。

**2. 加强司法机关与域内高校的合作，建立起区际法查明中心进行法律资料交换**

借鉴目前已有的外国法查明中心的合作模式，[1]可由三地的司法机关牵头和域内的高校进行合作，建立区际法查明中心，然后在三地的区际法查明中心之间开展法律资料交换的工作。

**3. 组织民间法律组织进行法律资料汇编工作**

由三地的政府共同划拨专项资金，组织民间组织进行法律资料的汇编。例如可以组织三地的法学会一起合作，各法学会先对自己域内的法律资料进行汇编，然后再进行交换汇总，形成三地法律资料汇编集。

## 四、结语

粤港澳大湾区伟大战略的实施，为进一步加强三地之间的法律合作提供了卓越的条件。法律资料交换的不顺畅，一方面会严重影响法院区际法律的查明，成为长期困扰三地法院解决区际案件纠纷的一大难题。另一方面，社会公众也难以知悉其他法域的法律，在进行跨地域的民商事交往时，不易对自己的行为作出合理预测。有鉴于此，应在大湾区内三地之间构建完善的法律资料交换制度，即共同协商制定法律资料交换的专门协定，采用官方或者非官方多种途径，从根本上解决这个问题，推进粤港澳大湾区经济、社会的和谐发展。

---

[1] 例如，华东政法大学外国法查明中心，自成立以来，已经接受了宁波中院20多起案件的委托，并协助查明了英、美等国家和香港地区的法律和判例，取得了良好的社会效果。中国政法大学外国法查明研究中心成立后，接受最高人民法院和其他人民法院的全面委托，充分运用大数据、云计算、移动互联网等现代信息技术，专门针对司法实践中外国法查明及法律适用问题进行广泛搜索查寻，作出突出了贡献。